湖北大学法学学科建设·卓越法律人才建设项目资助

法治城市研究

（第二辑）

Research on Rule of Law of City

主　编　陈焱光　郑全新
副主编　张　颖　徐梦醒

WUHAN UNIVERSITY PRESS
武汉大学出版社

图书在版编目(CIP)数据

法治城市研究.第二辑/陈焱光,郑全新主编.—武汉：武汉大学出版社,2018.12

ISBN 978-7-307-16785-8

Ⅰ.法… Ⅱ.①陈… ②郑… Ⅲ.城市—社会主义法制—建设—研究—中国 Ⅳ.D920.0

中国版本图书馆 CIP 数据核字(2018)第 298058 号

责任编辑:林 莉 责任校对:汪欣怡 整体设计：马 佳

出版发行：**武汉大学出版社** (430072 武昌 珞珈山)

(电子邮件：cbs22@ whu.edu.cn 网址：www.wdp. com.cn)

印刷:北京虎彩文化传播有限公司

开本:720×1000 1/16 印张:19.75 字数:274 千字 插页:1

版次:2018 年 12 月第 1 版 2018 年 12 月第 1 次印刷

ISBN 978-7-307-16785-8 定价:59.00 元

前　　言

习近平总书记《在中央城市工作会议上的讲话》中指出，城市是我国经济、政治、文化、社会等方面活动的中心，在党和国家工作全局中具有举足轻重的地位。城市发展带动了整个经济社会发展，城市建设成为现代化建设的重要引擎。坚持以人为本、科学发展、改革创新、依法治市，转变城市发展方式，完善城市治理体系，提高城市治理能力，着力解决城市病等突出问题，不断提升城市环境质量、人民生活质量、城市竞争力，建设和谐宜居、富有活力、各具特色的现代化城市，走出一条中国特色城市发展道路。

近年来法治城市建设在我国的持续推进，凸显了城市治理现代化过程法治的关键作用。但对城市这个巨大而又极端复杂的治理工程而言，仅仅认识到城市法治的重要性、原则及规范制定尚不能解决当下城市治理的诸多难题，厘清法治化的基本维度则是一个上乘之策。

城市治理法治化的维度取决于城市治理主体的治理活动、城市功能及发展定位、城市法治的总体效果的评估及有力的持续改进措施。从根本意义上而言，城市的核心是人，一切都是指向人、为了人的，“城，所以盛民也”，衣食住行、生老病死、安居乐业是古今中外一切城市的基本功能和使命。现代化加速了城市功能的扩张，集聚了众多的利益诉求，也加剧了复杂多样的不同利益间的冲突，城市法治显得比之前的任何时期更加急迫和不可替代。因此，首先厘清城市治理法治化基本维度，有利于法治城市建设的有序展开。这些基本维度包括但不限于以下方面：

一是安全治理的法治化。人民的安全是最高的法律。一个缺乏安全感的城市是一个充满恐惧的村落。安全是其他一切活动的基础也是最基本的保障。城市安全应当落实到每个市民的意识、行为及政府治理的每个环节。为此，城市的立法除细化上位法的规定，更需要在安全法规的制定、安全法制和防范技能教育、安全防范规章和责任制落实、安全风险防范和安全事故的善后处理等方面制定完善的规则，通过专门的机制督促、检查其落实。

二是城市规划的法治化。与人类早期城市自然集聚生成的城市发展路径不同，近代以来的城市发展都带有一定的规划痕迹，进入现代社会以来，由于城市的发展加速，城市病日渐凸显，城市规划成为城市发展的主导力量。因此，城市规划特别是大城市的规划，既是治理者对城市功能、作用和发展规律认识的结果，也是解决城市病，推动城市发展的最有效途径。好的规划能实现人与城市资源的合理配置，形成城市不同空间的均衡发展，使道路、教育、经济和文化资源得到合理、充分利用和协调发展。长期以来，我国一些城市的很多规划一经编制，即成摆设。规划执行易受领导意志影响，随意突破规划的现象比较严重，调规、修规行为十分普遍，给公众造成“纸上画画、墙上挂挂”的背离法治的印象。规划应当是科学、严肃的，从某种意义上讲，是城市最重要、最基础的法规范，非经法定的正当程序任何人不得擅自修改。城市规划的法治化首先体现的是城市的空间正义，其成为了影响其他治理发挥有效性的前提，如何兼顾老城区与新城区，综合区与功能区等产业布局与人居、教育、商业和公共空间的协调均衡发展，特别是在保护传统文化、城市“基因”与经济发展之间作出理性的、符合城市长远发展的选择？关键是要延续城市历史文脉，保护好前人留下的文化遗产，结合时代要求，打造自己的城市精神，优秀的传统如同醇香美酒，历久弥香。通过法律手段留住城市特有的地域环境、文化特色、建筑风格等“基因”。吸纳更多市民参与规划，保障市民对城市规划的知情权、参与权、监督权，确保参与的便利性、有效性是城市规划法治化的重要任务之一。

三是城市治理执法权的法治化。尽管城市治理的主体是多元的、开放的，但基于法治的一般要求，行使城市各项事业管理和服务职能的权力却是整个城市治理中起主导作用的力量。城市治理中行政权对城市各方面的覆盖铸就了行政权对城市治理好坏的决定性地位。在法无明确授权即无权的总体原则下，法律赋予的权力则必须行使，而且应充分行使。当前城市治理难题很多，但关键是执法者是否依法依规充分履行了权力职责，这一点值得检视和反思。执法的法治化可以用"严格、规范、公正、文明"八字概括，但在实践中实现切实是一个重大课题和长期努力的过程。近年来，为推进执法权的法治化，各级各类机关都在推行权力清单制度，确保权力充分运行和接受监督，但必须看到这是法治处于较低水平时期的权宜之计、一流法治城市的权力运行应当既严格恪守权力的边界；同时又应当在法治的框架下，充分合理地行使法律法规赋予的自由裁量权，及时妥善处理城市治理过程中的各种复杂的特别是突发的情形。机械地教条式地运用清单制度进行治理并不足以适应高水准法治城市建设的需要。

四是城市公共空间治理的法治化。城市与乡村的重要区别之一是，在乡村公共空间是富足的甚至是无边际的，而城市的公共空间是有限的，特别是有限的空间常常要承载无限的人流和各种权益冲突的活动。城市公共空间是城市居民日常社会生活行为的重要场所，在空间上表现为人群集中活动的区域，很大程度上，也是为居民提供日常社会生活交流与文化融合的平台。随着社会经济水平的提高，日常化的休闲娱乐活动越来越受到重视，个性化、多层次的城市居民的日常社会生活活动聚集在城市公共空间中，城市公共空间的资源属性愈发突出。在有限的城市空间中，不同群体有不同的生活方式，有不同的利益诉求，更有甚者，一些企业打着共享经济的旗号，忽视公共资源的公共性（如共享自行车），恣意占用城市公共道路、广场、公园、校园等公共资源，更加凸显城市公共空间治理法治化的缺失，而广场舞大妈与周边居民的冲突则显现出另一副公共空间利用冲突的面相。由于以公民住宅为主要私域的空间和功能的双重有限性，无法提供城市居民丰富多彩的精神和文化需求，人们对如何享有城市的公共资源有各自的利益和诉求，并且随着城市的发展不断催生新的诉求。由此导致的不同层面、不同群体和个体间的冲突构成了城市法治的热点和难点问题，这不仅对当前城市居民公共活动空间的活动组织与管理产生了一定的挑战，也为如何通过地方立法更好规划、利用和保障城市公共空间提出了迫切要求。

五是城市治理中风险防控的法治化。城市是我国各类要素资源和经济社会活动最集中的地方，也是人口密度最大、活动形式和内容最复杂、相互交织，且不确定性最大的地方，从而也是风险最高的地方。近年来，世界各大城市发生突发事件都无一例外地表明，城市风险正成为各国政府和城市治理者最为重视的领域。对我国而言亦是如此，当前城市治理面临诸多风险，大型突发性公共事件近年来也多有发生，后果极为严重，然而城市风险管理法律法规的供给却严重不足，主要表现为风险类立法预防导向不足、法律法规体系不完善、职责分工不清晰、程序规范疏漏、责任条款缺失等，由此导致大型城市突发事件的多发、应急处理措施不到位、政府的现代化治理能力以及政府公信力面临严峻挑战等问题。为此，针对当前中国城市风险管理面临的普遍问题，武汉市作为中部特大城市和国际化都市，应当完善城市风险管理的法规规章制度、完善应急预案管理制度和法治化的教育培训制度、加强“预防为主”的配套制度设计、建立城市风险管理程序性规则主导模式以及完善问责制度等城市风险管理的法制建设。

六是城市基层治理的法治化。当下中国正处于社会转型和城市化迅猛发展的时期，城市社区日益成为各种社会群体的集聚区、各种利益关系的交织处、各种社会组织的落脚点、各种社会资源的承载体，同时，人口的流动性，居民的异质性，工作、生活和居住区域的分离、交错和无序也为社会治理带来最大的挑战，也蕴藏着社会治理的诸多风险。因此，城市社区既是城市治理也是国家治理最复杂、最困难、最关键的区域，所谓“基础不牢，地动山摇”，习近平总书记强调指出，基层是一切工作的落脚点，社会治理的重心必须落实到城乡、社区。城市社区安定、有序、和谐是城市稳定和发展的前提，也是城市发展、文明和居民幸福的最重要表征。习近平总书记指出，平安是老百姓解决温饱后的第一需求，是极重要的民生，也是最基本的发展环境；人民安居乐业，国家才能安定有序。然而，当下城市的迅猛发展与法律规制和治理机制、方式等严重滞后给城市发展带来了诸多问题，严重制约了城市政治、经济、社会、文化等的可持续发展，也产生了对市民人身和财产安全、个人生活和公共生活等带来诸多风险和牵制等负面影响。因此，对城市社区治理的法治化进行研究，不仅有利于城市基层治理中诸多风险的防控，形成妥善解决社区生活和交往而产生的纠纷的长效法律机制，形成居民自治与政府管理服务的良性互动，推进整个城市治理目标的力量整合和优势互补，建构适应现代城市发展的城市秩序，保障在城市工作和生活的居民的各项正当权利，形成良好的秩序，为每个城市居民的自我发展、自我实现、家庭幸福和社会和谐等提供最有力、充分的保障。同时，还有利于提高城市治理水平，提升城市的软实力，调动城市基层参与城市治理的积极性。

七是创新创业法律激励和保障制度的法治化。城市特别是历史悠久的城市既承载着具有区域特色的文明和文化传统，更承载着当下和未来更加进步和繁荣发展的使命。如果说自然资源可以让一个城市短期内迅速崛起，那么人力资源则是一个城市永葆活力和前进动力的根本。这种人力资源不仅是拥有标签的高学历人员，还包括所有怀揣城市梦想，愿意在城市通过自己的努力创造未来的有理想的公民。近年来，随着国家创新创业战略的提出，几乎每个城市都出台了留住和吸引人才的政策、鼓励创新创业和投资的政策等，这些政策在短期内的确起到了城市发展的强心剂的作用，但仅仅停留在政策和规章的层面，对人才的定位也有偏差，难以形成对人才、资本和高科技企业持久可靠的心理预期和权益保障，也容易出现政策随领导人的改变或领导人注意力的改变而改变的负面影响。因此，在城市间竞争日趋激烈的时代，唯有将引进人才、资金和科技的政策上升为一系列完备的地方性法规，才能为城市的创新活力和持久发展竞争力提供可靠的法治保障。

八是市民参与城市治理和权利诉求的法治化。市民是城市建设、城市发展的主体，一切为了市民幸福应该成为城市发展的目的。城市要尊重市民对城市发展决策的知情权、参与权、监督权，鼓励企业和市民通过各种方式参与城市建设、管理。每个公民都要自觉遵守法律，依法行使权利、表达诉求、解决纠纷；都要自觉遵守市民公约、乡规民约、行业规章、团体章程等社会规范；都要依法理性有序地参与社会治理和公共服务，自觉维护和谐稳定的社会秩序。市民参与城市治理和理性表达、维护权利有赖于其法律素养和依法参与城市治理能力的提高，为此，政府应当建立法治宣传、法律培训和实务训练的常态化机制，可以通过职能部门的定期活动、购买社会服务、鼓励社会组织参与等方式加以实现，只有这样，城市才能真正实现共治共管、共建共享。

九是法治建设效果评估的常态化。党的十八届三中全会提出“建立科学的法治建设指标体系和考核标准”，十八届四中全会强调“把法治建设成效作为衡量各级领导班子和领导干部工作实绩重要内容，纳入政绩考核指标体系”。法治往大里说是维护社会的公平正义，往小里说，是保障公民的日常生活。人民因为追求更美好的生活而积聚于城市，寻求自我发展和自我实现，在法律日益成为政府和公民行为的根本准则的同时，法律自身的不足和实施中出现的问题可能与法律制定时的初衷不相吻合，甚至相去甚远，为了避免法律的稳定性和刚性给政府和公民活动带来不必要的麻烦和冲突，及时对法治建设效果进行评估就显得极为重要，对实现良法善治起着不可替代的作用。法治建设是一个与时俱进的复杂的系统工程，加之法律是指向未来的，所以要准确全面评价法治效果几乎不可能，但就法治的总体状况而言，选取主要衡量指标又是可能的，因此，如何构建客观、科学、符合中国城市实际和国家法治目标的法治建设测评指标体系是一个重大的理论和实践课题。在当下的实践进路上，以《中共中央关于全面推进依法治国若干重大问题的决定》《法治政府建设实施纲要（2015—2020）》《法治武汉建设规划（2016—2020）》为基本依据，遵循统一性与区域性有机结合、全局性与阶段性共同推进、客观评估与主观评价相结合、定性分析与定量分析相统一的基本原则，将城市法治建设测评指标体系的主要指标提炼为：科学民主立法、法治政府建设、公正廉洁司法、法治社会建设、法治工作队伍建设、依法执政与法治建设组织领导等一级指标及由此细化的若干二级指标和相应测评要素。当然，随着城市建设和国家法治建设的不断发展，指标体系也会作相应的调整和补充。

习近平总书记指出，城市工作是一个系统工程，依法治市同样如此，城市治理法治化的逻辑起点是市民对和谐美好幸福的城市生活的追求，政府由管理向治理和服务的转变，这不仅体现为传统管理领域的“放管服”改革，更体现为主动求变，在法治原则和宪法法律的指导下，结合城市的目标和定位，统筹设计城市治理的法治框架：安全是第一位的，没有安全，城市的一切无从谈起；规划是城市的顶层设计，规划的人治必然导致城市所有事务的难治；但如果没有城市治理执法权的法治，则市民每天面对的将是专横、腐败和暴力；如果城市公共空间得不到依法治理，和谐的人际关系将不复存在，美好的公共空间将演变为自私利益的角斗场；如果城市风险得不到有效的防控和应对，市民的生活仍然笼罩着恐惧和随时被毁灭的危险；如果基层社区不能依法得到治理，矛盾的演化和升级将让整个城市承担不利影响的成本；如果失去了能继续为城市发展提供动力的人才、资本和科技等，则城市终将沦为巨大的平民窟；如果不能通过适时评估法治的效果，就会带来城市秩序的动荡和市民权益保障的阻滞，等等，而这些方方面面的法治化，其归因是通过法治实现以人民为中心的发展观，使每一个方面的法治化的制度安排立足于每个市民身与心的和谐、人与人的和谐、人与城市环境的和谐，保障每个市民自由、平等地追求自己的目标，实现自我。

本辑收录的论文，内容涉及法治城市的基本理论、城市规划的法治化、城市治理的执法和司法、法律服务及法治效果评估五个主题，都是当前城市治理法治化过程中面临的重要的理论和实践问题，相信这些研究有助于城市治理的现代化和法治化进程。当然，由于作者和编者的水平有限，存在不足之处，恳请读者批评指正。

陈焱光

2018 年 11 月于武昌琴园

目　录

【城市治理基本理论】

【城市规划法治化】

【城市治理执法与司法】

【城市治理中的法律服务】

【城市法治效果评估】

【城市治理基本理论】

城市正义的法治建构研究

徐梦醒*

【摘要】城市本身是一种空间，城市空间问题伴随着现代都市化发展趋势，也在本质和属性等方面发生了诸多变化。城市正义属于空间正义，而空间正义本质上是一种社会正义。法治作为实现这种正义的核心路径，自然也使城市正义或者空间正义更加趋近于一种制度正义。法治是推进城市正义的核心路径。法治衔接并平衡城市语境下权力和经济利益系统的宰制，协调不同群体和群体内部的关系，同时也基于伦理考量，规范应对科技发展的前沿带来的突出新问题。据此，有必要从正义的空间性和空间的正义性两个理论视角，探索以城市正义理念推进法治城市建设的路径。

【关键词】法治　城市正义　空间正义　法治城市

法治发展需要建构在特定时空语境下。动态语境的建构将主客体互动与主体间互动结合起来，形成不同自然或者社会资源的多元流动。时空情境据此得以建构和发展，并分化出不同模式。法治发展的空间即具有动态性、多元性和复杂性。法治城市理论的探索，除却需要基于历史理性，从历时性角度作为语境变迁的一种演进考量而展开，同样需要基于空间理性，从共时性的角度作为语境拓展的一种思辨考量而展开。从

* 徐梦醒，女，法学博士，湖北大学政法与公共管理学院副教授，主要研究方向为法理学、法律逻辑、法学方法论。

空间正义角度推进法治城市建设的研究，不仅反映了法学研究的空间转向，同时也与当下出现的法律地理学与空间法理学等范式密切相关。① 城市本身是一种空间，城市空间问题伴随着现代都市化发展趋势，也在本质和属性等方面发生了诸多变化。这其中反映出来的城市空间资源的占有与分配问题，反映了诉诸城市正义问题的紧迫性。“城市空间生产本身需要正义的价值规范与引导。城市空间生产呼唤着城市正义的现实出场。”② 而法治城市理念为推进这种正义提供了一种核心路径。

一、作为空间正义的城市正义

城市正义强调特定场域中的正义及其实现，而并非为了建构宏达系统的理论框架。或者说城市正义本身是一种基于特定语境下关于正义的理论范式。目前学界对于城市正义的具体内涵，尚未形成非常确定并且实现统一共识的表述。从概念的属性认定规律来说，可以通过寻求其上位概念的方式来探索。费恩斯坦教授尝试建构正义的城市理论，以此来评估既有和潜在的制度体系和城市项目。她将正义理念和资源的公平分配结合在一起，而并非单纯地强调推进人类繁荣的“好”的城市建设。③ 从这个角度来说，所谓城市正义包容了平等、民主和多元化精神，并引导相关公共决策形成，以及城市有效的制度运作。也有学者认为，“从理论实质上讲，目前理论界所讲的空间正义基本都可以归结为城市正义。城市正义也是一种空间正义，特指城市空间的正义性问题。

---

① 相关研究可参考：谭俊：《法学研究的空间转向》，载《法制与社会发展》2017 年第 2 期；朱垭梁：《法律地理学：渊源、现状与展望》，载《学术论坛》2017 年第 2 期；李乾：《城市法治：一次空间法理学的探索》，载《云南社会科学》2016 年第 2 期。

② 任政：《正义范式的转换：从社会正义到城市正义》，载《东岳论丛》2013 年第 5 期。

③ Susan S. Fainstein, *The Just City*, Cornell University Press, 2010, p. 6.

但是，城市空间不同于一般的空间。”① 从这个角度来说，城市正义属于空间正义。或者说，学界对空间正义的研究主要集中于城市语境当中。工业化和全球化背景下如火如荼的城市化进程，使经济发展的核心地带越发突出，同时也推进了资源的集中利用和深度交流的趋势。

本文对空间的解读建构在地理空间、关系社会空间和网络空间三重维度之上。也就是说所谓空间正义不应当仅仅从实体性地理空间着眼，还要关注主体间互动场所、场域或者地域，乃至非实体性的技术性互动网络展开。“空间里弥漫着社会关系；它不仅被社会关系支持，也生产社会关系和被社会关系所生产。”② 当下学界对网络空间的法律规制问题的关注，反映了法治城市建构不但要立足于实体性空间，还要立足于虚拟空间。显然，空间不只是物理事物存在的平台，也不仅仅为经验模式的流变提供“容器”。“城市空间的形成、更新、调整是各类群体在社会活动中相互作用的结果，即社会关系的空间化。在此过程中，空间正义关注城市空间生产、变迁的决策和分配机制。”③ 据此可知，空间正义强调多元性、层次性和差异性的城市空间，并协调城市空间利益和资源的公平分配。城市正义不仅是空间正义，同时也属于社会正义和制度正义。正义的空间性反映价值具体实现的存在介质。空间的正义性在当下中国语境更多意指一种社会关系层面的社会正义，追求个体之间相对平等和公平的空间。在哈维的话语体系当中，空间正义本质上是一种社会正义，有的研究则更加强调从地理和空间维度来建构正义。法治作为实现这种正义的核心路径，自然也使城市正义或者空间正义更加趋近于一种制度正义。

---

① 任政：《正义范式的转换：从社会正义到城市正义》，载《东岳论丛》2013 年第 5 期。

② 包亚明：《现代性与空间的生产》，上海教育出版社 2002 年版，第 48 页。

③ 陈晓勤：《空间正义视角下的城市治理》，载《中共福建省委党校学报》2017 年第 10 期。

二、法治是推进城市正义的核心路径

“法治”的概念化构成了一种象征符，指涉现代社会的基本框架，以及人类政治文明重要成果中的一种。无论国家的政体、社会的运转，还是个体的言行，都已纳入到这种框架中，作为现代文明社会的一种重要标志。显然，法治在这里可以作为思维工具，构成社会事件和法律事件处理效果的评价依据与衡量标准。法律构成了多元和系统的符号集，而法治则因为容纳了人们的期待而超越了规则（rule）本身，因而更多地体现为一种可能在体制上和机制上不断完善的社会文化符号或者图景（social icon）。法治存在的场域和空间，帮助我们思考法律存在何处，也帮助我们发掘法治拓展的空间。城市正义基于空间理论的探索，成为法治城市的核心价值诉求。

（一）城市正义即法治正义

如上所言，城市正义是法治城市建设的价值诉求。正义理念主要为法学、伦理学和政治哲学领域所关注。事实上，“正义概念的理论化，可能主要是通过法学学者，正义是一种法律术语。如果一个人做了坏事，我们怎么可能说他是正义的呢？那是对正义的抹杀。法学学者在很广泛的意义上谈论的正义就是在评判的时候要公平、平等、诚实。正义使用的范围扩大了，不仅仅应用于关于个体的法律案件，也应用于整个社会、所有人，这就是集体性正义（collective justice）”。① 从这个角度来说，即使不能忽视自然环境的影响和制约作用，法治的空间以及法律地理学探索却不应走向“去主体化”，而是应该在认同法治体系具有一定自创生功能的基础上，强调人际互动在自创生当中的建构性价值。

---

① 陈忠，［美］爱德华·索亚：《空间与城市正义：理论张力和现实可能》，载《苏州大学学报》2012 年第 1 期。

有学者认为："法律的本质就在于使正义获胜，因而在普通民众的心目中，法律和正义完全就是一回事。"① 这种特点包容了法律思维的目的性。法律思维力图实现主体之间的利益平衡、实现社会资源的公平分配，使弱者利益得到保护，使违法者受到应有处罚。这种正义的标准是情境化、空间化的具体的公正，同时也体现为空间交叠与流动下的一种基于利益协调的集体性共识。事实上，即使是在道德伦理学领域，学者们也非常注重深入地从他人的视角解决问题，通过共情解决正义实现的问题。从这个角度来说，城市正义从很大程度上来说，就是法治正义。

（二）历时性与共时性：城市化进程以及城市空间的社会关系属性

从历时性角度来讲，中国正经历着前所未有的城市化进程，这也为城市群共同塑造和定义予以匹配的基础设施、技术和经济增长模式提供了保障。② 作为21世纪对世界影响最大的事件之一，我国快速发展的城市化进程一方面推进了社会经济的发展和社会资源利用的效率，同时也必然伴随着相应的社会冲突，从而影响社会秩序的稳定。因社会动荡或因工业化、城市化带来的人口流动会使原先在稳定的社会关系中相对有效的社会控制方式不稳定甚至完全失效，由此社会学意义上的不法、越轨行为会急剧增加。③ 显然，城市化并非如农民变市民的身份转换那般简单，而是涉及其背后的多元化利益共享和冲突问题，比如城市房屋拆迁、农村土地征收、农民工"半城市化"等一系列利益博弈。正如蒋立山教授所言："从法学意义上说，中国的城市化本质上是一场权利

① ［法］弗雷德里克·巴斯夏：《财产、法律与政府——巴斯夏政治经济学文萃》，秋风译，贵州人民出版社2003年版，第75—76页。

② 《美智库报告称中国城市化进程前所未有：已处于全球增长前沿》，载《凤凰网财经》，http：//finance. ifeng. com/a/20180803/16424851_0. shtml，2018年8月3日访问。

③ 参见苏力：《道路通向城市——转型中国的法治》，法律出版社2004年版。

运动，即中国公民开始享有迁徙自由权和部分城市居民享有‘市民权利’向惠及包括农村居民的公民权利转化的过程。”① 从这个角度来说，法治秩序的建构与城市化是相互统一、相互协调和相互促进的，甚至可以说，城市化本身就是一种“民主法治发展方法论”。② 法治不但构成推进城市正义的核心路径，而且也在城市化伴随的权力化、政治化和资本化过程中发挥着稳定、分配与协调的功能。

从共时性角度来说，与如火如荼的城市化进程相伴随的，是新时代的全球化发展趋势（其中包含经济全球化、公共事务全球化、人权全球化、环境全球化和法律全球化等内容）。我国在这种潮流下也在逐步走向数字化、网络化和信息化时代。据韩国《中央日报》网站 2018 年 8 月 2 日的报道，大城市对全球经济总量、就业和人口吸纳的贡献率已呈现出“不成比例”的压倒性优势。这 300 个主要大型城市的经济总量占全球经济的近一半。③ 各方面资源在这些城市高度集中，势必成为全球化推进和社会发展的重要力量。微观上来看，城市居民在各行各业的互动当中共同推进着城市化进程，并融入越发复杂的社会交往活动当中。利益协调涉及的人际纠纷在城市语境下更为密集和频繁；从宏观上来看，知识经济时代和信息化、网络化时代语境下的城市发展突飞猛进，人们的生产方式、生活样式和生存状态都从根本上在发生变化，这其中涉及各种层出不穷的新型法律关系、法律权利和法律行为。而每一项新型法律问题都直接或者间接地同空间治理问题。因此，无论是从历时性角度还是共时性角度，都应该诉诸法治推进城市正义的实现。

---

① 蒋立山：《中国城市化与法律问题：从制度到秩序》，载《法学杂志》2011 年增刊。

② 参见魏建国：《论作为一种民主法治发展方法论的城市化》，载《求是学刊》2018 年第 2 期。

③ 《美智库报告称中国城市化进程前所未有：已处于全球增长前沿》，载《凤凰网财经》，http：//finance. ifeng. com/a/20180803/16424851_0. shtml，2018 年 8 月 3 日访问。

（三）视域的整合

城市化的过程包含政治权力结构的变更、科学技术发展的推进和社会群体流动等问题。上述问题也从不同层面反映出社会关系网络的深度复杂性、多元层次性、全面互动性和资源共享性等特征。从很大程度上来说，上述趋势会随着城市化进程而呈现加速度的增长。因而，除了进城务工人员问题、环境污染问题和群体性事件等既有的现实情境，还会出现越来越多人们从未接触和应对的新问题和新局面。这些问题不仅成为了社会发展的阻碍，而且也成为了城市治理的现实困境。“面对经济结构多元化、社会阶层多样化与利益诉求复杂化的社会现实，法治是维系国家与社会稳定的杠杆。”① 可以说，无论诉诸任何一种治理手段都需要建构在合法性基础之上。与此同时，法治城市的理想也要立足于法律理念的提升、法律制度的更新、法制实施的推进等方面。

从更深层面上来说，论证法治可以成为推进城市正义建构的核心路径，还要从以下几个方面展开。第一，法治衔接并平衡城市语境下权力和利益系统的宰制。“系统只有将他们各自的媒介法律化，从而与生活世界重新连接起来，才能独立于生活世界而自行运作。”② 城市化伴随着经济全球化和市场化背景，在资源流动效率日益提升的同时，也面临着权益分配公平性问题，其中涉及权力系统对公共资源的掌控和私人资源宰制的界限，同时也面临资本或者经济系统的个人利益最大化考量的合理化界限。稳定这两大系统的制衡，以及避免权力和经济系统宰制而导致个体利益受损，必须要借助法治作为“利益制衡”的理性化工具确保权益分配的公正。

---

① 李乾：《城市法治：一次空间法理学的探索》，载《云南社会科学》2016年第2期。

② ［美］马修·德夫林等：《哈贝马斯、现代性与法》，高鸿钧译，清华大学出版社2008年版，第30页。

第二，不同群体和群体内部的关系协调。不同群体对于道德准则与认知度的理解与宽容范围，存在可能大相径庭的差异。城市发展的动态化进程，除却城市内部不同利益群体的协调，还面临农村人口“市民化”等涉及的相关利益协调问题。有研究认为应当避免从阶层和策略性选择定位，走向法律和制度性安排为定位。农民和市民群体之间利益协调的重中之重，就是如何保障公民权利体系的制度完善（从市民到公民）。“从国家治理现代化和法治建设的宏观背景出发，城市化中农业转移人口应从市民化转向公民化，着力于公民角色、参政空间、文化兼容和一体格局的建设和拓展。”① 这对于多元城市法治治理体系的建构具有重要机制，从而实现公民对城市法治建设的制度认同，提升公共参与的积极性。比如市场监管的制度体系意图在于“平衡消费者和社会整体利益，从利益实现机制上达到利己主义和利他主义的平衡，并由此试图在市场经济条件下建立起一种个人利益、国家利益以及社会利益三者之间的均衡关系”。②

第三，科技发展的前沿带来的突出新问题。人工智能、大数据和区块链的快速发展主要集中在人才与科技资源密集的城市当中。与之相伴随的是在学界和实务界对科技伦理问题的思考和担忧，比如大数据和网络空间的拓展对私人空间的侵犯、诸如基因改造和人工智能等前沿生物技术带来的人伦隐忧，等等。这不但要求完善科技领域法律制度体系，还体现出城市法法治建设不但要面对现实问题，还要关注未来可能的发展空间。比如人工智能的法律责任承担、大数据背景下个人隐私保护的空间，以及区块链技术对于合同交易产生的影响，等等。这些问题主要集中于科技发展迅猛的城市空间当中，迫切需要相关法律学者对此展开研究。

---

① 马长山：《农业转移人口公民化与城市治理秩序重建》，载《法学研究》2015 年第 1 期。

② 蒋悟真：《市场监管法治的法哲学省察》，载《法学》2013 年第 10 期。

三、以城市正义理念推进法治城市建设

法治城市是城市治理状态的法律化，同时也是法律的效力在城市空间中得以实现的状态。很大程度上来说，空间生产与不断分配的过程表征了城市治理的实质。如何在城市语境下实现空间正义，是建设法治城市需要解决的核心理论问题。从空间的正义性和正义的空间性两个角度展开，能够在很大程度上衔接法治城市理念的抽象性与城市治理的法治实现的具体性，从而有效地应用空间正义理念推进城市正义，并据此推进法治城市的建设问题。

（一）正义的空间性：空间法治的城市语境

作为法学、伦理学和政治学等多学科诉求的正义理念，其实质精神的体现需要建构在特定时空语境下。从微观层面上来看，正义的落实不仅在于个体在理性权衡力图实现效益最大化的期待，也在于社会关系导向一种良性的运作和推进；从宏观层面上来看，正义也需要从多个层面、领域和视角呈现出良善价值，通过法治状态下的社会场域获得生命力。从这个角度来说，法治城市的建构也是为正义的实现拓展空间，同时也通过空间法治的城市语境研究诠释了正义对空间的诉求。

第一，空间的资本制度运作需要纳入制度实践当中。当下我国社会正义的视域，随着空间资本化的趋势需要慢慢转向空间资源的配置上。目前空间资源的协调、分配和有效利用问题主要集中于城市语境当中。住房的刚性需求、城市化公共建设的土地资源分配，以及生产性建设的空间需求（包括人力资源诉求仰赖的居住空间诉求），等等。法治路径有助于城市治理的视域从追求资本利益最大化的经济利益宰制，转向满足多元化城市居民需求的公共利益，从效率性逐步导向公益性或者公共性。据此有必要使空间资本的运作从强化政策导向转入法治导向，从而

有效解决空间权益区分（比如城乡二元结构）在补偿上的不均等、公租房等社会福利保障体系的完善以及凝聚传统文化精髓的实体性空间保护，以及生态资源与自然环境的维护等各方面的城市空间问题。

第二，城市正义的建构需要完善的制度体系和运作环境。显然，城市空间的利益博弈说明很难无条件满足不同群体的需求，也无法确保不同群体利益的均等分配。正如有学者指出的那样："空间正义的原则必须肯定与承认都市社会利益多元化的正当合理性。但住房是个体生存与发展的必需品，必须保障其底线需求。为此，空间正义的理论任务重在寻求根本利益一致的基础上建构'利益共同体'。"① 共同的空间诉求构成城市生活利益共同体的潜在共识，同时也应当成为城市法治建构的价值前提，从根本上引导空间利益的协调与再分配。

第三，空间的拓展需要城市法治精神在纵深方面向社区和基层拓展，在跨度方面向农村拓展，从而推进城市化进程。城市正义空间的最大化实现表征法治城市的意图所在。在此基础上，又必须要积极调整和干预多尺度、多领域和多层次空间类型的生成，一方面要在学习域外经验的基础上，基于满足底层公民的需求和提升整体生活品质的要求对城市空间资源进行再调整；另一方面也要考虑到我国农民人口的比例，激励农民参与城市化建设，通过城市空间的共享力的提升，保障农民以及其他边缘人口的基本利益（尤其是住房、教育和公共生活等涉及空间利益的内容）从而确保他们的满足感、获得感甚至幸福感。

（二）空间的正义性：城市治理的法治手段

第一，法治应当确保城市空间资源分配的集中化与协调性。虚拟空间并不受限于城乡之界限，因此城市空间资源在这里主要集中于公共设

① 任政：《当代都市社会语境中的正义转型与重构——一种空间正义构成维度的反思》，载《天津社会科学》2017 年第 3 期。

施、医疗、教育、生态、交通等实体性的，具有重要社会价值的资源。鉴于职业领域的层次性和收入差距的存在，以及城市密集人口形成的多元性阶层互动深化的趋势，必须要在推进城市治理的法制建设过程中，强化对弱势群体和边缘群体利益的保护。这里所谈的“群体”并非指涉固定的人群，而是建构在角色类型基础之上；第二，政权合法性的场域化支撑。现代化和城市化的进程，必然伴随着政治中心的城市化，以及空间本身的政治化。政治权力在很大程度上具有寻求、支配和拓展空间的意愿和能力。权力倚重空间而存在，空间的不公证意味着权力本身的不公正。因此有必要基于城市空间的属性，调整公法体系在城市语境中的导向。城市正义互换多元文化的包容和利益有效协调，因而需要确保城市居民在空间生产及其相关利益分配决策当中的参与权和话语权。最典型的例子，就是 2012 年出台的《南京市城市治理条例》，其遵循的原则就是强调以理性对话协商、共同参与城市资源涉及利益的分配与协调规则①；第三，推进城市语境下的法治文化建设。城市和农村当中对法律和法治的态度存在差异，城市治理法治建设的指导观念就应当强化从宏观上建构城市法治文化，从微观上以“物”为主导转向以“人”为主导。在这种城市法治文化语境下，居民共享空间良性运作和发展利益，以自由和全面发展和追求幸福生活为导向，而不再过分注重经济总量增长和生产效率的提升。法律应当认同和容纳多元利益权衡机制，“在相关立法中需要增加正视和协调空间多元利益，促进城市协商共治

---

① 在城市治理相关立法上，南京城市治理委员会就强调公民在城市空间塑造中的参与权。《南京市城市治理条例》增强了居民在城市治理中的知情权和话语权，在政府、社会和公众的双向互动和协同治理上迈出了良好的一步。该条例第 1 条规定，为了推动公众参与城市治理，提高城市管理和服务水平，建设宜居城市和幸福城市，根据有关法律、法规，结合本市实际，制定本条例。第 2 条规定，本条例所称城市治理，是指为了促进城市和谐和可持续发展，增进公众利益，实行政府主导、公众参与，依法对城市规划建设、市政设施、市容环卫、道路交通、生态环境、物业管理、应急处置等公共事务和秩序进行综合服务和管理的活动。

的法律规范”。① 简而言之，城市法治文化的建设起因于居民的共同利益，最终落脚于居民的主体性诉求。

① 陈晓勤：《空间正义视角下的城市治理》，载《中共福建省委党校学报》2017 年第 10 期。

探索城市版权产业发展之道[①]

——以完善版权登记制度为视角

张　颖*

【摘要】大数据时代，信息传播效率飞速提升，催生版权产业蓬勃发展，版权产业的发展程度已然成为城市竞争力的重要指标。城市版权产业的发展离不开版权人对作品的创作以及版权运营者对版权内容的有效运营，而版权登记作为版权初始获取的初步证明和版权流转的有效记录，应当成为城市管理者助力版权产业发展的有力措施。本文通过比较不同城市版权登记管理部门的管理现状，从法律规范和管理现实两个层面分析现有版权登记制度的不足，并从初始登记、变更登记和登记配套措施三个角度提出完善路径。

【关键词】城市版权产业　版权登记　初始登记 变更登记

一、城市版权产业发展之现状

现代城市不仅仅是所在区域的经济中心，也是文化中心，更是版权产业主要聚集地。城市竞争力是一个城市在竞争和发展过程中与其他城

---

① 本文为国家社科基金青年项目“共享经济下著作权登记制度的创新研究”(17CFX036)阶段性成果。

* 张颖，女，法学博士，湖北大学政法与公共管理学院讲师，主要研究方向，知识产权法、民商法。

市相比所具有的吸引、争夺、拥有、控制和转化资源，争夺、占领和控制市场，创造价值，为其居民提供福利的能力。① 这里的资源不仅仅是经济资源，还包括一个城市所蕴含和孕育的文化资源。文化产品是文化资源的直接体现，其价值主要体现在其版权上，文化产品创造和交易主要是通过对版权的保护和运营来实现，因此，版权产业已经成为城市竞争力的重要衡量指标，其对城市竞争力提升的重要作用被国内外越来越多的城市所重视。

英国是版权产业发展最早也是最发达的国家之一，其中伦敦和曼彻斯特两大城市都将版权产业作为城市发展的重点。例如，曼彻斯特2002年出台文化发展战略，提出“文化作为城市发展战略的轴心”和“发展可持续文化经济”的理念。伦敦2003年发布《伦敦：文化资本，市长文化战略草案》，提出文化战略要维护和增强伦敦世界卓越创意和文化中心的声誉，增强伦敦作为世界一流文化城市的地位。伦敦政府一直将版权产业作为整个城市未来的发展方向。美国作为版权产品输出大国，也离不开主要城市对于版权产业的重视。例如，电影、计算机软件等版权产业是洛杉矶和加利福尼亚等城市拥有较强竞争力的重要原因。纽约作为全球金融中心，其艺术文化的影响力在美国大城市中也同样位居榜首，全球排名前五的音乐制作公司中，有三家总部设在纽约。此外，有“动漫之都”之称的东京，在游戏、动画、卡通、漫画等领域拥有世界一流的竞争力。巴黎版权产业的特色是传统与现代的完美结合，其覆盖面广、涉及行业众多，除了视觉艺术、表演艺术、出版、印刷、视听艺术、网络服务之外，富含创意的传统奢侈品行业所涉及的传统工艺领域，如时尚、香水、皮革、工艺品制造、葡萄酒等也是其重要的内容。②

---

① 倪鹏飞：《中国城市竞争力理论研究与实证分析》，中国经济出版社2001年版，第34页。

② 蒋玉宏：《知识产权制度对城市竞争力的影响》，同济大学2007年博士学位论文。

国内城市中，深圳市自2004年提出“文化立市”战略以来，深圳文化创意产业保持了年均20%的增长速度。2017年，深圳文化创意产业增加值达2243亿元，增幅达14.5%，占全市GDP比重超过10%。①广州市版权产业保持平稳较快的发展态势，2014—2016年间其行业增加值的年均名义增长率为10.7%，高于同期全市GDP名义增速2.5个百分点。② 杭州连续成功举办国际动漫节，以国家动画产业基地为依托，对动漫产业给予特殊政策鼓励和扶持，着力打造“动漫之都”。③上海是全国首创发布版权产业报告的城市，“十一五”期间，上海版权产业增加值年均实际增长速度为17%，高于同期上海年均GDP增长6个百分点，而核心版权产业增加值从2006年的489亿元上升到2010年的1105亿元，核心版权产业对上海GDP的经济贡献率在五年内从4.09%增长至12.64%。

在我国工业化、信息化、城镇化建设的历史大潮中，知识产权尤其是版权的强大驱动作用已经显现，由现代版权制度支撑起的城市特色资产形成的城市文化品位铸造了我们不同城市的名片。因此，做好版权保护和促进版权的有效流转将是发展版权产业的根本措施，而版权登记作为版权初始获取的初步证明和版权流转的有效记录，应当成为城市管理者助力版权产业发展的有力措施。

---

① 《创新之城的文化“加速器”》，载《搜狐网》，http：//www.sohu.com/a/230910171_161794，2018年5月1日访问。

② 黄宙辉、陈桂静：《广东版权产业增加值居全国领先地位》，载《金羊网》，http：//news.ycwb.com/2018-04/25/content_30001976.htm，2018年5月1日访问。

③ 《关于进一步加快我市动漫产业发展的建议》，载《杭州政协新闻网》，http：//www.hzzx.gov.cn/taxd/content/2013-09/12/content_5021942.htm，2018年5月1日访问。

二、版权登记对城市版权产业发展之价值

（一）版权登记的公示价值

无论是有形财产还是无形财产领域，登记作为一种公示手段为权利人提供了权利宣示的途径，也为公众提供了权利归属状态的公示信息。自动保护原则下，著作权初始登记的公示功能受到限制，因为是否进行初始登记取决于权利人的自愿。但对权利进行公示更大层面的意义还在于维护交易安全。在有形财产领域，动产通过占有，不动产通过登记进行公示，而在财产权发生变动时，登记成为有形财产，是不动产变动发生效力的重要前提。在著作权领域，学者李琛认为，著作权权利产生无须公示尚可理解，因为任何第三人只要不抄袭、诚实地独立创作，就不会卷入权利冲突，但在著作权权利交易中，若缺乏公示制度，第三人无法保证自己取得的权利是安定的。① 因此，美国、韩国、日本等国都对著作权转让登记作出了规定。②

权利的公示能够带来权利的稳定性，城市版权产业的发展首先基于有效且稳定的著作权基础之上。一方面，如果作品的著作权信息尚不明确，例如现实中大量存在的无主作品、孤儿作品，那么其利用必然受到阻碍，就更无从谈及进行产业化运作，打造具有城市特色的版权产业；另一方面，在版权交易过程中，如果著作权信息不明确或不连贯，必然导致交易的混乱，出现“一曲多卖”的乱象。③ 著作权转让登记制度将有利于形成作品交易的产权链，厘清作品的产权关系，从而提高作品

---

① 李琛：《知识产权体系论》，北京大学出版社2005年版，第100页。

② 参见《日本著作权法》第77条、《美国版权法》第205条、《韩国著作权法》第54条。

③ 黄玉烨，罗施福：《论我国著作权转让登记公示制度的构建——从著作权的“一女多嫁”谈起》，载《法律科学》2005年第5期。

的利用效率和产业化运作能力。

（二）版权登记的信息价值

版权登记的信息价值体现在其能为公众提供著作权作品的基本信息，包括作者、权利人、联系方式、发表时间等，这种信息功能并非基于单个著作权信息的提供，而是基于著作权公示信息数据库的建立。通过建立该数据库，权利人可以跟踪自己作品的使用情况，公众可以查询需要利用的作品信息，判断作品的保护期限，以及相关交易或者授权信息，而这些信息的收集有利于著作权归属的判断、增强著作权的法律保护状态的稳定性、促进著作权交易以及文化资源的存储。此外，著作权公示信息数据库的建立在数字网络时代具有战略意义，这一方面是因为信息经济时代，任何有效信息都可以成为经济增长点，著作权公示信息的完善程度关乎著作权产业的发展；另一方面，云存储、云计算等先进技术的应用实现了著作权公示信息跨越时间和空间的海量存储与共享的可能。实际上，发达国家和国际组织正在致力于建立这样的著作权信息数据库。英国已经率先建立了促进版权登记和交易的 Copyright Hub。欧盟针对孤儿作品利用问题开发了 ARROW（Accessible Registries of Rights Information and Orphan Works）项目。可见，著作权公示信息数据库的建立有助于实现孤儿作品的快速查找和利用，同时也证明了著作权公示信息数据库的建立在技术上是可行的。在政府层面对著作权公示信息资源重视之前，市场中的大型私人组织和企业早已观察到了著作权公示信息的价值，谷歌的数字图书馆计划就是最好的例证。

由此可见，一座城市要打造独具特色的版权产业，应当建立体系化的著作权公示信息库，并借助先进的互联网技术和大数据技术来完善该信息库信息的收集、整理以及更新，从而有利于实现城市版权产业的高效发展。

三、现行版权登记制度之不足

（一）登记效力不明确

目前，我国著作权法没有对登记制度进行一般规定，仅在诸如《作品自愿登记试行办法》以及《著作权质押合同登记办法》进行了具体规定。根据我国《立法法》第71条第2款规定，“部门规章规定的事项应当属于执行法律或者国务院的行政法规、决定、命令的事项”。上述办法都是为了具体实现著作权法的内容而制定的，在缺少作为上位法的著作权法对登记作出一般规定的情况下，上述办法并不具备法律依据。缺少上位法规制的直接后果是版权登记只能作为一种行政管理事务，而不能纳入著作权法体系，作为著作权制度的一部分。相比之下，《计算机软件版权登记办法》的命运要好一些，至少可以参照《著作权法》第59条作出解释。① 因此，为了提升对版权登记制度的重视，应当将其纳入著作权法体系中，这一点也得到了《送审稿》的支持。

（二）登记种类混乱

实践中，我国版权登记的具体种类比较混乱：《作品自愿登记试行办法》规定了三种登记：主要包含作品登记、专有权登记和录音录像制品登记。《著作权法实施条例》规定了著作权转让合同与专有许可合同的备案登记。《计算机软件保护条例》和《计算机软件版权登记办法》规定了计算机软件著作权，及其转让合同、专有许可合同登记。《著作权质权登记办法》规定了著作权的质权登记。《出版管理条例》《音像制品管理条例》《关于对外出版外国图书进行合同登记的通知》

---

① 李雨峰：《中国著作权法：原理与材料》，华中科技大学出版社2014年版，第197页。

《关于出版和复制境外电子出版物和计算机软件进行著作权授权合同登记和认证的通知》《电子出版物管理规定》《关于落实国务院归口审批电子和互联网游戏出版物决定的通知》规定了涉外音像出版合同登记、复制境外音像制品合同登记、涉外软件和电子出版物复制和发行合同登记、涉外图书出版合同登记、涉外互联网游戏出版合同登记以及外国期刊合同登记等。

1. 作品登记与著作权转让合同备案、专有权登记与著作权专有许可合同备案存在交叉

首先，根据《作品自愿登记试行办法》，作品登记的主体既包含原始取得著作权的著作权人，也包含通过转让取得著作权的著作权人。因此，通过转让取得著作权的著作权人既可以根据《作品自愿登记试行办法》申请作品登记，也可以根据《著作权法实施条例》申请转让合同备案。同样，《作品自愿登记试行办法》中的专有权登记与《著作权法实施条例》中的专有许可合同备案存在同样的交叉问题。虽然国家版权局在《著作权法实施条例》颁布后并未对合同备案的实施做统一安排，但北京、上海、江苏等地陆续出台了本地区的著作权合同备案办法。① 因此，实践中存在上述交叉矛盾。而且，《送审稿》中已经明确规定了著作权合同登记及其效力，若要正确实施，必须先解决上述登记种类交叉的问题。

2. 现行著作权合同登记立法体系混乱、登记种类繁多、登记适用范围窄、登记效力不一致

根据上述合同登记相关行政法规的列举，我国明确规定的合同登记具有以下特点：（1）从登记的依据来看，既有国际条约，又有法规和部门规章。（2）从登记性质来看，他们都是对合同的登记，而

① 索来军：《版权登记制度概论》，人民法院出版社 2015 年版，第 43 页。

非对权利的登记。(3) 从适用范围来看，在授权主体上仅适用于取得境外权利人的授权；在授权内容上仅限于作品或录音录像制品的复制和发行，即所谓的出版领域。(4) 从登记效力来看，多数涉外合同登记都具有行政审批的性质，具有强制性，例如复制境外音像制品委托登记、涉外音像出版合同登记、涉外电子出版物和软件合同登记等。①

造成上述著作权合同登记立法混乱的主要原因在于我国著作权合同登记制度并非源于著作权市场交易需求，而是源于对盗版行为以及涉外出版行为的行政管制，因此，其具有较强的行政管制性。合同登记制度能够在出版领域顺利实施，与新闻出版行政管理的依托与协作分不开。也正因为如此，著作权合同登记从立法到实施，始终没有形成针对所有著作权人和涉及所有使用方式的普遍制度，因此，网络环境下，著作权合同登记始终未能借助出版管理涉足信息网络传播领域就不足为奇了。②

由此可见，现行的著作权合同登记制度尚未得到完全的“净化”，依然表现出较强的行政色彩，若要充分发挥登记制度在私法领域的功能，就应当尊重著作权的私权属性，完善著作权合同登记在著作权交易中的公示功能。

(三) 登记标准不统一

1. 登记的形式标准不统一

登记标准是指申请人在登记申请中应当提供的登记信息项目标准和作品登记编号标准，目前《作品自愿登记试行办法》仅对作品登记编号标准作出了规定，即“(地区编号)—(年代)—(作品分类

---

① 索来军：《版权登记制度概论》，人民法院出版社 2015 年版，第 94 页。
② 索来军：《版权登记制度概论》，人民法院出版社 2015 年版，第 93 页。

号）—（顺序号）号。国家版权局负责登记的作品登记号不含地区编号”，但并未对登记信息项目作出明确规定，因此，实践中因为各地所依据的标准不一导致重复登记现象时有发生。2011 年国家版权局《关于进一步规范作品登记程序等有关工作的通知》将此标准明确为："《作品登记证书》应包含作品名称、作品类别、作者姓名或名称、权利人姓名或名称、权利取得方式、已发表作品的发表日期、出版日期和制作单位等事项。”从一定程度上缓解了初始登记中重复登记以及缺乏统一标准的困境，然而，对于变动登记依旧未作任何统一性规定。笔者认为，登记标准直接涉及登记公示信息是否能够正确表征其所公示的权利信息，以及权利信息链的正确衔接，因此，有必要在更高层级的法律规范中对此作出明确规定。

2. 登记的费用标准欠缺

（1）缺少法定收费项目和收费标准。《作品自愿登记试行办法》中规定，有关作品登记和查阅的费用标准另行制定。由于版权登记费用属于行政规费，该费用的制定主体是财政部门和价格管理部门。作品登记依据的是知识国家版权局颁布的部门规章，因其缺乏明确规定的事项和收费的上位法，所以作品登记收费规定一直未能出台。①

（2）各地版权登记收费参差不齐。由于缺乏统一规定，国家版权保护中心与各地方版权登记服务机构，以及各地版权登记机构之间对于版权登记的收费参差不齐。国家版权保护中心公布了《著作权自愿登记收费标准》②，该标准成为了各地版权登记服务机构的收费参照。然而，该标准的制定依据并不明确。有学者认为此标准过高，没有顾及小

① 索来军：《版权登记制度概论》，人民法院出版社 2015 年版，第 42 页。

② 参见中国版权保护中心官网公布的收费标准：http：//www. ccopyright. com. cn/cpcc/bqdj. jsp？fck&columnid=731&articleid=1822，2018 年 2 月 10 日访问。

型著作权持有人和为发表作品持有人的利益。① 然而，2014 年新公布的《使用文字作品支付报酬办法》将原创作品的基本稿酬提高了2—3倍，由原来的每千字 30—100 元，提升到每千字 80—300 元。相比之下，著作权自愿登记收费标准并未提升。但这并不能说明此收费标准的合理性，合理的收费标准应当综合登记成本、作品类型、登记数量等综合因素考察明确。同时，笔者发现《著作权自愿登记收费标准》以数量的增加提供了相应的优惠，例如音乐作品、曲艺作品、舞蹈作品、摄影作品等系列作品，第一件登记费用为 300 元，第二件及以后的登记费用为 100 元。然而，不同作品数量增长的速率是不同的。以摄影作品为例，摄影者往往需要同时登记数十件作品，如果按照和其他作品同样的数量优惠政策，显然，摄影者需要付出更多的登记成本。因此，笔者认为，针对作品登记数量的优惠应当区分不同类型而设置不同的优惠率。

理论上，各地版权登记服务机构参照国家版权保护中心公布的登记费用标准收取登记费用，但实践中，各地实行的标准参差不齐。2011年国家版权局出台《关于进一步规范作品登记程序等有关工作的通知》，“将作品登记纳入著作权工作考核的重点内容，作品登记数量等情况将作为省级及国家级著作权示范城市、单位和园区（基地）评选的重要条件；鼓励有条件的地区建立各种有效的作品登记资助激励机制。”据此，各地兴起版权登记费用优惠政策，例如，广东省对自然人版权登记与法人版权登记的费用进行了区分，并根据登记数量的多少设置了优惠折扣。陕西、上海、重庆、江苏、福建等地相继推出了免费登记政策。从效果上而言，上述免费政策确实带来了登记数量的增长，例如，江苏省 2015 年登记一般作品 109377 件，同比增长 106. 3%；福建省作品登记数量达 38450 件，同比增长 53%。② 然而，版权登记本身是

① 柯林霞：《完善我国版权登记收费标准体系初探——美国版权登记费用立法的启示》，载《出版发行研究》2014 年第 4 期。

② 中国版权年鉴编委会：《中国版权年鉴 2016》，中国人民大学出版社 2016 年版，第 79 页、第 83 页。

存在成本的，这一点《送审稿》中已经明确："版权登记要缴纳费用。"免费登记政策一方面可能导致大量垃圾著作权产生，浪费登记资源；另一方面，缺少统一的登记费用标准，盲目实施免费登记，将拉大有条件的发达地区实施与其他欠发达地区提供作品登记服务的差距。因此，著作权免费登记不可能也不应当成为长期的登记激励措施，正确的方式仍然是制定合理的收费标准，并且从技术上真正降低登记成本。此外，将登记数量与地方版权局工作政绩挂钩并非可取的途径，反而可能导致"寻租"行为。作品登记属于著作权人的特定需求，登记数量不直接反映文学艺术的实际创作状况，版权登记也不能与专利审批和商标注册的数量盲目地攀比。①

（3）缺乏从根本上降低登记成本的技术革新

登记成本决定了登记费用，降低登记成本的有效措施是应用先进登记技术。如前所述，我国目前仍采取以纸质登记为主的登记模式，未能脱离人工操作的传统，导致办公成本居高不下，登记费用自然降不下来。

四、完善版权登记制度之对策

（一）明确登记效力

1. 明确初始登记的初步证明效力

如前所述，自愿登记原则下，由于种种原因难以赋予版权登记绝对的公信力或者善意取得公信力，但实践中已经被认可的版权登记具有初步证明的推定力应当得到法律的明确。初步证明的推定力虽然可能在诉讼中被其他证据推翻，但其有利于权利人在诉讼中主张自己的权利，节

---

① 索来军：《版权登记制度概论》，人民法院出版社2015年版，第51页。

约权利人的举证成本，并且在诸如海关审查以及主张行政保护措施的过程中，版权登记的初步证明力能够给予权利人更有利的证明优势。从国外立法例而言，多数国家，诸如美国、日本、韩国等都在著作权法中明确了版权登记的初步证明效力。

2. 明确著作权转让登记和专有许可登记的对抗效力

著作权变动登记包含著作权转让、专有许可以及著作权质押三种类型。上述管理办法中，除了将著作权质押登记效力明确规定为生效效力，著作权转让和专有许可的登记效力并未被明确规定。需要明确的是，著作权变动登记是指权利的变动登记而非合同的变动备案。这一混淆在实践中曾出现立法上的矛盾。例如，根据我国 1995 年出台的《担保法》第 79 条规定，以著作权中的财产权出质的，出质人与质权人应当订立书面合同并向其管理部门办理出质登记，质押合同自登记之日起生效，即登记是合同的生效要件。1996 年出台的《著作权质押合同登记办法》作出了与此一致的规定。然而，2007 年出台的《物权法》第 227 条第 1 款规定，以著作权中的财产权出质的，当事人应当订立书面合同，质权自有关主管部门办理出质登记时设立，即质权设立是物权变动的结果。两者存在区别的主要原因在于“相对权没有获得外部认知的必要，因此《担保法》规定的登记与权利状态的公示无关，而《物权法》规定的登记才是权利公示的表现和要求”。① 这一矛盾在 2011 年出台的《著作权质权登记办法》中得以纠正。我国《著作权法》第三次修改草案第二稿中，针对著作权转让和专有许可也出现过同样的错误，但在第三稿中得以修正。现在的《送审稿》中再次明确了登记的是“权利”而非“合同”。②

---

① 杨明：《著作权许可中的公示公信——从对〈中华人民共和国著作权法修改草案〉第 57 条的质疑谈起》，载《法商研究》2012 年第 4 期。

② 参见修改稿（第二稿）第 56 条第 1 款，修改稿（第三稿）第 57 条第 1 款，《送审稿》第 59 条第 1 款。

（二）界清登记种类

从著作权获取的方式来确定版权登记的类型，即著作权的初始登记与变动登记。初始登记是著作权人的原始取得，现行《作品自愿登记试行办法》中的“作品登记”应仅仅包括著作权人的原始取得，即作品的初始登记。变动登记包括著作权转让登记、专有许可使用权登记和质权登记。在此应当明确变动登记的对象是权利而非合同。

从作品类型而言，现行的《著作权法》仅对计算机软件版权登记作出了专项规定，但计算机软件版权登记与一般作品登记的区别仅在于具体的登记事项与程序上，对于初始登记和变动登记中涉及的基本原则并无差异。因此，著作权法在初始登记和变动登记两个层面对所有作品进行一般性规定是可行的，也是必要的。

上述已经存在的涉外著作权合同登记国际条约、法规或规章，有其存在的历史原因和特殊目的，在不影响非涉外著作权作品登记和符合国际条约规定的情况下，仍应予以保留，但应注重内部的协调性。由于此问题已经超出本文讨论的范围，因此不再进行深入探讨。

（三）完善变动登记体系

著作权变动登记具有维护交易安全的功能，如前所述，对著作权变动进行规范不违反伯尔尼公约禁止著作权形式要件的规定，因此，在发挥其维护交易安全功能的基础上，通过反向激励的方式，来激励权利受让人进行著作权变动登记将有利于丰富作品登记信息，强化登记的信息功能。

所谓反向激励，就是赋予行为主体责任规则来激励行为人履行义务。例如，美国版权法对未登记作品权利人的救济范围进行限制，即未登记的作品依然可以受著作权保护，但其权利人在救济措施以及赔偿范围上要次于已登记的作品权利人，以此来反向激励权利人进行登记。① 美国的经验表明这种对未登记作品救济范围的限制，在一定程度上可以缓解著作权公示外部性，但其作用的范围具有地域性。对于国际化著作权贸易高速发展的数字时代，该方案无法缓解公示外部性在世界范围内造成的影响。因此，有学者提出，将权利限制的对象由“权利人”转为“权利的受让人”，即赋予“权利受让人”登记义务。② 如此一来，一方面，对权利受让人的权利进行限制不违反《伯尔尼公约》；另一方面，激励“权利受让人”进行变动登记，从而完善著作权变动信息链，方便著作权权利最终归属信息的查找。

（四）完善版权登记配套体系

1. 完善版权登记费用体系

（1）尽快出台版权登记费用标准的相关法规。以美国为例，其在版权法 708 条中直接对版权登记费用的制定规则进行了规定：首先，明确哪些登记需要收取费用，例如初始登记费用、变动登记费用、登记证额外发放费用、登记检索费用等；其次，对调整登记费用所需参考的因素作出了规定，包括：①组织调查版权局因登记权利要求书、备案文件和提供服务所负担的成本；②除前述合理成本外，还要考虑外加通货膨胀引起的预估成本；③登记费用的制定应当合理公平并充分考虑著作权制度的目的；④费用调整应当经国会审批。由此可见，美国版权法对于版权登记费用的规定及调整非常严格，版权登记费用属法定事项，不容随意变通，且只有一个版权登记机构，只有一种版权登记收费标准。我国可以参考美国版权法的规定，设定我国版权登记费用的标准及调整依

---

① 参见《美国版权法》第 412 条。

② Gervais, Daniel J. and Renaud, Dashiell, “The Future of United States Copyright Formalities: Why We Should Prioritize Recordation, and How to Do It”, *Berkeley Technology Law Journal*, Vol. 28, 2013, p. 1459.

据，但是否需要纳入著作权法中进行详细规定则值得进一步考虑。我国对于版权登记费用的制定尚属探索阶段，而现实中版权登记费用不统一的现状长期存在，贸然在著作权法中作出详细规定并不合适。因此，笔者建议，应以规章的形式落实版权登记费用标准的制定。

（2）优化登记模式，降低登记成本。针对不同的登记模式设定登记费用是美国激励数字化登记的有效措施。美国为了满足登记申请人的差异化需求，在推广数字化登记的同时，保留了半数字化登记和传统纸质登记的模式，但是收费标准则不同。例如，数字化登记费用为 35 美元、半数字化登记费用为 50 美元、传统纸质登记为 65 美元。①

考察我国登记模式的实际情况不难发现，国家版权保护中心目前仅提供了半数字化登记模式，虽然其已实行数据库信息管理模式，提供受理、咨询、查询、审核和收费、发证等一站式版权登记服务，但归根结底还是属于以政府为主导的人工管理模式，需要人工录入和提交纸质材料，没有体现高效率、优服务和低收费的目标。通过考察各地方版权登记服务机构发现，半数左右的省份建立了数字化登记系统，但由于缺乏统一的技术标准，其运行的效果和所能发挥的功能参差不齐。因此，首先，国家版权保护中心作为我国统一的著作权公共登记机构，应该进一步优化升级其数字化登记系统，实现完全的数字化登记模式，并通过差异的登记费用来激励人们选择数字化登记。其次，国家版权保护中心应确立统一的数字化登记技术标准和登记模块，使得各地方数字化登记系统能够为登记者提供统一的登记界面和登记功能。同时，各地方的数字化登记系统作为国家版权保护中心数字化登记系统的子系统能够实现信息的互联互通，从而实现全国范围内登记作品的统一管理，避免重复登记现象发生。从技术层面而言，上述要求是可以实现的。如今，区块链技术已经在金融领域广泛使用，不少学者也开始讨论其所具备的稳定

---

① Analysis and Proposed Copyright Fee Adjustments to Go into Effect on or about August 1，2009，http：//www. copyright. gov/circs/circ04. pdf，2018 年 2 月 10 日访问。

性、不可更改性和实时性能够有利于实现版权登记的有效技术措施，并大幅度地降低登记成本。①

2. 完善版权登记错误救济体系

登记错误是指版权登记簿与真实的著作权归属以及利用状态不一致。如前所述，版权登记意义在于其具有正确性的推定力，该效力虽不能如不动产登记簿一样发生善意取得的效力，但其对真正权利人而言具有初步证明效力，对于善意第三人而言具有一定的信赖利益。对于版权登记正确性推定力的维护是著作权公示功能有效发挥的前提，而错误登记所显示的错误信息将对于真实权利人以及信赖版权登记信息的第三人造成损失。若登记错误无法得到救济，那么版权登记所具有的信赖利益也将土崩瓦解。登记错误主要包括两类，一类是因申请人或者登记人员的疏忽造成的错误登记，也可称为善意的错误登记；另一类则是恶意以他人名义进行的假冒登记。遗憾的是，现行法律法规并没有对错误登记以及假冒登记行为作出明确而系统的规定。

（1）善意登记错误的救济。以不动产登记为例，登记错误的救济途径包含登记错误的更正救济、异议救济和赔偿救济。我国《作品自愿登记试行办法》第6条规定："有下列情况，作品登记机关应撤销其登记：1. 登记后发现本办法第五条所规定的情况的；2. 登记后发现与事实不相符的；3. 申请人申请撤销原作品登记的；4. 登记后发现是重复登记的。"《计算机软件版权登记办法》第23条："国家版权局根据下列情况之一，可以撤销登记：（一）最终的司法判决；（二）著作权行政管理部门作出的行政处罚决定。"第24条规定："中国版权保护中心可以根据申请人的申请，撤销登记。"

就更正救济而言，包括变更登记和撤销登记。变更登记的主体仅为

① 孟奇勋、吴乙婕：《区块链视角下网络著作权交易的技术之道》，载《出版科学》2017年第6期。

登记申请人；撤销登记的主体则包括登记申请人和登记机关。值得注意的是，登记机关撤销一般作品登记和计算机软件登记的理由并不一致。对于后者，登记机关仅能依据司法判决和行政处罚作出撤销，不能主动撤销。对此，有学者认为应当增加登记机构可以主动撤销登记的情形，以增强登记信息的公信力及权威性。① 笔者认为，至少在登记机关撤销权限上不应该区分一般作品和计算机软件作品，两者应当保持一致。

就异议救济而言，我国相关规章曾作出规定。针对一般作品，1997年国家版权局办公室发出的《关于作品自愿登记工作有关问题的通知》指出“作品自愿登记不设异议程序。对提出异议的，仅予以备案。作品登记的事实如被司法审判、行政处罚否定的，应根据司法或行政机关认定的事实撤销该作品登记”。2002年公布的《计算机软件登记办法》则取消了此前有关异议登记的规定。笔者认为，通过异议登记来救济登记错误确实不可取。因为登记机关对于版权登记只能进行形式审查，并不具有确权性。面对大量的作品登记，如果设置异议登记程序将大大降低登记效率。因此，取消异议登记是符合版权登记效益原则的。

就赔偿救济而言，针对善意登记错误，赔偿救济主要指因登记机关的过失导致的登记错误。对此可以根据行政救济途径提起行政复议，造成损失的应当按照《国家赔偿法》进行赔偿。针对恶意登记错误，则属于侵犯著作权行为，应当进行民事救济，下文将详细论述。

（2）假冒登记的救济。从本质上而言，假冒版权登记是一种著作权侵权行为。② 网络环境下，作品的迅速传播也催生了一批不法分子通过假冒登记来骗取金钱利益。其首先假冒权利人的身份，通过向版权登记机关提供虚假信息，骗取其颁发的记载不实信息的版权登记证书，再通过向使用者发函、威胁进行行政投诉或司法诉讼等行为索要和解款或

① 索来军：《版权登记制度概论》，人民法院出版社2015年版，第145页。
② 周俊强：《假冒他人作品行为的法律性质研究》，载《中国出版》2011年第23期。

赔偿金。有人将这种行为与“专利流氓”进行类比，称其为“版权流氓”。①

首先，应当对假冒登记适用惩罚性赔偿，加大假冒登记者的违法成本。由于版权登记的形式审查难以在登记时杜绝假冒登记行为，那么通过事后的法律救济来加重假冒登记者的违法成本，从而起到有效的威慑作用。从比较法的角度而言，印度、韩国以及美国等著作权法对假冒登记作出了明确规定，并都以触犯刑法的方式予以处罚。② 我国著作权法也应当对此作出明确规定。

其次，对于已经发生的假冒登记所造成的第三方损失，应尽量提供真正权利人与善意第三人的和解途径。一旦假冒登记人和真正权利人用和解解决争执，和解协议达成之后，在和解协议侵害他人利益和社会公共利益的前提下，当事人不得随意反悔请求撤销。③

五、结语

在城市文化建设中保留了很多弥足珍贵的历史元素和历史的品牌，也有很多近代城市管理者、建设者塑造的新城市文化符号和新城市名片。对于这些城市文化资产，我们应该如何进行有效的创意开发和综合运营，保护城市的古迹、建筑、老字号不被一些商贩肆意抢注为商标或者进行恶意文化宣传？显然，城市的版权产业发展需要一套健全的版权产业保护制度来提供全方位的保护，包括扶持版权代理、价值评估、质押登记、投融资活动，从而带动新闻出版、广播影视、文化艺术、软件

---

① 刘芊：《论“版权流氓”的兴起与根治》，载《爱微帮》，http：//www.aiweibang.com/yuedu/79977785.html，2018 年 1 月 21 日访问。

② 参见《印度著作权法》第 67 条，《韩国著作权法》第 136 条，《美国版权法》第 506 条。

③ 柯林霞，王增收：《假冒版权登记的界限与防治对策》，载《出版发行研究》2014 年第 8 期。

信息服务、广告创意、设计等现代高端服务业的发展，而这一切都离不开版权登记所提供的基础性公示信息。我国现存的版权登记制度无论是在理论层面还是实践层面都还存在许多不足，该制度的完善之路，依然任重道远。

#【城市规划法治化】

城市居民公共活动空间地方立法基本问题研究[①]

陈焱光　朱　达　张　潭*

【摘要】城市公共空间构成了城市居民公共活动的主要载体，也是城市经济和社会发展过程中不同个体和群体公共活动中权利冲突最集中和多发的领域，也是共享经济时代容易被侵权的领域，但现有的法律和城市管理法规尚未提供系统有效的规范供给，面对城市居民不断增长的对城市公共空间利用法治化的要求，地方立法应当积极作出回应：通过贯彻以人民为中心的指导思想，坚持空间正义的基本理念，科学合理规划城市的公共空间，在具体立法层面，要明确城市居民公共活动空间的范围和立法原则、明晰冲突或侵权的基本类型、完善社会组织参与公共活动空间治理的激励和保障规范、细化公共活动空间公共安全的协同治理规则、依法规范政府规划城市公共空间权力，实现以人民为中心的城市公共空间资源的合理配置和依法利用。

【关键词】城市居民　公共活动空间　冲突　地方立法

---

① 本文为湖北省教育厅重大项目“城市社区治理现代化基本法律问题研究”（项目编号：15ZD020）的阶段性成果。湖北省人大研究项目“城市居民公共活动空间地方立法研究”（项目编号：HBRDYJKT2018143）的阶段性成果。

* 陈焱光，湖北大学政法与公共管理学院教授，法学博士。朱达，湖北大学政法与公共管理学院法学研究生。张潭，湖北大学政法与公共管理学院法学研究生。

一、问题的提出

随着中国城市化的不断推进，城市公共空间日益成为城市居民日常社会生活行为的重要场所，为居民提供日常社会生活交流与文化融合提供了良好的平台，但随着社会经济水平的提高，休闲娱乐活动越来越受到重视，个性化、多层次的城市居民的日常社会生活活动越来越集中在城市公共空间中，不同活动主体间的冲突越来越频繁，由此引发市民公共生活和城市管理秩序、自我表现与社会和谐等多方面的紧张关系，这对当前城市公共空间的供给、活动组织与管理带来了前所未有的挑战，也为如何依法治理城市居民公共活动空间带来了紧迫的立法课题。

近年来，大量发生在城市公共空间的冲突案例，引发了全社会对城市居民公共活动空间如何合理利用问题广泛关注：如以市民休闲娱乐为视角，不难发现，近年来兴起的中国特色的、集休闲健身于一体的广场舞引发冲突最为典型。这类冲突发生的公共空间从小型社区到大型广场，从晨曦初露到夜色朦胧，冲突几乎是一道城市不可或缺的风景，尽管不是靓丽的风景。广场舞由于噪音扰民，在现实生活中引发了一系列的权利冲突，并以广场舞扰民事件的形式见诸媒体。近年来，一系列的广场舞噪声扰民事件相继曝光。如“北京鸣枪放獒事件”,① “武汉粪袭事件”,② “温

① 2013年8月30日晚上8时左右，北京市昌平区一男子因不满邻居跳广场舞放音过大，与邻居发生争吵后，持其藏匿的猎枪朝天鸣枪，还放出自己养的3只藏獒冲散跳舞人群。参见罗京运：《枪声过后 这里的舞场静悄悄》，载《北京青年报》2013年11月6日（A17版）。

② 2013年10月23日晚，武汉市汉口中央嘉园小区，熊女士等人按惯例来到广场跳舞。还没跳到半个小时，众人突然感到有东西从邻近的楼上飘洒下来，不少人都被撒了个满头满身。等到反应过来，众人发现，泼下的竟然是大便。参见杨京：《大妈跳广场舞扰民被泼粪 称嫌吵装隔音玻璃》，载《武汉晚报》2013年10月25日（01版）。

州高音炮还击事件”，①还有群体与群体间因利用公共空间引发冲突的案例在多地出现，如在洛阳、南京、孝感等地上演的广场舞大妈大爷与打篮球小伙争夺活动场地引发冲突的事件。②

而近几年迅猛发展的共享单车不断侵占城市的公共空间，由最初为了“解决市民出行最后一公里”的良好愿望到迅速转变成“堵塞公民出行最后一千米”的恶性现象。为此不少城市开展了清理“单车坟场”行动。③

这些只是比较典型的冲突现象，表面上的篮球场地之争，共享单车的恣意停放，实质上却反映出各群体对有限的城市公共空间资源的争夺。滥占城市街道乱搭乱建、公共空间成为私家停车场、圈占小区绿地种菜等行为同样也是如此。面对公共空间冲突不断的情况，社会在质疑公众缺乏基本的公共意识，不守规则，不懂得协商合作的同时，更多关

---

① 2014 年 3 月 29 日，温州市新国光商住广场的 600 余位住户不惜血本，花 26 万元买了一套“远程定向强声扩音系统”，用以“还击”广场舞音乐，最终广场舞大妈实在受不了，陆续打道回府。吕进科，谢树华：《温州 600 住户花了 26 万元买高音炮还击广场舞音乐》，载《都市快报》2014 年 3 月 31 日（B16 版）。

② 2017 年 6 月初河南洛阳王城公园的篮球场内发生暴力事件，年轻人打篮球时和跳广场舞的大爷大妈因场地问题发生冲突，双方互不相让，拳脚相向。参见 http：//news. wehefei. com/system/2017/06/02/011026502. shtml，2018 年 10 月 16 日访问。2017 年 6 月 12 日晚，南京也发生了一起跳广场舞的阿姨和打篮球的年轻人起冲突的事件。不过，在警察和居委会的调解下，事情得到了圆满的解决。参见 http：//news. qq. com/a/20170615/020088. htm，2018 年 10 月 16 日访问。2018 年 6 月，在湖北孝感体育馆，一群广场舞大妈和打篮球的学生因争夺场地发生争执。大妈们认为跳舞的人比打球的人多，所以场地应该给她们用。学生们则认为篮球场就该打篮球。双方僵持不下，发生口角冲突。最终，在警察的调解之下，双方撤离了体育馆。参见 http：//sports. sina. com. cn/cba/2018-06-21/doc-ihefphqm0125012. shtml，2018 年 10 月 16 日访问。

③ 2018 年 4 月，杭州市西湖区城管局对辖区“共享单车”乱停放、乱投放等现象进行了专项整治，在西湖区之江彩虹桥下的“单车坟场”被清理。对共享单车乱象忍无可忍的上海，2018 年 8 月再次动手，出台“最严共享单车限制令”，明确告知 2018 年 8 月 18 日起在上海暂停新增投放车辆，一旦发现，将作为严重失信行为纳入企业征信档案，并要求各企业加强对违规停放车辆的清理。参见 https：//www. sohu. com/a/165900790_467327，2018 年 10 月 16 日访问。

注的则是如何通过法治树立公共意识，完善法律，加强执法，严格责任，杜绝公共空间商业性无序和非法利用，消弭政府不作为带来的公共空间利用冲突、规划不合理导致不同群体利用不均衡的冲突，等等。

另外，随着城市化的发展，城市公共空间的资源属性越发突出，除国家所有权属的公共空间受到侵占或引发权利冲突外，私人共有的公共空间也面临着日趋复杂的权利冲突和侵权现象。许多城市社区公共空间开始出现越来越多的私用现象，即城市居民对公共空间如城市社区中的道路、绿地、停车位以及社区内其他公共基础设施和公共场所等的占用。这种占用损害其他居民利益，容易造成社区内的矛盾和冲突。①

进一步审视这些城市公共空间引发的权利冲突发现，既有共时性的居民面对面的冲突，更有错时性的非法挤占公共空间形成的静止性冲突，无论哪种形式，都使得一部分居民进入公共空间进行活动的自由与权利被限制或侵害。

权利的行使需以尊重他人的权利为前提，我国《宪法》第 51 条明确规定："公民在行使个人自由和权利的同时，不得损害国家、社会、集体的利益和其他公民的合法自由和权利。"如果权利主体在行使自身的权利时侵犯了他人的权利，势必会引起权利冲突。然而，在公共空间内，权利行使的边界通常难以清晰界定，即使是合法与正当的权利，如果行使不当，也会引发权利冲突。如果说在权利十分明晰的情况下，冲突的权利可以通过对宪法和法律的解释和适用得到解决，但在具有极强公共性的城市公共空间里，如果没有明晰的细化的法规加以规范，冲突就会一直持续下去，由于同一空间活动的重复性，得不到纾解的冲突累积起来，极易诱发群体性事件，这一点，多个城市公共空间的

① 一些私自占用小区公共空间的现象时有报道，如老小区私装地锁，都说不对，但却没人能管。抢车位装地锁，老小区现"圈地运动"。南京市一小区公共绿地"闲了"居民争相种菜。停车位紧张陷入两难，南京不少小区毁绿地建车位等。参见赵云凤：《当代城市社区公共空间私用现象及其治理——基于产权嵌入性的视角》，东南大学 2016 年硕士论文，第 1—8 页。

冲突事例说明了这一点。因此，通过地方立法解决这一问题就显得尤为迫切。

二、城市居民公共活动空间的界定及其特征

城市居民的公共活动一般在公共空间进行，界定公共空间有利于厘清公共空间的公共性的程度及其法律地位，为法律对之有效规范提供明确的范围。

（一）城市公共空间

城市居民公共活动空间是城市空间中与以私有产权的私人性相对应的公共产权形式表现的公共性空间形态。城市空间主要是指在城市范围内，由建筑物、构筑物、道路、广场、绿化、水体、城市小品、标志物等共同界定、围合而成的空间。①

城市公共空间在中西方的理解略有不同，西方侧重于公共意见的交流，中国则更广，不仅是公共空间的日常生活的共享，也包括思想的交流。如西方学者 Hagerman 提出“Public Sphere”的说法，指出大众传播等各种媒介形态而构建的公共领域，“在这个领域中，像公共意见这样的事物能够形成，公共原则上向所有公民开放。……当他们在不从属于强制情况下的普遍利益问题，公民们作为一个群体来行动；因此，这种行动具有这样的保障，即他们可以自由地集合和组合，可以自由地表达和公开他们的意见”。② 显然“公共领域”与西方自由主义的文化理念相联系，“开放、公开、对话”是它的基本属性，而其范围宽狭取决于国家的性质。

与西方的理解不同，在中国，城市公共空间一般是指城市中不同人

① 周波：《城市公共空间的历史演变》，四川大学 2005 年博士学位论文。

② 汪晖、陈燕谷主编：《文化与公共性》，北京三联书店 1998 年版，第 125 页。

群所共享的公共活动场所。“是社会群体社会生活实践性的反映。”① 城市场所具有双重意义：“其一是场所的景观形态意义，场所的实体，它们构成了城市的静态空间模式；另一意义是场所的主观意义，即对城市生活目的的意义。”② 质言之，城市公共空间既是构成城市静态结构空间的一环，又反映出公共空间的城市生活目的意义，即城市生活中人类行为的目的性，赋予并决定了城市公共空间的意义。这也与美国学者奥斯卡·纽曼的观点相近，他认为：“从人们的行为活动和城市环境出发，将城市空间分为私密性空间、半私密性空间、半公共性空间、公共性空间。城市公共空间是指用于人们休闲、娱乐、运动的公共场所。”③

本文讨论的公共空间，界定为居民日常生活意义上的活动空间，不包括政治性诉求的维度。基于此，取其论域为城市在建筑实体之间存在着的开放空间体，是城市中供居民日常生活和社会生活公共使用的外部空间，是进行各种公共交往活动的开放性空间场所。它包括街道、广场、居住区户外场地、公园、绿地、商业街等，并在功能和形式上遵循相同原则的内部空间和外部空间两大部分。④ 它既是市民与自然进行物质、能量和信息交流的重要场所，也是城市形象的重要显现，被称为城市的“会客厅”或“橱窗”。由于承担着城市中的政治、经济、历史、文化等各种复杂活动和多种功能，它既是城市生态和城市生活的重要载体，也是城市各种功能要素之间关系的载体，而且它还是动态发展变化的。城市居民社会生活多方面的需要和城市的多种功能在此汇集，形成了各种类型和不同规模、等级的城市公共空间。

---

① 王兴中等：《中国城市社会空间结构研究》，科学出版社2000年版，第80页。

② 王兴中等：《中国城市社会空间结构研究》，科学出版社2000年版，第82页。

③ 李德英：《城市公共空间与城市社会生活——以近代城市公园为例》，载《城市史研究》2000年第Z2期。

④ 李德华等：《城市规划原理》，中国建筑工业出版社2001年版，第491页。

城市公共空间通常按以下三种类型划分，形成各种不同的组成方式。①

一是按照物质空间的特性将城市公共空间划分为：街道空间、广场空间、公园空间、绿地空间、节点空间、天然廊道空间。

二是按照功能不同将城市公共空间划分为：居住型、工作型、交通型和游憩型四种空间类别。居住型公共空间包括社区中心、绿地、儿童游乐场、老年活动中心；工作型公共空间包括生产型（工业区公园、绿地）、工作型（市政广场、市民中心广场）；交通型公共空间包括城市入口（车站、码头、机场等）、交通枢纽（立交桥、地道）、道路节点（交通环岛、街心花园）、通行型空间（林荫道、湖滨路）；游憩型公共空间包括休憩和健身（中央公园、绿地度假游乐园）、商业娱乐（商业中心、商业广场、娱乐中心）。

三是按照用地性质不同将城市公共空间划分为四种类型。② 居住用地，即居住区内的公共服务设施用地和户外公共活动场地；城市公共设施用地，即面向社会大众开放的文化、娱乐、商业、金融、体育、文物古迹、行政办公等公共场所；道路、广场用地，即广场、生活性街道、步行交通空间等；绿地，即城市公共绿地、小游园和城市公园等。

本文主要讨论第二种分类中相关公共活动空间的地方立法调整路径。

（二）城市公共空间的特性

城市公共空间作为城市结构体系的重要组成部分，影响并支配着其他的城市空间。它使城市空间得以贯通与整合，维持并加强城市空间的整体性与连续性，因此作为个体存在的城市公共空间，具备如下几方面

① 宛素春等编：《城市空间形态解析》，科学出版社 2004 年版，第 76 页。

② 王鹏：《城市公共空间的系统化建设》，东南大学出版社 2002 年版，第 4—5 页。

的特性：

1. 客观性与主观性的统一

城市公共空间既是客观存在的，也是由居民创造的人的主观认同的空间。从产权的意义上讲，私人（组织）私密活动关联的产权物之外的空间可以视为公共空间，这样，社区的公共道路和活动场地等在市民日常生活意义上也构成公共空间。但客观的公共空间并不必然形成公共空间，它还需要居民的认同并与居民的实际活动发生关联，因为人是空间的主体，城市公共空间由人创造，又由人去感受，因此具有极强的主观性，它与城市中不同阶层、不同群体、不同类型的创造者和感受者的文化程度、社会经历、年龄、性格、爱好、心理状态有关。

2. 开放性与平等性的统一

实用性、社会性、政治性是人类早期城市的一般特征，同时，一些城市特别是都市和边塞城市也兼具防御性。其他的特性往往结合当地人文伴随而生，如艺术性等。古希腊古罗马时期城市的建立几乎都源于实用的目的，除考虑防守和交通外，一般都没有古埃及、古伊朗城镇那样有明确的象征意义。古希腊城邦由于当时实行的是奴隶主的民主政治，因而其城市空间布局相当活泼，呈现出一种不规则的自由状态。城市空间因地制宜，无轴线关系，而公共空间组织模式清晰、明确，城市往往围绕公共空间的不同层次关系展开。例如，雅典和雅典卫城，就是从卫城的脚下逐步向外发展形成。由于城市建设的阶段性，必然导致城市公共空间阶梯式多中心分布。当时的城市公共空间多以广场为主体，广场往往具有司法、行政、商业、娱乐、宗教和社会交往等功能，是城市各种活动的重要场所，特别是剧场建设更使城市公共空间在城市占据举足轻重的地位。中西文明发展的历程，尤其在思想、文化传统等方面的变革，最终都在城市社会生活中发生，从城市公共空间中体现出来，二者正是城市的公共性和开放性的结果，在城市不断扩张从而也是不断开发的过程中，城市公共空间的平等性逐步发展，形成了在公共空间活动的一般规则和习惯。随着城市经济力量的不断壮大、政府治理能力的提高、市民对公共空间类公共产品需要的提高，政府承担了城市公共空间建设和拓展的主要义务，当今，城市公共空间在开放性、公共性、平等性的基础上，服务性和标志性特征得以展现。①

3. 象征性与可识别性的统一

公共空间往往是构成一个城市重要特色的符号，如各种特色的广场、公园、博物馆、纪念馆等，但这种象征又从现实中富有建筑和景观特色的有形物或空间布局体现出来。影响城市公共空间多样性的各项因素，在城市公共空间中必然有所反映，形成各自独特的特性，使城市公共空间丰富多彩的同时，也使其本身具有了可识别性。城市公共空间是城市形象的重要表现之处，往往被人们称为城市的“起居室”、“会客厅”和“橱窗”，故应对城市的形象和整个城市的精神品质具有象征意义。

4. 功能性与文化性的统一

一方面，城市公共空间的构成往往根据城市规划的安排形成不同

---

① 中国城市始于奴隶社会，兴起于封建社会，建立在自给自足的自然经济基础上，并且是服从封建统治阶级利益需要而发展的必然产物，具有政治性和经济性的鲜明特征。大多数有政治意义上的“城”和经济意义上“市”的两重身份，从功能和定位上看，“城”的分量不仅大于“市”的分量，“市”附属于“城”，“市”因“城”而繁荣，也因“城”而衰败，城市的经济和社会活动都围绕着官府与统治阶级的理念和方略进行展合。在公共空间的外在特征和精神特质上，中国文化具有和合精神、大一统思想，以“仁”为核心展现出的无限的宽容性和统一性。与西方基于个体的思维方式不同，中国人的思维特点是整体观，是所谓“天地与我并生，万物与我为一”的有机整体思维，我国传统城市公共空间的发展体现了人与物之间的内在关联和有机统一。如，中国古典建筑单体形式较接近自然，群体组合上更反映出人与自然、人体与建筑物结构和布局的和谐统一，城市公共空间也体现虚与实、阴与阳、内与外、部分特色与整体和谐等互动而又一体和谐的辩证。参见王鹅：《城市公共空间的系统化建设》，东南大学出版社 2002 年版，第 79 页。

的功能分区，如文化教育区、居住区、商业区、行政区、工业区、仓储区等，不同功能分区，建筑的性格不同，使用者在其间的行为活动不同，形成完全不同的氛围，直接影响到城市公共空间的划分；另一方面，由于城市是人类历史发展到一定阶段的神奇产物，是一种文化形象。城市的产生是人类社会的巨大进步。列宁曾说过："城市是经济、政治和人民精神生活的中心，是前进的主要动力。"① 城市公共空间是城市必不可少的空间类型，是城市生活的重要组成部分。人与人之间的交流成为人们日常生活中不可或缺的生理需要，而公共空间正是城市人这种生理需求得以实现的重要物质依托。城市公共空间的形成是人们长期生活的行为方式和文化积淀的物质表现。在不同民族，其文化的积淀突出显现在公共空间的构成和符号意义上。这是因为不同民族、地域在社会进步及经济发展上程度不同，从而在生活习惯、服饰、建筑等诸多方面形成属于自己特有的东西，在长期的公共活动中物化和人文化从而对城市公共空间产生影响，形成具有民族和地域特色的城市公共空间，反映着该民族和地域的文化观念和审美心理。

城市公共空间类别和功能的多样及其特征，决定了日趋复杂的城市公共空间在满足日趋多样化的居民需要方面，政府的职能定位、规范指引、公共服务能力等制度及福利供给与居民日益增长的对美好生活的向往和追求之间，城市公共空间的品种、功能和空间有限性与居民利用的个体意志性、时间集中性、群体差别性之间等方面存在诸多形式的冲突。分析这些冲突和制度供给的不足，有利于建构一个协调和平衡居民与居民之间，居民与政府之间，居民、政府与社会组织之间的互利共赢的法治化秩序，真正体现城市公共空间的以人民为中心的理念。

---

① 《列宁全集》第2卷，人民出版社1984年版，第276页。

三、我国城市居民公共活动空间依法治理的现状

(一) 法律法规对城市居民公共活动空间的规范

宪法作为国家的根本法，从根本指导原则、最高规范效力和对立法的要求等方面为城市公共空间的规划和利用进行了规范。首先从城市土地的属性上界定城市公共空间的国家性。《中华人民共和国宪法》第10条规定，城市的土地属于国家所有。农村和城市郊区的土地，除由法律规定属于国家所有的以外，属于集体所有。国家为了公共利益的需要，可以依照法律规定对土地实行征收或者征用并给予补偿。一切使用土地的组织和个人必须合理地利用土地。宪法的规定为城市公共空间的规划和利用提供了基本规范指引。首先，城市公共空间不是私人产权的领域，而是国家所有的用于居民公共活动的领域，政府必须基于公益进行建设；其次，城市公共空间的拓展必须依照法律规定的程序和权限实施，不得以无偿占有私人或集体所有权的方式取得和建设；最后是城市公共空间的规划、开发和建设不仅要恪守合宪性、合法性的原则，还要遵循合理性原则，这也为城市公共空间规划和建设提供了审查和监督原则及标准。

基于此，法律和一些地方性法规对城市公共空间作了间接性、一般性或直接规范。《中华人民共和国城乡规划法》对城市的发展和空间布局的合理性从法律上进一步细化，第4条第1款规定：制定和实施城乡规划，应当遵循城乡统筹、合理布局、节约土地、集约发展和先规划后建设的原则，改善生态环境，促进资源、能源节约和综合利用，保护耕地等自然资源和历史文化遗产，保持地方特色、民族特色和传统风貌，防止污染和其他公害，并符合区域人口发展、国防建设、防灾减灾和公共卫生、公共安全的需要。第17条规定：城市总体规划、镇总体规划的内容应当包括：城市、镇的发展布局，功能分区，用地布局，综合交

通体系，禁止、限制和适宜建设的地域范围，各类专项规划等。规划区范围、规划区内建设用地规模、基础设施和公共服务设施用地、水源地和水系、基本农田和绿化用地、环境保护、自然与历史文化遗产保护以及防灾减灾等内容，应当作为城市总体规划、镇总体规划的强制性内容。第26条规定：城乡规划报送审批前，组织编制机关应当依法将城乡规划草案予以公告，并采取论证会、听证会或者其他方式征求专家和公众的意见。公告的时间不得少于30日。组织编制机关应当充分考虑专家和公众的意见，并在报送审批的材料中附具意见采纳情况及理由。前述规定要求城市公共空间应当纳入城市的规划之中，提前谋划，要保持地方特色、民族特色和传统风貌，防止污染和其他公害，并符合区域人口发展、国防建设、防灾减灾和公共卫生、公共安全的需要，这是公共空间布局和建设的基本要求，公共空间往往集聚大量人员，极易造成安全问题和对文化遗迹等的破坏。同时，公共活动空间由于公共性和享用的无偿性，为避免借公共权力谋取少部分人利益和忽视弱势群体或老旧社区等不公平现象的发生，参与和监督必不可少，只有广泛征求意见，规划过程公开、居民平等参与、结果公示，才能是公共空间建设这一公共产品和服务在市民之间均衡发展，确保在公共空间的可达性和共享性上，不同区域的居民能公平获取。

《中华人民共和国环境噪声污染防治法》第5条规定：地方各级人民政府在制定城乡建设规划时，应当充分考虑建设项目和区域开发、改造所产生的噪声对周围生活环境的影响，统筹规划，合理安排功能区和建设布局，防止或者减轻环境噪声污染。第7条规定：任何单位和个人都有保护声环境的义务，并有权对造成环境噪声污染的单位和个人进行检举和控告。第45条规定：禁止任何单位、个人在城市市区噪声敏感建设物集中区域内使用高音广播喇叭。在城市市区街道、广场、公园等公共场所组织娱乐、集会等活动，使用音响器材可能产生干扰周围生活环境的过大音量的，必须遵守当地公安机关的规定。第58条规定：违反本法规定，有下列行为之一的，由公安机关给予警告，可以并处罚款：（1）在城市市区噪声敏感建筑物集中区域内使用高音广播喇叭；（2）违反当地公安机关的规定，在城市市区街道、广场、公园等公共场所组织娱乐、集会等活动，使用音响器材，产生干扰周围生活环境的过大音量的。该法对公共空间建设的噪音防范、社会生活噪音的控制和违反的法律责任都进行了较具体的规定，作为各地地方性法规也都有细化的规定。以武汉市为例，2013 年生效的《武汉市城市综合管理条例》中有多处规范涉及城市公共空间的管理。如第 14 条规定：编制公共基础设施、公共交通、市政工程管线、城市公共空间环境设施、环境治理、湖泊保护等专项规划，应当根据本市城市总体规划和发挥城市整体功能、实现城市长效管理的需要，科学论证、民主决策，并听取社会公众意见。第 29 条关于公共自行车的规定为：城市公共自行车管理应当达到下列要求：（1）站点设置符合规划和技术规范，与公共交通站点、住宅区和商业网点对接，方便市民出行；（2）营运信息公开，管理规范，营运时间和车辆配置科学、合理；（3）车辆外观整洁，使用状况良好，损坏车辆及时维修。第 33 条规定：环境噪声污染防治管理应当达到下列要求：产生环境噪声的生产、施工、营业场所和公园、广场等公共场所的边界噪声排放符合国家和地方标准；另外，第 35 条对社区环境管理，第 36 条关于城市大型商业街区、机场、港口、码头、火车站、长途客运站、旅游景点等城市窗口地带的管理等，都涉及公共空间的管理。在行政执法和法律责任的篇章中，对城市公园、单位绿地、绿化广场等绿地内的违法建设设定了罚则，对非法造成公共空间损害的行为进行了法律责任的规定，如第 63 条规定：违法占用城市道路、桥梁、公共广场、地下通道及其他公共场所堆放物品、摆摊设点、销售商品的，在城市道路、电线杆、建筑物、构筑物或者其他公共场所、设施上涂写、刻画或者违规张贴、悬挂宣传品的，由城市综合管理主管部门按照《武汉市市容环境卫生管理条例》的规定予以查处。

目前专门以城市公共空间为规范对象的地方立法是 2014 年陕西省实施的《陕西省城市公共空间管理条例》，该条例对城市公共空间的范围、公共空间的规划、建设、使用和管理等都进行了较细致的规定，是一部具有创新性和专门性的地方立法。

（二）城市居民公共活动空间法律规制的不足

（1）法律在立法理念上滞后于国家发展理念提升和战略转换。党的十八大以来提出的以人民为中心的发展理念和“五位一体”的发展战略，党的十九大提出的我国社会矛盾发生的变化，并未在国家和地方层面的城市立法中得到体现。城市公共活动空间的建设及治理是居民获得感和幸福感的重要体现，共享经济时代带来的公共空间的使用和管理是否有利于居民出行、城市秩序和城市文明的协调发展，立法尚未作出有效回应。

（2）具体到法律层面的规定，对城市居民公共活动空间涉及较少，仅有原则性的规定，对于公共空间中可能的冲突缺乏指导性规范。以单向度、管理性属性为主，对各城市居民的公共空间需求回应严重缺失，体现出国家立法层面的滞后。

（3）地方立法层面尽管关于公共空间有更多和更细化的规定，但更多侧重于市容市貌的维护，非法违建的禁止，政府执法的指导和要求，对于如何确保公共空间在城市不同居住区域的均衡分布、居民如何合理利用公共空间、居民在公共空间利用中不同权利诉求的冲突的处理原则和规范等缺乏细化规定，一些规定落后于“五位一体”发展战略和共享经济。如武汉市的《武汉市城市综合管理条例》尽管规定了公共自行车的管理，但完全没有预计到近三年来共享单车对居民公共活动空间的挤压和非法侵占；即使是专门以“城市公共空间”命名的《陕西省城市公共空间管理条例》，对居民如何利用公共空间、政府如何保障居民公平合理利用公共空间、如何防止各种商业行为侵害公共空间的公共性、可达性、共享性、服务性等，都未加规范。甚至有些城市的城市治理法规尽管涉及公共空间，但更多的是对商业化利用的规范，与居民享受公共服务的目标相去甚远。如 2017 年生效的《泰州市城市治理办法》第28条规定：利用政府投（融）资建设的公共建（构）筑物、公共设施、公共场地（所）、公交车辆、公交站场、候车亭等公共资源，设置商业性户外广告设施的，应当依法通过招投标、拍卖等方式取得。

（4）社会组织参与城市公共活动空间治理缺乏地方法规的规范支撑。实践中，社会组织希望积极参与城市公共活动空间管理，存在的最大问题是双方沟通协同机制不够健全，缺乏沟通协作的平台，资源分割，信息不畅，不能互通有无，形成合力，达成双赢。同时，多渠道经费筹措机制没有形成，使社会组织参与城市公共空间管理缺乏必要的经费支撑。

（5）法律法规对城市公共空间的规范没有反映我国治国方略由管理向治理的重大转变。依然贯彻的是政府作为最主要主体单向度管理的思维，从城市公共活动空间的规划到公共活动空间的合理利用、纠纷解决，几乎全是政府包揽和独断，即使有公民和组织参与，也是被动参与，带来的结果是建的公共活动空间越多，政府的维护成本越高，冲突也越多，政府力量不足以及时解决，导致不良循环，政府吃力不讨好，居民利用不顺畅，公共活动空间秩序不稳定，公共活动空间的利用者和管理者都处于莫名的焦虑之中。如何发挥社会组织在治理城市公共空间中的作用，在地方立法中难觅踪影。

四、完善我国城市居民公共活动空间治理地方立法的若干思考

（一）贯彻以人民为中心的立法理念，科学合理规划城市的公共空间

“法律规范的基本前提是个人利益之间的冲突。这不仅是法律形式的逻辑前提，也是法律上层建筑发展的真实起源。人类行为能被最复

杂的规范控制，但是这一规范的法律因素却始于利益差异和对立的地方。”① 正是由于城市公共活动空间中不断发生各种差异化的利益诉求和由此导致的对立，才使法规的制定有了基本的前提。运用法律思维分析和协调不同的利益，首先需要明确的价值指导，具体化到现实中，转化为城市规划和管理立法规范。作为地方性规范，其价值取向首先需要在满足市民需求还是满足政府形象、利益或少数人的利益之间作出选择。当下，以人民为中心成为法治中国建设和中国梦的起点和归宿，在城市公共活动空间的立法理念上应当充分贯彻的是立法要全面体现关乎人民利益、突出民生保障、解民忧、听民声，坚持人民的利益高于一切，人民至上。正如洛克所说“法律除了为人民谋福利这一最终目的之外，不应再有其他目的”。② 具体落实到城市公共活动空间的治理上，将人民公平共享城市公共空间作为法规调整的首要原则，用空间正义实现城市居民公共活动空间治理的法治化。在不断城镇化和城市现代化的当下，不同群体有不同的生活方式，人们对如何享有城市的空间有各自的利益和诉求。相对于传统的乡村社会，城市生活更加的多元化或异质化，在有限的城市空间中，我们需要正视空间分配中的不正义现象。破解城市空间分配上的问题需要树立适当的空间正义标准。空间正义标准构成了城市治理的价值基础或目标指向。在现代社会中，空间正义需要遵守多样性与平等对待相统一的原则，尊重生活的多样性和利益的多样性，严守法律对于城市公共空间权利、义务和责任的配置规范。多样性的生活方式或利益应该得到平等对待。这种平等对待并不是机械地满足每一种利益诉求，而是通过程序性协商或动态的治理方式来协调各种利

---

① ［苏联］帕舒卡尼斯：《法的一般理论与马克思主义》，杨昂，张玲玉译，中国法制出版社 2008 年版，第 35 页。

② ［英］洛克：《政府论》（下），叶启芳，瞿菊农译，商务印书馆 1982 年版，第 89 页。

益诉求，尽可能地平等对待不同的诉求，既不是一概满足也不是视而不见。①

检验空间正义的标准是人民的利益是否具有至高性，在科学规划和建设城市公共空间过程中，正确处理旧城区改造与新城区建设的公共空间均衡配置和质量相当问题、政府办公区域与一般企业和居民区的均衡投入与建设。在公共空间的利用上，对商业性利用和公益性利用的区分及其社会公示与监督，对借共享之名行独享之实的经济模式是否能站在人民的立场科学立法、严格执法、公正司法，全方位保护城市公共空间的公共性、服务性和可达性。坚持人民性，就要立法上将不同群体平等利用公共空间的权利与义务法定化，细化人民群众内部矛盾和纠纷的解决机制，建构公共空间的平等和睦共享，矛盾冲突的自我调解、多方调解和依法调解的规则。

另外，城市的发展是一代代人奋斗和贡献的结果，年轻人和老年人都是城市发展和公共活动空间的平等重要的主体。城市居民公共活动空间应当在代际之间实现正义的资源配置。随着我国老龄化社会的加剧，老年人成为城市公共活动空间里活跃的人群，在城市公共活动空间的具体设计上，应当兼顾老年人的健康需求、安全需求、交往和心理需求等特殊要求，使城市公共活动空间具备普遍适老性的属性。这些属性具体包括但不限于便利性、舒适性、标志性以及可识别性。

（二）完善城市公共空间的地方立法

由于中国城市地形地貌和各区域间文化特色的差别十分明显，城市公共活动空间在不同城市其基本类型和要重点解决的具体问题差别很大，难以在法律的层面作出较为细致和统一的规定，最好的方式是各地

---

① 侯学宾：《城市治理应重视空间正义》，载《正义网》，http：//www. jcrb. com/opinion/jrtt_45128/201708/t20170830_1792296，html，2018 年 9 月 28 日访问。

结合自身的实际，创造性地制定各具特色的地方性法规。这类地方性法规的制定，包括但不限于以下方面：

1. 明确城市居民公共活动空间的范围

城市居民公共活动空间是城市公共空间中十分重要的部分，与一个城市的民生、幸福感、自然及人文景观、城市社会的文明程度等息息相关。在不断完善产权制度的当代中国，城市居民房屋的私有化推动了个人产权的保护意识，但对于共有财产物化形态的城市公共空间，一般居民对其如何利用和保护尚缺乏清晰的概念，究其原因，首先是立法的缺失（特别是概念和范围的缺失），随着城市的迅猛发展，不同类型和功能的公共活动空间呈现在居民日常生活中，但却缺乏相应的法律法规进行规范，导致不同利益主体对其利用失范或迷茫。

法与时转则治，治与世宜则有功。城市居民社会生活多方面的需要和城市的多种功能，导致形成各种类型和不同规模、等级的城市公共空间。当下的城市居民公共活动空间可以分为共享产权类公共空间和公有产权类公共空间，前者以城市社区公共活动空间最为典型，也包括企业事业单位半封闭使用的公有产权区域；后者以城市开放区域的广场、公园、绿地、绿道、滨江和山林休闲区等区域为典型。每一类型的公共空间由于产权人的不同，在管理上应有差别，同一产权类型的，由于文化娱乐的定位不一样，对居民活动的具体要求相应有区别。如对于一般性群众广场的居民活动与有革命纪念意义广场（或其他形式公共空间）的居民活动，规范设置应当不同，在革命纪念广场，健康严肃的活动形式和内容应该是底线要求，还有一些宗教性广场，居民活动应该不能与该宗教的清规戒律有冲突。因此，对居民公共活动空间进行科学合理界定，有利于立法的精准化。

2. 明确城市居民公共活动空间的立法原则

“只有遵循原则才能维续自由，而奉行权宜之策则会摧毁自由。”①对于城市公共活动空间的立法，要更好地保障居民的平等自由权利，首先明确应遵循的基本原则，依据原则进行规则的构建，既可以将法的理念变成准则，又能对规则体系进行统领，确保从立法理念、价值到规则和实施的整个过程的协调统一。基于前述的城市居民公共活动空间的基本属性，制定此类地方法规的原则：一是科学规划，统筹建设的原则，这是对政府规划的总体要求。由于对居民公共活动空间的规划和建设是政府依法对城市公共财产的处分和利用，政府拥有决定权，但这种权力不是任意的，特别是在市场经济条件下，如果不对政府的规划权力加以原则限定，就极易受到利益集团的影响，发生权力服务于商业利益的背离现象，同时，城市的发展需要政府统筹考虑不同功能区、新旧城区、不同地形地貌和文化特色的区域间的均衡和特色。二是开放共享，权义平等、权责一致原则。公共活动空间是城市的公共资源，是公共利益的空间显现，任何个人和群体都没有特权独自占有和任意使用，每个居民都有平等的权利自由进出，开展活动，同时任何个人和群体都有义务遵守公共活动空间的管理规范，尊重在该空间活动的其他人，自觉维护公共活动空间的秩序和环境卫生，尊重社会公德，并负有不影响周边居民和生产单位正常生活和生产的义务。城市公共活动空间的管理者和执法者应当充分落实有权必要责，用权受监督，违法必追究的权力法治原则。三是合理利用，安全至上原则。城市公共活动空间的公共性，在满足居民自由无偿使用的同时，尽管也因为居民活动所需产生一些商业性的需要，可以允许少量商业行为在规定区域从事有限商业服务，但不能构成对公共活动空间挤占和造成居民活动障碍、环境污染等有损空间正

① ［英］弗里德利希·冯·哈耶克：《法律、立法与自由》（第一卷），中国大百科全书出版社2000年版，第88页。

常利用的行为，也不容许任何个人和群体破坏公共活动空间的花木、草地、景观等，更不容许一些群体借用此空间进行盈利性或干扰他人活动、有悖公共空间价值的培训，或进行非法集会、商业性宣传或传播法律法规禁止的言论和思想，等等。由于公共场所人流的密集，各种不同需要和目的的行为往往造成公共空间的无序，安全隐患常伴随左右，极易诱发安全事件或事故，所以公共活动空间的立法规制，要始终恪守安全的底线，对于有可能导致安全事故或事件的行为，在相关条款的拟定中充分考虑，对任何可能产生安全风险的行为和主体，设置明确细致的防范和处理规则，从规范上做好应对措施。“人民的安全乃是至高无上的法律”,① 公共活动空间的安全必须从管理者、执法者、志愿者、参与者和关联者等多个主体的行为和职责上按安全原则充分细化，以严格的责任规范倒逼安全意识的提高。四是方便可达，照顾弱小原则。居民公共活动空间无论是规划、建设还是投入运营，都必须考虑其受益的群体，既要方便一般群众，更要照顾老弱病残群体的共享权和可达性。该原则要求公共活动空间的立法的便民性必须通过考虑不同对象的身体、特殊需求等情况，设置具体规范和技术标准进行强制性保障。当然，除了这些原则外，公共活动空间的地方立法还需贯彻与此相关的上位法及宪法相关条款和精神的要求。

3. 立法明晰冲突或侵权的基本类型

城市居民公共活动空间的治理最核心的是对冲突的治理，立法首先从定纷止争的制度设计入手，对冲突的类型有明确的认识和规则调整。

城市居民公共活动空间中的冲突尽管形态各异，但从产生的机理和影响辐射面看，不外是公共活动空间的内部冲突与外部冲突两类。其中，内部冲突主要指同一活动场地内部，由于活动形式的差异而造成的

---

① 霍布斯语，转引自［美］E. 博登海默：《法理学：法律哲学与法律方法》，邓正来译，中国政法大学出版社 1999 年版，第 293 页。

各类冲突；外部冲突则指活动区域作为一个整体时与其周边社区、环境之间的各类摩擦和冲突。冲突主要表现为时间、空间、声音、氛围等四个方面。在单一公共活动空间的内部冲突上，存在不同活动形式间的冲突，其中不同活动形式间的时间冲突突出表现在早晚高峰时间段和节假日；不同活动形式间的空间冲突主要表现在对同一场地的需求；在不同活动形式间的声音冲突方面，主要体现为诸如广场舞、养生操等音乐需求型活动对跑步、闲坐等安静型活动在声音方面造成单向干扰，以及都需要声音助力和导引的活动之间互相干扰，如两个广场舞团队或广场舞与乐队之间。由前述的不同活动形式间交叉产生活动氛围冲突。单一公共活动空间与周边环境的冲突主要表现为时间上的对外冲突，如公共空间内的休闲活动导致活动者与周围居民生活作息时间的不一致。空间上对外冲突表现为活动者对周边非活动场地的占用，如占据场地周边的居民停车位或居民楼前空地，而最严重的是声音冲突，它是公共空间休闲活动与周围环境间最突出的矛盾。这主要是因为声音相对于其他干扰因素更易传播且更难阻隔。因此，对于活动区周围的居民而言，噪音干扰成为其最不能容忍的问题，严重时甚至直接干扰到居民家中正常的交流和生活。而氛围上的对外冲突则体现为公共空间休闲活动情绪和声音扩散的升级版。

在共享经济不断发展的当下，借助互联网运行的企业，将产品投放到城市公共活动空间的同时，如果不能进行精准的技术控制和责任担当，就会因为产品和服务占用大量的公共活动空间，从而与居民的自由通行、自由活动及安全保障的权利发生冲突，甚至造成侵权。

4. 完善社会组织参与公共活动空间治理的激励和保障规范

城市公共活动空间是自然形成或政府规划建立，但无论是哪一种方式形成，居民始终是参与和利用的主体，该空间发生的一切冲突都离不开“居民”这一主体，冲突的解决仅仅依靠政府既不可能及时、彻底解决，也难以持久，并且成本巨大，国家治理能力和治理体系现代化进程不断推进，社会由政府的单向管理向多主体共同参与的治理转变，社会组织成长于居民之中，目的是为了更好地实现居民和社会自治。社会组织在整合社会资源、提供公共服务、增强社会自治、促进公众参与等方面发挥了积极作用，可以作为优化城市公共空间管理的重要力量。基于我国城市公共空间治理出现了诸多问题，通过地方立法，赋予社会组织参与城市公共空间治理的权责，鼓励和发挥其化解矛盾的功能，无疑有利于城市公共活动空间治理的法治化。

社会组织具有非营利性、非政府性与社会性等三个基本特性。城市公共活动空间的公共性、服务性与社会组织间有天然的密切联系。首先，城市公共空间的公共性、平等性、普遍性、多样性、社会性和可达性等特性决定了在其治理过程中必然追求决策共识，为了实现公共利益和决策共识，需要多种主体的协同，在协同中形成明确的决策共识，让民众更清楚和更乐于接受、自觉遵循。同时，整个协同过程也使治理过程变得更开放和包容。因此，城市公共空间治理为社会组织的发展提供了广阔平台和活动载体。其次，社会组织在城市公共空间治理体系中有着重要的价值和功能。社会组织是组织化、集中化的利益代表，社会组织一方面以组织化的形式更有效地表达公共利益；另一方面调动了民众参与公共事务和服务管理的积极性，社会活力得到广泛激发，从而以更大热情参与到城市公共空间治理中。最后，社会组织居中调解也有自身的优势，平等身份、亲和力、亲近性、平等沟通、反复交换意见等程序和方式更易于让冲突双方达成谅解。

在立法上，可以通过规范设置，鼓励搭建社会组织和城市公共空间管理者间沟通协同平台，畅通形式多样的沟通协同机制，既可建立信息共享平台，也可组织座谈会、交流会、项目对接会等；构建多渠道经费筹措机制，为社会组织参与城市公共空间管理提供支持。一方面，政府要运用政策工具，制定促进社会组织发展的政策、法规和制度，扩大社会组织的发展空间；另一方面，要加大对在城市公共空间管理中发挥积极作用的社会化组织的资金支持和激励机制。如 2015 年 10 月，浙江省财政厅发布的《浙江省政府向社会力量购买服务指导目录（2016 年度）》涉及公共空间治理和服务的项目多项。

5. 合理界定城市公共活动空间利用主体的权利和义务

城市公共活动空间的公共性、平等性和社会性决定了在这个空间中所有人都有权利按照适当方式利用公共空间，只要没有直接构成对他人同等权利的侵害。但由于公共空间的开放性，使一些权利的行使客观上造成了对他人权利不同程度的侵害。立法所要解决的问题不仅仅是如何认定，还要确定由谁裁判认定、谁来执行、采取什么方式合理消除侵权或冲突。人的流动性和集聚性、自立性和排他性，使公地悲剧在公共空间以权利竞争方式上演，居民考虑的更多的不是确认自己在公共空间的义务，而是公共空间里的权利，因为这种权利是不需要付出成本就可以享用，不需要别人同意就可以行使，而造成的后果自己可以不用承担，噪音过后，人去地空，享受留给自己，烦恼留给旁人。

以广场舞为例，分贝过大的广场舞音乐，破坏了场地和周遭原本安宁的居住与休息环境。本是健康的广场舞，因噪音扰民，侵犯了他人的合法权利，引发权利冲突。直观来看，权利冲突双方均有着自身合法与正当权利，一方是广场舞参与主体的健身权利；另一方是周边社区居民的安宁居住与休息权利。“在广场舞引发的权利之争中，双方对抗与冲突皆存在于权利的行使过程中，练习广场舞的群众越过权利行使的边界，与相邻居民的不动产所有权、安居权等权利行使发生冲突。”① 具体而言，广场舞扰民表现为噪音扰民。根据《中华人民共和国环境噪声污染防治法》以及《声环境质量标准》要求，城市居民居住区属 1 类声环境功能区，如果昼间超过 55 分贝值，夜间超过 45 分贝值，即可判定为噪音。据媒体对部分城市广场舞音乐分贝值的测试：噪声超过标

---

① 于秋芬：《社区体育运动开展中权利冲突分析：以广场舞纠纷为视角》，载《体育与科学》2014 年第 2 期。

准 1 倍或多倍的司空见惯。因此，面对此类违法行为及造成的冲突，法规不仅应当明确监管的主体，并且要明确有执法权的主体有及时加以制止的职责，法律和一些地方法规有对噪音超标的行政处罚措施，但由于取证的困难和执法对象的群体性特征，往往劝勉了事，导致执法效果差，冲突频繁发生且不断升级。因此，地方立法应更多从法律和法规可执行性上细化可操作程序。

由于同一公共空间资源的有限性，居民利用资源既要按照先来后到的优先性作出制度安排，也要尊崇礼让原则，弘扬中华民族的优秀传统，照顾老弱病残等弱势群体的共享权，也还需要尊重公共活动空间管理者的安排，临时作出调整。任何人在公共活动空间的权利都不是绝对的，是建立在对公共活动空间性质正确认识基础上的自我判断，并时刻照顾到他人对公共活动空间的合理诉求和正当权利的行使，更多时候与人方便就是自己方便。法规的制定更多是鼓励居民对公共活动空间中行为的自我调节，对严重侵权的及时制止，使公共活动空间尽快回归其公共性、公益性和平等的服务性。

基于共享经济的探索性，在城市公共活动空间资源有限的情况下，一切占用公共活动空间的经济行为应当进行严格的事前审批，在不影响公共活动空间正常使用功能的前提下，为确保规则的公平性和公共空间的价值，应当实行公开招标，结果公示，有偿使用，违规退出，损害赔偿，失信失格，严格标准，全民监督。如，针对共享单车的疯狂投放和管理乱象，在限制投放、清理僵尸单车“坟场”的实践经验基础上，加大对企业不尽管理义务的处罚力度。在城市公共活动空间治理中全面实施宪法，保护公有财产神圣不受侵犯，公共活动空间是国家的公有财产，任何盈利性经济行为，未经政府主管部门同意，不得借口共享等概念侵占公共活动空间从事盈利性活动，从源头上保障公共活动空间的公共性。

对于有特定的文化和纪念意义的公共活动空间，法规应当设置明晰的禁止性规范。如在诸如文物、文化遗迹、革命纪念场所等，要按照

《中华人民共和国文物保护法》《中华人民共和国英雄烈士保护法》① 和宪法中的社会主义核心价值观等原则和规范，细化到具体场所中，促进城市居民在公共活动空间品味中华文化，在休闲和观赏中继承、传播和发展。要切实保护好能体现不同发展时期历史风貌的文化符号不因公共活动空间的违法行为遭到涂抹、刻画和毁损，尤其是传承历史文化的标志物，如建筑、道路、桥梁，甚至砖石等，应将休闲和欣赏愉悦活动、保护文化和传承文化结合起来，发挥此类公共空间的最大社会效益。对于具有崇高性、革命性等纪念意义的公共活动场所，应当在地方立法中明确利用的方式，并在此类场所的显著位置标明不得进行的行为的禁止性规定。②

---

① 《中华人民共和国英雄烈士保护法》第 10 条规定：英雄烈士纪念设施保护单位应当健全服务和管理工作规范，方便瞻仰、悼念英雄烈士，保持英雄烈士纪念设施庄严、肃穆、清净的环境和氛围。任何组织和个人不得在英雄烈士纪念设施保护范围内从事有损纪念英雄烈士环境和氛围的活动，不得侵占英雄烈士纪念设施保护范围内的土地和设施，不得破坏、污损英雄烈士纪念设施。第 22 条规定：禁止歪曲、丑化、亵渎、否定英雄烈士事迹和精神。英雄烈士的姓名、肖像、名誉、荣誉受法律保护。任何组织和个人不得在公共场所、互联网或者利用广播电视、电影、出版物等，以侮辱、诽谤或者其他方式侵害英雄烈士的姓名、肖像、名誉、荣誉。任何组织和个人不得将英雄烈士的姓名、肖像用于或者变相用于商标、商业广告，损害英雄烈士的名誉、荣誉。第 27 条规定：在英雄烈士纪念设施保护范围内从事有损纪念英雄烈士环境和氛围的活动的，纪念设施保护单位应当及时劝阻；不听劝阻的，由县级以上地方人民政府负责英雄烈士保护工作的部门、文物主管部门按照职责规定给予批评教育，责令改正；构成违反治安管理行为的，由公安机关依法给予治安管理处罚。亵渎、否定英雄烈士事迹和精神，宣扬、美化侵略战争和侵略行为，寻衅滋事，扰乱公共秩序，构成违反治安管理行为的，由公安机关依法给予治安管理处罚；构成犯罪的，依法追究刑事责任。上述规定对所有在此类公共活动空间发生的行为具有约束力。

② 2017 年 8 月 13 日下午，在广西宾阳高铁站，两名青年男子身穿仿侵华日军服装，摆出挥刀砍杀等挑衅动作，被愤怒的群众围堵。两男子因涉嫌扰乱公共场所秩序被行政拘留 10 天。《男子穿侵华日军服装摆拍 军媒怒斥：不能容忍》，载《腾讯新闻网》，http：//mil. qq. com/a/20170816/018695. htm，2018 年 10 月 17 日访问。2017 年 8 月 6 日晚上，在上海著名的抗战纪念地“四行仓库”，四名年轻人身穿“二战”时期的日军军服，趁着夜色拍摄了一组照片，还大肆在网（转下页）

6. 细化公共活动空间公共安全的协同治理规则

场所安全是实现城市公共活动空间使用功能和目的的前提。城市公共活动空间由于场所的开放性、人员的流动性、安全检查的随机性，加之引起公共突发事件诱因的复杂性，导致该空间成为安全隐患的重要领域。要保障城市公共活动空间的安全性，必须结合城市的具体实际，针对公共活动空间的特点，结合每个城市公共活动空间的具体情况，细化《中华人民共和国突发事件应对法》《中华人民共和国反恐怖主义法》关于公共活动空间的安全保障规则。①

（接上页）上发帖炫耀，称此行为是“参加上海事变的日军将校故地重游”。《穿二战日本军服拍照和行纳粹敬礼，只是无知、丢人那么简单吗?》载《搜狐网》，http：//m. sohu. com/a/164389817_161893，2018 年 10 月 17 日访问。诸如此类的行为应当明确在地方立法中加以禁止，对违反规定的经营者和拍照者一律加以相应处罚，严重的依法追究刑事责任。

① 涉及公共空间安全的直接条款主要有《中华人民共和国突发事件应对法》第 24 条：公共交通工具、公共场所和其他人员密集场所的经营单位或者管理单位应当制定具体应急预案，为交通工具和有关场所配备报警装置和必要的应急救援设备、设施，注明其使用方法，并显著标明安全撤离的通道、路线，保证安全通道、出口的畅通。有关单位应当定期检测、维护其报警装置和应急救援设备、设施，使其处于良好状态，确保正常使用。《中华人民共和国反恐怖主义法》第 1 条：为了防范和惩治恐怖活动，加强反恐怖主义工作，维护国家安全、公共安全和人民生命财产安全，根据宪法，制定本法。第 3 条第 2 款第 2 项规定：宣扬恐怖主义，煽动实施恐怖活动，或者非法持有宣扬恐怖主义的物品，强制他人在公共场所穿戴宣扬恐怖主义的服饰、标志的；第 9 条：任何单位和个人都有协助、配合有关部门开展反恐怖主义工作的义务，发现恐怖活动嫌疑或者恐怖活动嫌疑人员的，应当及时向公安机关或者有关部门报告。第 27 条规定：地方各级人民政府制定、组织实施城乡规划，应当符合反恐怖主义工作的需要。地方各级人民政府应当根据需要，组织、督促有关建设单位在主要道路、交通枢纽、城市公共区域的重点部位，配备、安装公共安全视频图像信息系统等防范恐怖袭击的技防、物防设备、设施。第 28 条规定：公安机关和有关部门对宣扬极端主义，利用极端主义危害公共安全、扰乱公共秩序、侵犯人身财产、妨害社会管理的，应当及时予以制止，依法追究法律责任。第 34 条规定：大型活动承办单位以及重点目标的管理单位应当依照规定，对进入大型活动场所、机场、火车站、码头、城市轨道交通站、公路长途客运站、口岸等重点目标的人员、物品和交通工具进行安全检查。发现违禁品和管制物品，应当予以扣留并立即向公安机关报告；发现涉嫌违法犯罪人员，应当立即向公安机关报告。

按照城市公共安全协同治理模式的实现是从主体多元到实现协同的循序渐进过程。在当前中国城市中，突发公共安全事件频频发作，种类繁多，而且形式多变，并且多发生公共活动空间，同时，近年来随着恐怖主义思想和势力的渗透，一些城市也发生恐怖主义的威胁或事件，而公共活动空间正是恐怖主义重点针对的目标。基于总体国家安全观和协同共治的新型治理路径，改变以前仅仅依赖政府单一主体和分散的治理模式，通过地方性法规连接国家安全领域法律规范与公共活动空间适宜的各种方式，如基于各种契约、协商、协作所组成的信息和行动反应网络，信息共享平台、资源整合机制，权责分配和激励机制等，形成活动的参与者、场所的管理者、公共安全的执法者“三位一体”的公共活动空间安全保障体系。

7. 依法规范政府规划城市公共空间权力

城市以特定地域土地为载体，以空间的无限发展拓展财富梦想。现代化城市是一个以人为主体，以空间利用为特点，以聚集效益为目的的一个集约人口、集约经济、集约科学文化的时空地域系统，拥有城市就拥有财富和权力，规划城市就是分配财富。在政府拥有城市规划权力的同时，政府就拥有了分配财富的权力，在面对巨大财富的诱惑面前，为了确保政府不成为获利而成为为人民谋利益的一方，就必须对政府的规划权力进行控制，防止政府权力为商人和利益集团服务从而偏离人民为中心的轨道。尽管我国城乡规划法对政府的规划行为作了一系列规定，但涉及更具体的权力控制机制仍然是城市公共活动空间立法不可或缺的内容。

迅速发展的城市及城市财富的迅猛增长，加剧了市民（居民）与政府间城市规划的冲突、沟通和协商妥协。公共交通的改善、重大经济决策（如开发区、新区、新城）、环境决策和公共服务项目的规划深刻影响着普通市民生活的便利度、财产的附加值和整体价值的升跌，也影响着城市工商业的发展格局及其速度。基于此，在城市的发展中，市民社会所代表的自下而上的力量在与以国家或地方政府为首的自上而下的力量的相互制衡中，因为目标追寻及代表立场的有所不同而面临着诸多矛盾，这种城市发展中的困惑与难题，归根结底是权力与财富间的博弈，是不同城市生活和建设主体之间通过各种各样的游戏规则实现双赢还是一枝独秀，抑或两败俱伤的过程。就政府而言，城市政府以土地价值释放巨大潜能驱动城市快速发展的同时，城市空间要素也在发生一系列结构性的变革。城市公共空间相对于其他有直接经济效益的土地而言，短期的亏损考验着政府的人民利益观、治理智慧和整体思维。可商业开发的土地因其所具有的巨大的外部正效应以及城市中心土地资源的巨大潜在价值，成为各种房地产企业角逐的热点领域，狭隘的商业利益驱动下的开发行为常常具有侵犯城市公共空间的倾向，常有城市公共活动空间被压缩，或被商业化从而远离了其社会性与公共性的本质。

因此，在法治中国建设背景下，市场经济的本质不仅仅是法治经济的一个维度，还有道德上城市规划和公共空间的人性化和公平性、宜居性问题。公共空间设计的委托方多为各级地方政府，削弱了城市规划纯粹的社会色彩，公共空间规划比通常房地产类项目规划更容易为长官意志的偏好所主导，尽管城市公共空间规划依法要求公示，但是因为市民规划专业技术性知识的缺乏、自我利益为主的价值判断及大众审美水平的限制，这些冲突客观存在，需要通过正当程序对政府及规划管理部门的职业道德和公正决策进行控制。

五、结语

公共性、平等性、社会性、普适性、服务性和可达性等基本属性是城市居民公共活动空间的根本价值所在，优良的城市居民公共活动空间这一公共产品在满足居民公共生活的需要、促进个人全面而自由的发展、提高城市文明的基本水准、体现公平正义的人文价值和实现社会的和谐进步等方面有着不可替代的巨大作用，在城市居民从钢筋水泥构筑的巢穴中走出来后，进入到公共活动空间融入自然、舒展身心、畅快交流、随歌起舞，极大满足了精神和肉体双重愉悦的需要，但由私密独占的空间转向开放自由的场所，不是每个个体都对行为的界限十分明了，尤其是法律法规也未给出明确的回答，导致活动者自认为正当的要求和行为可能暗藏或诱发彼此间权利冲突的风险，或者在不知不觉中构成对公共财产的侵犯，尽管一般居民通常认为只是临时占用了“公家”的地方，然而，对于法治中国建设而言，法治城市的文明进程和指标往往以公共活动空间的法治程度为标志。人民生活水平的提高和共享经济等新的经济样态冲入城市公共活动空间时，这一稀缺的城市公共资源会越来越显得稀缺，面对居民新的诉求、问题和争议，面对迅猛的共享经济新业态和产品对公共活动空间的肆意侵占，我们的法律法规常常猝不及防，被动回应型的地方立法已难以及时、有效解决城市发展过程中面临的各种新问题，在对策上，虽然前文对此从居民、政府、社会组织、企业等视角已有初步探讨，但还有许多需要深入探讨的问题。在城市居民日复一日经历的非此即彼的空间生活场景的转换中完成生命的历程和精神的寄托，如果说宪法和相关法律对公民私有财产权的保护已接近功德圆满的话，那么城市居民公共活动空间这一宝贵资源的依法开放和利用则是方兴未艾，如果缺乏法律法规的精准规制，不仅不能体现这一神圣公有财产造福于居民的巨大价值，相反由于活动空间的无序和冲突可能异化为城市良好秩序和文明进步的羁绊和梦魇。古希腊亚里士多德早在其名著《政治学》一书中就指出：城市之所以为城市，不在其有无城墙，而在于公民的共同利益，共同目标，创造美好的生活。城市居民公共活动空间恰是体现这一公民的共同利益，共同目标的圣地，所以，为了城市更加美好，从理论上探讨制定权利义务合理、权责明晰的城市公共活动空间治理的地方性法规，确信以法治的力量推动城市的现代化和文明程度的提升。

新型城镇化背景下集镇规划编制与实施法治状况调查①

——以湖北仙桃、麻城、蕲春、大冶四县市为对象

罗　燕　谭　剑　孟凡磊　牛慧荣*

【摘要】新型城镇化的重点在于城乡统筹协调发展，集镇规划是否依法而行，是否符合法治的要求直接影响到城乡一体化均衡发展的实现。实践中集镇规划的编制看起来合法，但又同时具备不合理的因素；规划的实施貌似合情合理，却又缺乏应有的法治内涵。集镇规划的编制和实施存在规划覆盖不平衡、实施修改不规范、执法保障不足、监督力度不够等问题。乡镇政府在集镇规划依法制定和依法实施上扮演着重要的角色，承担着宣传、教育、管理和保障诸多职能，强化乡镇政府在集镇规划与实施上的职责，增强县市级的规划管理部门的支持和监督，对于提升集镇规划的法治化水平有重大作用。

【关键词】新型城镇化　集镇规划　规划编制　规划实施　法治化

改革开放以来，我国城镇化快速推进，城市规模不断扩大，新兴城市大批涌现，城市人口结构发生巨变，对城市基础设施、公共服务、城市管理等提出了更高要求。为适应发展现实，党的十八大及十八届三中全会、四中全会、2013 年中央城镇化工作会议均提出要统筹城乡领域制度和政策创新，全面提高城镇化质量，进一步明确了未来城镇化的发

---

① 本文为湖北省教育厅“新型城镇化背景下集镇规划法治化研究”项目（项目编号：17Q021）成果，撰写人为：罗燕、谭剑、孟凡磊、牛慧荣。

* 谭剑，湖北大学政法与公共管理学院副教授，法学博士。

展路径、主要目标和战略任务，并在此基础上制定了《国家新型城镇规划》，以协调城乡经济发展步伐，促进城乡发展更加平衡稳定、科学合理。2015 年中央城市工作会议要求提高新型城镇化水平，形成城乡发展一体的新格局。党的十九大强调建立健全城乡融合发展体制机制和政策体系，2018 年政府工作报告更明确提出科学制定规划，健全城乡融合发展体制机制。总结中央长期以来战略方向和工作安排，我国新型城镇化的重心在于推进城乡统筹协调与融合发展。集镇作为城市与农村的连接点，是实现城乡一体化的重要突破口，对统筹城乡协调发展有着现实而深远的影响。新型城镇化即要求提升集镇的治理能力，要求集镇依法规划、合规建设、依法治理。

2017 年 7—8 月，调研组深入到湖北省仙桃市、麻城市、蕲春县、大冶市的八个集镇和当地规划主管部门，采取实地考察、查阅规划方案、问卷调查、与规划主管干部访谈等方式对四县市的集镇规划制定和实施的法治状况进行了调研。

一、集镇规划的编制有相应的依据支撑和程序要求

集镇规划的编制是依规治镇的起点。是否依法制定规划既反映了《城乡规划法》和《村庄和集镇建设规划管理条例》的实施情况，更从意识层面反映乡镇是否在用法治的思维指导集镇建设。

调研小组发现上述地区在制定单独的集镇规划和包含集镇规划内容的镇域规划、镇区规划、工业规划等规划上，都有较为明确和详细的制定依据，一般包括法律、行政法规、部门规章、技术标准、该区域的上级规划和其他规范性文件。通过查阅各地区的规划文本资料，调研小组总结这些依据具体有《中华人民共和国城乡规划法》、《城市规划编制办法》（2006 年）、《村镇规划编制办法》（试行）、《镇规划标准》（GB50188—2007）、《村庄和集镇建设规划管理条例》（1993 年）、《城市用地分类与规划建设用地标准》（GB50137—2011）、《湖北省城乡规

划条例》（2011 年）、《湖北省镇域规划编制导则（试行）》（2013 年）、《湖北省村庄规划编制导则（试行）》（2013 年）、《湖北省“四化同步”示范乡镇试点镇村规划编制意见》以及各地市域县域规划、农业区划、土地利用总体规划等。以上规划依据在各地规划文本的首章中多有列明，表明各乡镇在制定规划时确实进行了大量的法律法规等规范性文件的搜集工作，重视规划的合法性、系统性、科学性。

《村庄和集镇规划建设管理条例》对规划的批准、制定、通过、公布等编制程序作了基本规定。其中第 8 条规定，村庄、集镇规划由乡级人民政府负责组织编制，并监督实施。第 17 条规定，村庄、集镇规划经批准后，由乡级人民政府公布，明确了集镇规划的制定和公布主体皆为乡级人民政府。第 14 条规定，村庄、集镇总体规划和集镇建设规划，须经乡级人民代表大会审查同意，由乡级人民政府报县级人民政府批准，明确规划批准主体为乡级人民代表大会和县级人民政府。通过干部访谈，调研小组发现各地干部对于这些程序还是较为熟悉。尽管在编制的具体程序上各地存在一些差异，但总体上都有一套比较一致且完整的程序规则，基本遵循委托具有资质的单位草拟、邀请专家评审、报经市（县）有关部门批准等流程。大冶市规划局向调研小组展示了其下辖乡镇刘仁八镇的规划定稿，前页附有完整的镇人大决议、专家评审意见、政府审批文件等原件，是一份比较完整的参考资料。

二、集镇规划覆盖不平衡

调研发现，各乡镇都制定了镇区总体规划，然而这些总规基本都是在针对中心集镇地区（乡镇政府所在地）进行规划，其他小集镇（非中心集镇区）的规划内容鲜有涉及，可见中心集镇区和小集镇区的规划覆盖极不平衡。如仙桃市所有下辖乡镇制定了总体规划，根据总体规划可以掌握各乡镇中心集镇区的主要规划情况，尤其是工业园区和新区等重点建设区域的规划安排，但是中心集镇区以外的小集镇区少有规划可言。麻城市白果镇和福田河镇、蕲春县刘河镇和张榜镇也都已制定出总体规划，同样我们未发现其对中心集镇以外的小集镇制定了单独或者相关规划。不过在大冶市陈贵镇和灵乡镇，调研小组发现其不仅制定了镇域规划和镇区总体规划，还制定了镇区控制性详细规划、村庄规划，并且他们的镇域规划既包含中心集镇区的规划，也包含其他小集镇的规划。

在大部分乡镇只有总体规划的情况下，调研组很难看到其详细规划小集镇的可行性。这些总体规划含有小集镇的布点、总体建设等规划内容，但这类空间布局规划显然不足以完成对小集镇的具体规划安排。麻城市规划局干部向我们表示以后麻城市会根据风力、电力、光伏等重大基础设施建设项目和旅游项目制定特色规划、专项规划，一些小集镇的规划也将在这些规划里有所囊括。蕲春县刘河镇有关干部则告诉我们在后续的美丽乡村、特色小镇等建设项目会比较重视小集镇的规划。大冶市灵乡镇在镇区总规之外还制定了镇域规划、镇区控制性规划、强制性规划、修建性规划以及工业基地专项规划，因而涉及较多规划小集镇的内容。仙桃市乡镇在总体规划、工业园区和新区规划中也会基于必要规划建设一些小集镇。总体而言小集镇的规划分散在镇域规划、镇区总体规划或控制性详细规划、村庄规划之中，多被其他规划所包含且数量并不多。调研小组了解到单独进行规划的小集镇只有大冶市陈贵镇铜山口集镇，据干部介绍该集镇为央企所在地，主要经营矿业开采产业，从性质上考量该规划应当也属于工业规划。还要注意的是，以上这些涉及小集镇的规划无法使人了解到小集镇上交通、供水、供电、商业、绿化等生产和生活服务设施的配置情况，而中心集镇的规划相对而言就要完善清晰许多。于各地而言，小集镇是否需要制定规划与其是否为工业建设区、旅游区、新区等经济因素密切相关。

三、集镇规划的实施与修改不规范

集镇规划是一定时期集镇发展的蓝图，是集镇建设与管理的重要依据。从规范性角度来看，制定完成的集镇规划应当严格执行，一般不允许违反集镇规划的情况发生，但是从调研的结果来看却并非如此。

在与调研市县规划单位负责人员及乡镇负责人的访谈过程中，我们了解到多数乡镇在实施集镇规划过程中并非严格按照规划文本，存在许多不规范的情况。从访谈对象反映的情况来看，这种现象出现的原因是多方面的。首先规划本身科学性不足，规划内容不符合集镇发展实际状况。虽然各地市县要求乡镇制定集镇规划，但有的乡镇向调研小组反映并未给予充足的经费支持。为了完成上级要求，一些乡镇不得不委托一些收费较少、资质较低的规划设计单位进行规划编制。这些规划设计单位在编制过程中并没有考虑到因地制宜，甚至直接套用其他乡镇规划模式。蕲春县刘河镇某干部认为如此制定出来的规划看似完备，但实际上不符合现实，不具备可操作性。有的乡镇虽然没有提经费问题，但是也认为总体规划存在问题。麻城市福田河镇负责规划的一名干部指出总体规划作为长期规划与实际不符合，如将一些私房区规划为绿地，但是实际上不可能对这一区域全部进行拆迁，因此这种规划根本无法完全落实。其次，由于乡镇之间的经济发展水平和财政收入存在差异，有的乡镇只能勉强制定一部总体规划，无控制性规划，无近期规划，整个镇全依靠长期性的总体规划，在这种情况下实施规划大部分依靠相关领导干部的决策和经验，很难严格依照程序。除此之外，我们发现有的干部表面上看起来法治意识较强，他们认为老百姓遵守规划、遵守法律就是法治，并未意识到法治要求政府在实施规划的过程中也要严格依照规划文本和法律法规，否则规划就成了一纸空文，只能用以应付上级检查。一名负责规划的干部告诉调研小组：“乡镇更多是人治社会，人治的因素比较高。虽然说法治社会，但关键在执行，执行还是在人。法制社会在慢慢健全，以后情况肯定会更好。”规划实施存在这些不规范，由此致使规划指导乡镇发展和建设的作用淡化，规划变得滞后、被动，进而链式反应地引发了对规划的不规范修改。

规划的不规范修改首先源于对规划修改程序的不熟悉。《村庄和集镇规划建设管理条例》第15条规定，经乡级人民代表大会或者村民会议同意，乡级人民政府可以对村庄、集镇规划进行局部调整，并报县级人民政府备案。涉及村庄、集镇的性质、规模、发展方向和总体布局重大变更的，按照批准制定程序办理。从调研的情况看，被访谈人员，包括部分从事规划管理的工作人员对规划修改程序并不熟悉。相当一部分工作人员认为集镇规划的一般修改和调整并不需要批准，可以由乡政府自行决定，只有重大变更才需要走批准程序。另外，还有部分工作人员认为集镇规划的小变更经乡镇人大通过，乡镇政府公示即可，根本没有考虑到向县政府备案问题。规划修改的不规范其次体现在修改规划的随意性和频繁性。麻城市规划局干部告诉调研小组地方乡镇有时为了招商引资搞特权特批，直接造成实际建设与集镇规划不符的问题。针对这种情况，如果不能强制拆除，市里只能调整总体规划，使得这些违规建设项目由不法变成合法。麻城市白果镇规划部门的工作人员表示，在规划执行过程中遇到实际操作与规划不符的情况而且规划不合理因素更多时，会考虑进行下一步的修编。修编成为解决问题最便捷的方式。此外，负责规划的干部介绍乡镇一般5年启动一次修编，这样的修改频率确实略为频繁，毕竟还须考虑到规划的稳定性、权威性。行政规划一经制定，行政相对人就必然对之产生信赖，并会根据此种信赖安排其生产、生活。因此，对已经制定的规划的调整、变更一定要十分慎重，如确因公共利益的需要而必须调整、变更，则一方面要经过与相应行政规划制定时相当的公众参与程序予以讨论、听证、审议；另一方面要对特定相对人因相应行政规划调整、变更而受到的信赖利益损失予以公正补偿；同时，对调整、变更后的规划要通过适当形式及时公布，让所有社会公众知晓。行政规划调整、变更（不论是整体调整、变更，还是局部调整、变更）后的及时公布是非常重要的。否则，将造成更多行政相对人的不必要的损失。

四、集镇规划执法保障不足

规划实施最关键的部分是进行强有力的规划执法。在实践中会遇到“红线”逾越、私搭乱建违规建设等诸多情形，如果行政执法不能及时纠正、处理各种违规行为，规划就难以彻底实施，还会从根本上损害规划的权威。综合各地情形，调研小组认为集镇规划执行最大的难题来自居民、村民私搭乱建，大部分地区私搭乱建现象屡禁不止。蕲春县刘河镇一名主管城建的工作人员指出：“老百姓的规划意识较低，认为自家房子的拆建和别人无关。”麻城市福田河镇受访干部表示由于区域经济落后，老百姓规划意识较为落后，私搭乱建不可避免。各乡镇街头问卷反映老百姓自己都认为镇上、村里私搭乱建现象太过普遍。要解决这个难题，必须要确保规划执法的严格性和严肃性，给予依法执行规划行为充分的保障。然而现实中存在执法依据不明、执法手段受限、执法力量不足、执法程序不透明等执法保障问题，这些问题多次被不同受访对象提出。

（一）集镇规划执法依据不明

关于集镇规划的执法依据，在仙桃市张沟镇调研时，该镇的一名负责人就此提出了自己的困惑：在乡镇权力清单里，乡镇政府有权进行规划执法，采取行政处罚、行政强制等执法手段，但是镇里城建办并没有具体的执法依据。清单只是列明对于违反规划的情况乡镇政府可以罚款，但是由乡镇哪个部门罚款，罚款的范围、具体程序都没有规定。现在的老百姓法律意识在增强，乡镇政府作为执法主体不知如何向老百姓说明执法依据。没有具体的依据，乡镇执法人员也不敢随意强制执行。

张沟镇向调研小组展示的《仙桃市镇级政府权力清单（征求意见

稿）》对于乡镇政府规划执法权的规定不过是对《城乡规划法》和《村庄和集镇建设管理条例》相应规定的重申而已，并未进行任何细化，由此带给乡镇执法难的问题。“居庙堂之高”的《城乡规划法》难以应对“处江湖之远”的基层实践。对于违反规划的乱象，乡镇想管，但又怕越权错管。依据现有立法，乡镇一级政府对于集镇内无许可证建设、违反许可证建设、违规的临时性建筑物等享有很大的执法自主权，但干部所指出的老百姓法治意识在增强确实是对当前规划执法依据不明确提出的正当质疑。蕲春县张榜镇的一名受访干部指出，要实现执法公平到位，乡镇一级的执法必须有坚实的基础和依靠，需要县级政府和规划主管部门赋予其相应具体权力，保证乡镇政府的信用和权威。

（二）集镇规划执法手段受限

《中华人民共和国城乡规划法》第65条规定：“在乡、村庄规划区内未依法取得乡村建设规划许可证或者未按照乡村建设规划许可证的规定进行建设的，由乡、镇人民政府责令停止建设、限期改正；逾期不改正的，可以拆除。”《村庄和集镇规划建设管理条例》第40条规定：“擅自在村庄、集镇规划区内的街道、广场、市场和车站等场所修建临时建筑物、构筑物和其他设施的，由乡级人民政府责令限期拆除，并可处以罚款。”这两条规定直接授予乡镇执行规划时可以采取责令停止建设、限期改正、强制拆除和罚款手段的权力。但是调研发现，对于违反规划的情况特别是居民私搭乱建问题，大部分乡镇政府碍于情面，基于执法力量不足、维护基层稳定等考虑，主要采取责令停止建设、限期改正的方法，罚款与强制拆除等行政处罚手段极少运用，如确有必要，乡镇也主要通过做思想工作的方式劝导居民自行拆除。麻城市白果镇干部告诉我们乡镇政府基本按照总体规划实施，实在遇到难题不能改变违规现象时也就尽量在可控范围内保持原状，使其不再扩大，并在下一轮修编中相应修改规划。我们可以推测这是政府为了避免强制拆迁可能带来一系列问题所进行的妥协。蕲春县张榜镇相关干部表示稳定是大政，要将人民群众利益放在第一位，他们在执行规划的过程中即使遇到没有制止住的违规建设，也不会随意强拆，有时镇里还会帮助其补办手续。可以想见基层民情具有复杂性，在探索乡镇规划执行的手段上还要充分考虑到这些因素。

（三）集镇规划执法力量不足

从调研情况看，乡镇执法力量不足是一个普遍问题，各地基本都反映规划执法人手短缺。其一，执法人员数量过少。涉及强制拆除时乡镇需要向市（县）申请，但是市（县）中心城区存在大量的规划执法任务，不能分派执法力量到下面乡镇，因此强拆工作主要依靠乡镇政府自身组织力量。大冶市陈贵镇规划建设分局负责人介绍，他们单独设置了规划主管机构，有自己的执法力量，但是编制较少，人手较缺。其二，执法人员文化水平不高。由于人手缺乏，多数地方都会聘用一些临时人员补足，这些执法人员文化素质水平与正式编制人员差距较大。他们虽然只是协助执法，但在整个过程中也会直面群众，若不接受相关学习培训，有可能对整个执法队伍的形象造成负面影响。麻城市监察大队负责人向调研小组展示了他们内部学习资料，主要学习城乡规划行政强制实务，强调所有人依规执行，这是比较好的参考做法。其三，技术人员缺乏。蕲春县刘河镇相关负责干部认为规划执法在很多时候也涉及专业问题，例如是否越红线、怎么理解规划图等，至少需要 1 名技术人员。如果实在没有经费和编制聘请技术人员，县里也应该多组织相关培训。调研小组发现由于编制、待遇等问题，各乡镇很少能聘用到有相关专业知识的技术人员。

（四）集镇规划执法程序不透明

规范的执法程序是公正、公平执法的保证。公开透明的执法程序既能有效防止执法过程中可能出现的执法不公现象，也能充分保障群众的知情权，有助于消除群众对规划执法可能产生的误解。《中华人民共和国城乡规划法》与《村庄和集镇规划建设管理条例》规定了乡镇政府一定范围内完全的执法自主权，但严重违规审批和违规建设由县级政府建设行政主管部门进行强制和处罚。这样的规定实际上赋予各地市县规划局比较大的规划执法权。在实际执行规划过程中，规划局并非完全都将执法权下放，下放程度依各地情况而定，由此造成规划执法具体程序并不统一，甚至可以说差别甚巨。这些规划执法系行政行为，相对人无法知晓政府作出的行为是否合法，因为法律法规只作出一般性规定；相对人也无法知晓其是否符合政府一般性程序，因为程序由政府自行规范且对外不公开。无论执法权是否下放，集镇规划的执法程序终究不透明，也就难以确保执法的权威性和公正性。

麻城市的集镇规划执法权还未下放。规划局监察大队内设有专门的村镇中队负责村镇规划的执行。执法的程序是：监察大队先针对违规情况先立案，送到市法规科审查，审查完毕送回监察大队，再由监察大队派出中队进行执法，并报法规科备案。就内部而言这些程序性规定已经比较完善。从外部来看，如非调研小组询问专门负责人，难以得知其执法还要经过复杂的审查备案程序。如果老百姓了解政府对于执法有明确规定并且严格依照规定执行，也会更加尊重执法结果的公平和权威。大冶市规划执法权基本下放，执法主要依靠各乡镇。据大冶市陈贵镇规划建设分局的一名负责干部介绍，如果出现违建，镇政府发停建通知书。根据实际情况镇政府自己组织进行测违控违，看危害大不大。确实问题重大，他们要责令拆除，由镇政府组织力量进行拆除，报大冶市综合执法局报备。陈贵镇的规划执法有比较清晰的测违控违程序和处罚程序，何况陈贵镇规划分局有自己的技术人员，测违控违程序应当可以确保无太大差错。但是老百姓不了解乡镇规划执行存在明确规范的程序要求，他们认为领导干部想做什么就做什么，想怎么处罚就怎么处罚，对于违规处理结果自然会有较大抵触心理。

另外，《中华人民共和国城乡规划法》第54条明确规定，监督检查情况和处理结果应当依法公开，供公众查阅和监督。但当调研组追问陈贵镇干部规划违法处理结果时，该负责干部表示对那些违建的处理，他们一般在内部发简报，没有对外公示。陈贵镇这种处理方式可能并非个例。

五、集镇规划监督检查力度不强

根据《中华人民共和国城乡规划法》第53条之规定，县级以上人民政府城乡规划主管部门有权对城乡规划的实施情况进行监督检查，并采取相关措施。从调研小组获取的信息来看，城乡规划主管部门的这项权力行使情况并不乐观。在蕲春县刘河镇调研时，该镇的一名受访干部认为规划执行缺乏监督是规划执行难的一个重要原因。据该干部介绍，蕲春县2016年下半年才提出规划督察的概念，监督工作并不到位。一方面，上级的规划检查一般都在县城，且主要针对房地产的技术性指标，基本不会到镇上进行检查；另一方面，县规划局无暇顾及镇里的规划执行情况，乡镇主要自行纠察。仙桃市规划局村镇管理局针对乡镇的规划监督以市规划局审批为主要手段，审批之后的问题则由乡镇当地规划建设办公室自行巡查纠正。与其类似，麻城市规划局也主要进行事前监督，对不符合法律法规和上级要求以及存在其他问题的规划不予审批。这名干部提到麻城市有时会对规划实施情况进行卫星检查。大冶市规划局村镇规划科的受访干部向我们介绍了其较为全面的监督检查方式，主要分为三个方面：第一是当地人大的监督和当地政府的执法检查；第二是规划督查，黄石市规划局针对大冶全市进行督查，重点是大冶市区和3个国家重点镇（还地桥镇、金牛镇、保安镇），其他乡镇由大冶市规划局进行督查；第三是政府每个季度会派督察组下乡镇进行执法检查，规划执法情况是其中的一项检查内容。

从调研对象反映的情况来看，各市县都存在一定形式的监督检查，但是这种监督检查的力度远远不够，甚至像有些乡镇干部所认为的那样——上级监督检查流于形式。监督检查是保证集镇规划落实的重要手段，监督检查力度不够难以确保耗费人力、物力、财力编制的规划得到切实的执行。因此，在未来的规划执法过程中，执法监督检查的力度仍需要加强，主要加强市（县）规划局对于乡镇的监督，辅以人大代表的监督、社会媒体的监督和人民群众的监督等，丰富和创新多种监督方式。

通过对四市（县）的实地调研，调研组获取了大量一手资料，基本掌握了这些地区集镇规划编制与实施的情况。各地乡镇基本能依法编制集镇规划，但编制出来的集镇规划分布并不均衡，规划重点集中于中心集镇，较少涉及非中心集镇，无论从当前还是长远看，都不利于集镇的发展，更加大城乡一体化的难度。总体来看，乡镇基层干部及群众对于集镇规划依法制定和依法实施具备相对明确的认识。但受经济发展状况及固有观念影响，有的领导干部并未意识到集镇规划的重要性和权威性，更未正确认识其战略引导和刚性控制作用，集镇规划的编制与实施过程中仍存有诸多不规范之处，县（市）规划局对于乡镇规划制定和实施给予的支持和监督都过于有限。老百姓虽认为依法规划很好，但缺少规范自身行为的意识，如果违规倾向于对政府编制规划的合理性和政府人员的执法方式提出质疑，可以说集镇规划编制与实施的法治化状况并不理想。但是调研小组认为随着依法治国的全面推进和社会经济文化发展水平的提高，依法规划、依法建设、依法治理集镇将会越来越受到重视并且内化成干部和群众的自觉意识用以指导实践。尤其在乡镇干部年轻化和高学历化趋势下，乡镇政府依法治理集镇和建设集镇的决心将会更加坚定，县（市）政府和规划局也会更加重视乡镇依法规划的重要性并给予切实支持。新型城镇化是高起点、高标准的城镇化。新型城镇化背景下的集镇建设必须法治护航，必须坚守“规划先行与建管并重、依法治理与文明创建结合”的基本理念，科学规划，合理布局，持续发展。

湖北省城市社区养老存在的问题及法律对策研究①

朱　达　程双艳　陈焱光 *

【摘要】当前，人口老龄化对我国经济社会发展产生了重大影响。湖北省早于1998年就进入了老龄化社会，专门的公共养老机构无法满足日益增长的养老需求，社区养老特别是城市社区养老成为新型的养老模式。基于对湖北省部分城市社区养老状况的调查和分析，发现城市社区养老存在投入金资缺乏、人力资源不足、服务设施不完善、服务主体法律地位不明、养老用地无法律保障、法律法规供给不足等问题，有必要通过建立筹资渠道、丰富资金来源，组建服务队伍、加强专业技能，完善硬件设施、注重精神服务，进行准确定性、完善管理监督，加强土地保障、动员多方参与，完善法律法规、规范社区养老，推动我省城市社区养老建设的良性发展。

【关键词】人口老龄化　湖北省　城市社区养老

---

①　本文为湖北省教育厅重大项目“城市社区治理现代化基本法律问题研究”（项目编号：15ZD020）的阶段性成果。

*　朱达，程双艳，湖北大学政法与公共管理学院法学专业硕士研究生。陈焱光，湖北大学政法与公共管理学院教授。

一、研究背景

（一）现实与理论背景

1. 现实背景

目前，许多国家都面临人口老龄化难题。和日本、韩国相比，我国的人口老龄化有自己的特点。日本和韩国都是在经济发展的情况下，自然过渡到人口老龄化，而我国是在计划生育政策主导下，使得出生人口下降，老年人口比例上升。中国的老龄化最大的不同就是“未富先老”。经济还没有发展到那个程度，就进入了老龄化。人口老龄化程度加剧，会带来的影响主要有两个层面：宏观上，老龄化程度加剧后，适龄劳动力比重就会减少，对经济增长产生的影响是负效应的。创造社会财富的人的比重在减少，消耗社会财富的人的比重在增加，对社会保障制度的负担大大加剧；微观上，对个人的影响也会越来越大，其中包括家庭赡养的沉重负担。

为此，积极应对人口老龄化，关键还是要有制度保障。要积极应对老龄化，最关键的就是要建立养老保障制度，建立相关的应对人口老龄化的法律制度，使得我国在老龄化进程中能够减少压力和负担。从促进经济可持续发展的目标来看，可以进一步放开计划生育政策，加大财政对生育补贴、降低孩子抚养成本等以提高国民总和生育率。同时，实施区域协调发展规划，拓展一线城市的空间范畴，让人口、资本、技术等要素在新的空间布局下更好地结合起来，合理引导人口迁移。

党的十九大报告中提出，构建养老、孝老、敬老政策体系和社会环境，推进医养结合，加快老龄事业和产业发展。这为新时代中国特色养老事业指明了方向。① 人口老龄化是世界性问题，对人类社会产生的影响是深刻持久的。我国是世界上人口老龄化程度比较高的国家之一，老年人口数量最多，老龄化速度最快，应对人口老龄化任务最重。② 满足数量庞大的老年群众多方面需求、妥善解决人口老龄化带来的社会问题，事关国家发展全局，事关百姓福祉，需要我们下大气力来应对。我们党历来高度重视老龄工作。党的十八大和十八届三中、四中、五中全会以及“十三五”规划纲要都对应对人口老龄化、加快建设社会养老服务体系、发展养老服务产业等提出了明确要求。各地区各部门加大投入、扎实行动，积极推动老龄事业发展，应对人口老龄化工作取得了显著成效。同时，我们的政策措施、工作基础、体制机制等还存在明显不足，同广大老年人过上幸福晚年生活的期盼差距较大。

当前，中央层面已经陆续出台了多部法律法规及相关规范性文件，包括《中华人民共和国老年人权益保障法》《国务院关于印发“十三五”国家老龄事业发展和养老体系建设规划的通知》《国务院关于加快发展养老服务业的若干意见》《国务院办公厅关于制定和实施老年人照顾服务项目的意见》《国务院办公厅关于加快发展商业养老保险的若干意见》等多部法律法规和其他规范性文件。

地方层面以湖北省为例。我省老龄政策体系进一步完善。省十二届人大常委会第三十次会议于 2017 年 9 月 29 日表决通过了新修订的《湖北省实施〈中华人民共和国老年人权益保障法〉办法》，同年 12 月 1 日起正式施行。省政府先后出台了《关于全面放开养老服务市场 提升养老服务质量的实施意见》《湖北省老龄事业发展和养老体系建设“十三五”规划》《关于加快发展商业养老保险的实施意见》等 10 多个涉

① 丁建定：《试析习近平新时代中国特色社会保障思想》，载《当代世界与社会主义》2018 年第 4 期。

② 李芳、李志宏：《党的十八大以来老龄工作的新视角、新思维、新战略》，载《国家行政学院学报》2018 年第 6 期。

老文件，推动老龄事业和产业政策体系逐步完善。①

2. 理论背景

目前，西方学者普遍认为，单纯地依靠政府或者市场来提供老年人社区照顾服务是不够的，政府可以把一些养老公共服务项目通过各种方式，让民间组织、第三部门、私人机构来承担。具体包括以下几种提供方式：服务承包、补贴制度、市场、志愿服务、自助性服务、凭单购买等。

英国学者沃克指出，社区照顾的主要实施策略有三种：在社区内照顾、由社区来照顾和与社区一起照顾。应该说，这三种含义都只反映了社区照顾总体含义的一部分，社区照顾应是上述三种含义的综合，实际上，它是一种支持社区并通过社区充分地挖掘社区内的各种资源对受助人进行照顾的综合性的实施策略。

夏尔福斯蒂安和纳夫吉格尔通过对于接受社区养老照顾和接受正规医疗机构照顾的慢性病人所产生的照顾费用与实际产生的效果进行比较，产生了一个有意思的结果，与选择正规医疗机构的患者相比，选择社区照顾的那部分慢性病患者不仅花费了更低服务与治理费用，他们的病情反而恢复得更快，治疗效果更为显著。这表明，社区养老在为不同的老年人提供养老照顾方面更为精细和人性化，不仅省去了老年人往返医院的时间和精力，老年人的体验感也更好。

查普尔回顾了在北美对家庭照顾者支持的各种研究和措施，认为通过以下一些途径对家庭照顾者提供服务：一方面对老年人直接提供所需照顾，直接分担照料者的担子；另一方面组织自助小组，提供对家庭照顾者的培训，并协调组员之间的关系和工作。如果家庭中老人养老负担过重，就可能导致家庭矛盾，照顾者疲惫不堪，老年人也得不到相应的

① 王向南：《基于三方合作的社区居家养老服务模式探析》，载《学术交流》2018 年第 1 期。

照顾。针对这种问题，有条件的社区可组织人力和物力间接地帮助家庭照顾者。家庭照顾者是照料老人的主力，也是社会依赖的照料老人的主力。

中国居家养老概念的提出可以追溯到20世纪80年代，与欧美情况有所差异的是中国居家养老概念并非源自社区照顾，而是从家庭及成年子女对老人的赡养义务开始提出的。回顾中国居家养老服务的发展历程，我们可以划分为四个阶段：第一，基于家庭赡养义务的居家养老阶段；第二，以社区服务业发展为契机的居家养老启动阶段；第三，以“居家供养为基础”的社会服务体系逐步完善阶段；第四，全面推进居家养老服务阶段。

隆倩认为，我国城市社区养老存在以下方面的问题：第一，养老设施不完善，老年人参与率低。在养老机构运营的过程中，有很多障碍制约着社区养老机构的发展，特别是养老机构资金少，运营困难，养老服务设施不完善等情况，无法满足空巢老人的需求。第二，养老服务人员数量少，缺乏专业性。由于空巢老人一般身体状况较差，需要专业护工来照看，但是现阶段社区养老服务机构的护工素质不能满足空巢老人的实际需要，甚至出现供不应求的尴尬局面，造成养老服务人员长期处于工作时间长，劳动强度大的境地，加之收入少，导致离职现象严重。第三，志愿者流动性大，管理混乱。现有的志愿者结构构成人员混乱，流动性较大，一般为在校大学生或社区居民。由于大学生较为年轻，在对待老人问题上，服务会有所不周，心理不成熟，内心不安定，时间长会表现出不耐烦等情绪，老人也会感到不适。第四，社区养老机构费用高、运营困难。由于政府财政资金的支持力度有限，无法保障社区养老服务建设项目以及社区养老基础设施的及时更新完善。

邬沧萍研究认为，社会作为养老服务的主体已经成为当前城市养老服务的主要方式，社会养老系统其实质是由社会提供养老资源的社会养老。由社会提供养老的争议，具体表现为：第一，以社区为养老服务的供给主体。理由包括：社区服务收费低、覆盖面广；弥补家人照顾的不足；周围的环境比较熟悉。第二，以市场为养老服务的供给主体。理由包括：市场经济的呼唤；老年人自我赡养能力的提高。第三，以民间组织为养老服务的供给主体。理由包括：弥补政府和市场的失灵；满足老年人多样化的养老服务需求；提高养老服务的质量和效率；降低养老服务的成本。与此同时，我国学界的大多数学者普遍认为，在我国传统文化模式和人口老龄化形势下，家庭养老将会在相当长时期内依然是我国的主要养老方式。理由主要包括：人口老龄化需要家庭来分担其给社会带来的巨大压力；老年人的心理状况及特殊需要要求家庭承担起养老的职能，因此传统家庭所具有的经济供养、生活照料、日常服务功能仍是现代家庭的重要功能。在现阶段及今后较长的时期内，家庭仍是养老服务的主要供给主体。

王振波提出，城市社区养老服务，作为国家及社会福利体系的重要组织部分，存在着多元塑构的影响力量，这些影响力量不仅包括政府、市场、社会、公民个人等，同时还包括信息技术等要素。一元或多元要素的组合，形成各具特色的城市社区居家养老服务模式。他通过对武汉市三种养老服务模式的概述介绍，即聚合型养老服务模式，网络型养老服务模式，公益型养老服务模式，进一步分析得出，聚合型养老服务模式是政府、社区居委会、市场等多元力量作用的结果，强调养老福利的多元供给主体力量；网络型养老服务模式是现代技术、市场力量促成的结果，强调现代网络技术融入养老服务的便捷化和纵深化发展趋势；公益型养老服务模式是公共理性、社会资本发展推进的结果，强调社区养老服务的社会力量和自主发展趋势。尽管三种模式存在交叉和相互包容现象，但各模式之间仍各具特色。不同模式之间共生与相容状况，应依据社区及地方发展实情而定。

（二）研究意义

1. 现实意义

通过深入调查湖北省城市社区养老建设中存在的问题，全面把握问题的实质并提出科学有效的建议，研究结果能真实呈现出湖北省城市社区养老建设的现状和困境，有利于增强全社会积极应对人口老龄化的思想观念，有利于完善老龄政策制度，有利于发展养老服务业和老龄产业。

首先，有利于增强全社会积极应对人口老龄化的思想观念。要积极看待老龄社会，积极看待老年人和老年生活，老年是人的生命的重要阶段，是仍然可以有作为、有进步、有快乐的重要人生阶段。有效应对人口老龄化，不仅能提高老年人生活和生命质量、维护老年人尊严和权利，而且能促进经济发展、增进社会和谐。敬老爱老是中华民族的传统美德。要把弘扬孝亲敬老纳入社会主义核心价值观宣传教育，建设具有民族特色、时代特征的孝亲敬老文化。要在全社会开展人口老龄化国情教育、老龄政策法规教育，引导全社会增强接纳、尊重、帮助老年人的关爱意识和老年人自尊、自立、自强的自爱意识。要加强家庭建设，教育引导人们自觉承担家庭责任、树立良好家风，巩固家庭养老基础地位。①

其次，有利于完善老龄政策制度。要加强老龄科学研究，借鉴国际有益经验，搞好顶层设计，不断完善老年人家庭赡养和扶养、社会救助、社会福利、社会优待、宜居环境、社会参与等政策，增强政策制度的针对性、协调性、系统性。要完善老年人权益保障法的配套政策法规，统筹好生育、就业、退休、养老等政策。要完善养老和医疗保险制度，落实支持养老服务业发展、促进医疗卫生和养老服务融合发展的政策措施。要建立老年人状况统计调查和发布制度、相关保险和福利及救助相衔接的长期照护保障制度、老年人监护制度、养老机构分类管理制度，制定家庭养老支持政策、农村留守老人关爱服务政策、扶助老年人慈善支持政策、为老服务人才激励政策，促进各种政策制度衔接，增强

---

① 张孔娟：《如何使新型老龄服务与社会发展融合》，载《中国经济时报》2016年7月22日。

政策合力。

最后，有利于发展养老服务业和老龄产业。我国老年群体数量庞大，老年人用品和服务需求巨大，老龄服务事业和产业发展空间十分广阔。要积极发展养老服务业，推进养老服务业制度、标准、设施、人才队伍建设，构建以居家为基础、社区为依托、机构为补充、医养相结合的养老服务体系，更好满足老年人养老服务需求。要培育老龄产业新的增长点，完善相关规划和扶持政策。

2. 理论意义

结合社会实践调查活动，理论研究更具有真实性和针对性，主要体现在有利于切实发挥老年人的积极作用，有利于健全老龄工作体制机制。

首先，有利于发挥老年人的积极作用。要发挥老年人的优良品行在家庭教育中潜移默化的作用和对社会成员言传身教的作用，发挥老年人在化解社会矛盾、维护社会稳定中的经验优势和威望优势，发挥老年人对年轻人的传帮带作用。要为老年人发挥作用创造条件，引导老年人保持老骥伏枥、老当益壮的健康心态和进取精神，发挥正能量，作出新贡献。

其次，有利于健全老龄工作体制机制。要适应时代要求创新思路，推动老龄工作向主动应对转变，向统筹协调转变，向加强人们全生命周期养老准备转变，向同时注重老年人物质文化需求、全面提升老年人生活质量转变。要完善党委统一领导、政府依法行政、部门密切配合、群团组织积极参与、上下左右协同联动的老龄工作机制，形成老龄工作大格局。要保证城乡社区老龄工作有人抓、老年人事情有人管、老年人困难有人帮。要健全社会参与机制，发挥有关社会组织作用，发展为老志愿服务和慈善事业。①

---

① 孙晓飞，兰青：《风帆正举　鹏程万里》，载《中国老年》2016 年第 7 期。

（三）研究方法

1. 文献研究法

在湖北省城市社区养老问题的整个调查研究过程中，项目团队查阅了大量的文献资料，主要包括两类：

一是关于湖北省武汉市、黄冈市、咸宁市、襄阳市和宜昌市等城市社区养老建设历程、城市社区养老现状的介绍，关于国内和国外其他典型地区城市社区养老建设经验的介绍等，主要通过查阅国家、部门、地区相关年鉴，各级刊物相关文章，各类媒体的相关报道获得。

二是关于城市社区和社区养老建设的相关理论研究，主要通过阅读有关社区建设的法学、社会学、经济学专著和学术论文获得。通过查阅大量已有的研究资料，确定选题，对城市社区养老形成基本的认知，并在此基础之上提出研究假设，设计访谈问卷以及进行数据分析。

2. 问卷调查法

问卷调查是实证研究的基本方法之一。本次实践调查中，我们运用问卷调查法，希望通过社区居民了解城市社区养老的现实情况和老年人对城市社区养老的意见，进而探求城市社区养老问题的有效解决途径。根据调查目标和已有资料，项目团队提出了需要了解的基本信息和基本假设，并考虑到老年人自身实际情况，项目团队设计出了相应的调查问卷和访谈提纲，并选择了武汉市武昌区三角路社区、洪山区汽发社区等共 14 个社区做问卷调查。调查中，共发放访谈式问卷 69 份，收集有效问卷 68 份，有效率达 98. 55%。这些问卷为数据分析奠定了基础。

3. 访谈法

本次实践调查研究的目的是发现湖北省城市社区养老建设中的问题，尤其是社区养老各建设主体在社区养老建设中扮演什么样的角色。

鉴于我们问卷调查的对象主要是社区老人，对社区养老建设的其他主体进行访谈就显得尤其重要，而且对社区老人的问卷调查，也因为表述与理解的障碍，也主要依靠访谈为辅助手段协助老年人完成问卷填写。因此，我们对被调查社区的居委会、相应的街道办、社区养老院做了大量访谈。在访谈的过程中，我们获得了大量从文献资料中无法获得的第一手资料，了解了政府、居委会、社会组织、居民对社区养老建设的真实想法和感受，对深入研究大有裨益。

（四）研究对象及其特征

在实践调查中，项目团队选择了湖北省武汉市、黄冈市、咸宁市、襄阳市和宜昌市等共 14 个城市社区发放问卷，开展访谈。以下是项目团队对 14 个城市社区的调研行程表：

表 1　　社区调研行程表

地区	日期	具体时间	具体地点	内容
武汉	2018.7.27	9:00	校门口	集合拍照
		10:00—11:00	洪山区	汽发社区
		12:00	学校	
武汉	2018.7.28	8:30	学校侧门	余家湖社区
		9:00	武昌区	三角路社区
		10:00	江岸区	三阳社区
		11:00	江汉区	复兴社区
		14:30	汉阳区	古楼社区
黄冈	2018.7.29	7:30	校门口	集合出发
		8:24—9:01	武汉至黄冈东	
		10:00	黄州区	建新社区
		15:00—17:00	黄州区	三清社区
		18:38—19:27	黄冈东至武汉	

续表

地区	日期	具体时间	具体地点	内容
咸宁	2018. 7. 30	7:30	校门口	集合出发
		8:49—9:45	武昌至咸宁南	
		10:00	咸安区	双鹤桥社区
		15:00—17:30	咸安区	金叶社区
		18:57—19:22	咸宁北至武汉	
襄阳	2018. 7. 31	8:00	校门口	集合出发
		9:10—11:45	武昌至襄阳东	
		12:00—14:00	酒店	
		15:00—16:00	樊城区	水星台社区
	2018. 8. 1	8:30	酒店	集合出发
		9:00—10:00	襄城区	凤雏社区
		10:30—11:30	襄城区	长虹社区
		12:00	酒店	
		17:00—18:00	前往襄阳站	
		18:26—21:14	襄阳—宜昌东	
		22:00	宜昌	金岛假日酒店
宜昌	2018. 8. 2	9:00	西陵区	二马路社区
		10:30	西陵区	桃花岭社区
		14:30	伍家岗区	航运社区
		16:00	伍家岗区	万达社区

根据问卷调查的结果分析，14 个城市社区的基本信息呈现出以下特征：

表 2　　年龄分布

选项	人数	占比
A. 50 岁及以下	4	5.88%
B. 51~60 岁	12	17.65%
C. 61~70 岁	19	27.94%
D. 71~80 岁	13	19.12%
E. 81 岁及以上	20	29.41%

表 3　　个人收入水平

选项	人数	占比
A. 每月 2000 元及以下	20	29.41%
B. 每月 2001~3000 元	29	42.65%
C. 每月 3001~4000 元	12	17.65%
D. 每月 4001 元及以上	7	10.29%

表 4　　婚姻状况

选项	人数	占比
A. 未婚	6	8.82%
B. 有配偶	41	60.29%
C. 丧偶	20	29.41%
D. 离异	1	1.47%

表 5　　子女情况

选项	人数	占比
A. 无子女	8	11.76%
B. 独子	9	13.24%
C. 独女	8	11.76%
D. 多子女	43	63.24%

表 6 经济来源

选项	人数	占比
A. 工作收入	8	11.76%
B. 退休金	49	72.06%
C. 子女供给	4	5.88%
D. 政府生活补助	5	7.35%
E. 无收入来源	1	1.47%
F. 其他	1	1.47%

(五) 研究概念

1. 社区

一般认为，“社区”的概念首先是由德国社会学家滕尼斯提出的，1887 年滕尼斯写了“*Gemeinschaft and Gesellschaft*”（译为《社区与社会》）一书，书中“Gemeinschaft”一词指“由具有共同习俗和价值观念的同质人口所形成的、关系密切、富有人情味的社会组合方式”，其中并没有地域的含义，而是“一种社会成员之间唇齿相依、感情深厚、关系协调，靠习俗和共同价值来维系的社会组织形式”，是一种社会共同体。①

19 世纪末 20 世纪初，在美国急剧城市化进程的背景下，社会学家研究城市中人际关系密切的生活共同体，使用了“community”一词，与滕尼斯的“Gemeinschaft”一词相对应，并较为明确地赋予其地域方面的含义。我国学者一直比较强调社区的地域性，20 世纪 30 年代费孝通初次翻译社区概念时，强调社区是“人们生活在内”的地域性生活

① 宋祥秀：《中国城市社区建设历程》，载《湘潮（下半月）》2012 年第 6 期。

共同体。郑杭生对社区的定义是："进行一定的社会活动、具有某种互动关系和共同文化维系力的人类群体及其活动区域。"书中认为社区的构成要素主要是地域环境、社区人口、社区文化。

汪大海等主编的《社区管理》沿用何肇发等人对社区的定义，认为"所谓社区，就是区域性的社会，换言之，就是人们凭感官能感受到的具体化了的社会"，并认为社区具有地域、文化、生态、结构和社会心理五个要素。

本调研报告认为社区是由一定数量居民组成的，具有内在互动关系与文化维系力的地域性生活共同体，地域、人口和文化是社区的基本构成要素。① 由于本文研究的主题是城市社区养老问题的治理，因而需要更进一步从地域范围来界定城市社区。依据不同的划分标准，社区可以分为不同类型，以空间特征划分的城市—乡村社区连续体一直是社区研究的主要分析单位，郑杭生等认为城市社区是"在特定区域内，由从事各种非农业劳动的密集人口所组成的社会"，具有人口集中、异质性强，经济和其他活动频繁等特点。

就地域范围而言，城市社区是指城市范围内的社区形态，即民政部在2000年颁发的《关于在全国推进城市社区建设的意见》中所说的"目前城市社区范围，一般是指经过社区体制改革后作了规模调整的居民委员会辖区"。② 本调研报告采用关于城市社区的这一界定。

2. 社区养老

目前的养老形式主要有家庭养老、社区养老和社会养老三种。家庭养老指的是我们熟知的老人居家养老；社会养老一般是指老人自费入住公立或民营的养老院、福利院、敬老院和护理院等，得到相应的医疗和

---

① 朱启臻，芦晓春：《论村落存在的价值》，载《南京农业大学学报（社会科学版）》2011年第3期。

② 官华：《社区教育定义新探》，载《成人教育》2018年第2期。

照护服务；① 社区养老是前两者的中间形式。社区养老（Community endowment）是以家庭养老为主，社区机构养老为辅，在为居家老人照料服务方面，又以上门服务为主，托老所服务为辅的整合社会各方力量的养老模式。这种模式的特点在于：让老人住在自己家里，在继续得到家人照顾的同时，由社区的有关服务机构和人士为老人提供上门服务或托老服务。

社区养老不是家庭养老，而是社区中的在家养老，社区养老不是社会养老，而是将机构养老中的服务引入社区，实行社区的在家养老。它吸收了家庭养老和社会养老方式的优点和可操作性，把家庭养老和机构养老的最佳结合点集中在社区。社区养老是针对中国社会转型期在21世纪上半叶所面临的巨大老龄化问题所提出的一种新型养老方式。②

可以从两个方面来分析社区养老的含义：

第一，从养老地点看，老人居住在家里，也同时居住在社区里；

第二，从养老资源的提供主体看，社区养老不仅需要家庭的供养，更多地需要来自社区、来自社会的服务和照顾。

3. 社区养老模式

社区养老模式在实践中经过不断地探索和改进，有了一般的社区养老，同时随着一般社区养老弊端的出现，为了解决问题，又在此基础上衍生出互联网社区养老、社会组织参与的社区养老、共享经济模式下的社区养老这几种模式。这几种模式各有利弊，但也在不断的实践中日趋完善。

一般社区养老模式。制度不健全是很多社区养老机构存在的问题。由于养老制度本身发展不成熟等因素，社区养老面临着投入资金匮乏、

---

① 李侠，李济：《基于人口老龄化背景的安徽农村养老模式研究》，载《吉林工商学院学报》2011年第9期。

② 刘光宇：《中国老龄人口出路在最适合国情的社区养老模式》，载《安家》2018年第6期。

人力资源不足、服务设施不完善等问题。① 在不同的社区，社区养老制度的建设也是参差不齐的，首先社区建设水平差距显著，其次社区养老服务人力资源配置存在着很大问题，人员之间也缺少行之有效的“三社联动”管理。在社区养老的实施中，也存在着一系列的问题，一是服务信息不对称，难以迅捷提供高效服务；二是服务内容单一，难以满足多样化、个性化的服务需求；三是整合联动机制缺乏，难以充分利用社会资源；四是队伍素质相对较低，难以提升服务规模。在社区养老服务组织中，具有服务组织不够正规的问题，同时社区老年人服务队伍不够专业化，落实到实践中的社区老年人服务方式内容与计划的不一致。

互联网+社区养老模式。随着我国信息化时代的到来，在社区养老服务行业，发挥互联网的功能，是时代所趋。众所周知，养老一直是社会的重点问题，随着社会经济的发展，传统养老模式已然不能满足国民对于养老服务的需求。互联网+社区养老模式的主要优势体现在四个方面。第一，利用互联网能够将多家服务机构整合到一起。第二，通过互联网能够快速进行信息之间的共享与传递，通过大量的服务信息可以做到进一步优化服务资源，同时对现有服务进行评价，从而提升服务质量。第三，通过互联网能够搭建一个完善的养老服务平台，通过平台对整个养老产业链条进行管理，同时也能够为老年群体提供不同的选择，让他们能够根据自身情况挑选最理想的养老服务；第四，互联网的应用也能够为养老产业吸引更多的从业人员，解决当前养老产业中人才缺乏问题，以此进一步促进养老产业的发展。② 互联网+社区养老模式已经成为我国养老产业发展的未来发展趋势。

政府购买与非营利性组织参与的社区养老模式。随着社区居家养老在社会分工细化、家庭结构变迁、社会流动性增大的背景下，已成为社

① 郭田田，姜建斌：《对社区养老问题的探讨》，载《湖北函授大学学报》2018 年第 1 期。

② 毛娟娟：《湖南互联网+社区养老模式的发展现状、机遇》，载《现代经济信息》2018 年第 1 期。

会化养老的一种重要模式，顺应这一趋势，应以需求导向拉动养老服务多样化、专业化、产业化，为此应建立政府、市场、家庭三方密切合作的服务模式，解决社区养老服务公共设施供给不足和突发事件应急处置衔接机制不协调问题，突破信息失灵、制度供给衔接配合理念观念等方面的障碍；在市场拉动养老资源优化配置的基础上，发挥政府宏观调控导向作用，整合社会资源向养老服务产业流动，形成家庭与社区优势互补、社会资源广泛参与、政府完善应急处置制度供给的需求导向型社区居家养老模式，在满足老年群体养老服务需求的过程中，重点解决特殊老年群体的特定服务需求，提升社区养老服务的功能与品质。

共享经济模式的社区养老模式。由于我国养老服务行业面临着公共服务体系不健全和大量公共或私营资源闲置浪费的问题，因此运用共享经济理论整合闲置社会资源发展养老服务显得尤为重要。在武汉市有过“一键通”的社区养老服务模式，但是其在实施过程中却困难重重，虽然共享理论在社区养老服务行业具有可行性及发展可能性，但是遇到的障碍还需要一步步解决。我们力求在追求养老公平的理念下，以共享经济模式保证社区养老的可得性、便捷性、经济性，构建适合老年人养老的服务方式和体系。

二、湖北省城市社区养老的建设历程与经验

（一）湖北省城市社区养老的建设历程

湖北省作为人口率先进入老龄化的大省，一直重视养老问题，在社区养老政策出台以前，已经有不少社区在积极探索养老新模式。武汉市在 2010 年提出构建“10 分钟养老服务圈”，大力拓展社区居家养老。其中，百步亭社区居家养老工作的开展全国闻名。经过近 20 年的探索，百步亭社区充分利用公共服务、市场服务、志愿服务等多方力量，推出了日托制“托老站”、社区内“互助合作”养老服务、社区全托制“养

老院”三种服务模式，为居家老年人开展生活照料、家政服务、康复护理和精神慰藉等各种服务。该社区 90%以上的老年人，都是选择居住自己家中，由社区提供全方位养老服务。

2012 年 12 月 29 日，湖北省出台《加快发展城乡社区居家养老服务的意见》，全面部署全省城乡社区居家养老服务工作。随后，各部门先后出台了《湖北省人民政府关于加快发展养老服务业的实施意见》《关于支持社会力量发展养老服务业的实施意见》《关于开展城乡社区居家养老服务中心社会化运营的指导意见》《关于加快推进养老服务体制机制改革创新的通知》等文件，为推进社区居家养老服务提供政策支持。自 2013 年以来，每年都将城乡社区居家养老设施建设列入省政府“十件实事”。在政府的大力推进和支持下，社区居家养老服务工作取得了可喜的成绩。截至 2015 年年底，全省共建立城乡社区居家养老服务中心 8345 个。

近年来，湖北省按照因地制宜、分类指导、培育典型、点面结合的思路，统筹推进社区居家养老服务体系建设。截至 2017 年年底，全省城市社区居家养老服务设施覆盖率达 84. 2%，农村老年人互助照料活动设施覆盖率达 47. 3%。湖北省在城市社区养老建设方面主要体现在以下五点：

第一，顶层设计完善政策创制。湖北修订老年人权益保障法实施办法，先后出台《湖北省人民政府办公厅关于加快发展城乡社区居家养老服务的意见》《省人民政府关于加快发展养老服务业的实施意见》《省人民政府办公厅关于全面放开养老服务市场提升养老服务质量的实施意见》、省民政厅等十部门《关于支持社会力量发展养老服务业的实施意见》、省民政厅等六部门《关于加快发展社区养老院的意见》等系列文件，省政府发布《湖北省老龄事业发展和养老服务体系建设“十三五”规划》，明确到 2020 年城市社区居家养老服务全覆盖，农村互助照料服务覆盖率达 60%以上，每个县（市、区）至少有 1 个老年宜居社区，初步建立综合为老服务信息平台，依托“互联网+”，实现

80%的街道、60%的社区接入“互联网+”云平台，为老年人提供优质便捷的服务。

第二，多维发力构建保障体系。在设施建设方面，比照公益性养老机构优先安排城乡社区居家养老设施建设用地，新建城区和新建居住区则根据规划要求和建设标准，配套建设养老服务设施，并与住宅同步规划、建设、验收、交付使用。在税费减免方面，对非营利性社区居家养老实体所得收入，免征企业所得税；公益性单位开办的非营利性社区居家养老实体，利用自有房产从事养老服务的，按规定免征房产税、城镇土地使用税；经工商部门登记的社区居家养老服务实体，享受相应的税费优惠政策；非营利性社区居家养老服务实体用水、用气等价格按当地居民用水、用气价格执行。在补贴制度方面，多部门联合出台《关于全面建立经济困难的高龄、失能等老年人补贴制度的通知》，省级财政专门增加预算资金 5000 万元转移支付下拨各地，要求到 2018 年年底，全省经济困难的高龄、失能老年人补贴覆盖率达 50%以上。

第三，分类施策推进设施建设。湖北省重点实行“四个依托”，即依托城市社区建设养老服务设施，依托社会力量建设养老服务设施，依托农村中心户建设农村老年人互助照料活动中心，依托现代信息技术手段建立居家养老服务信息网络和服务平台。在城市，全省初步形成政府投资兴建、社会实体投资建设、开发商配套提供房屋、利用社区闲置房屋改扩建、驻区单位无偿提供、社区养老机构开门办院等多种建设模式。在农村，初步形成村委会筹资兴建、由村闲置小学改建、利用或改建村级房屋、中心户提供富余房屋、利用农户开办的小超市、设在空巢老人家中、利用乡镇福利院兴建等多种建设模式。

第四，先试先行探索运营机制。湖北省多部门联合出台《关于开展城乡社区居家养老服务社会化运营的指导意见（试行）》，提出将乡镇（街道）作为社会化运营的委托主体，专业养老服务机构、服务型实体等作为承接主体，采取购买服务、自助运营、协议托管三种模式，推进社区居家养老服务中心社会化运营。出台《关于加快推进养老服务体制机制改革创新的通知》，鼓励社会组织、企业和个人在社区兴办小微老年人日间照料中心和服务组织，依托热心老年人家庭建设邻里互助中心，引导各类养老机构开门办院，支持和参与社区居家养老服务。支持嵌入式社区养老院通过改造和增配服务设施，兼具社区日间托老、全托养护照料、短期托管以及为社区老人提供配餐送餐、医疗康复护理等居家养老上门服务等功能，实现机构、社区、居家养老服务一体化发展。

第五，以点带面层层试点示范。湖北省出台的《关于着力培育发展示范性城乡社区居家养老服务中心的指导意见》，明确了示范性城乡社区居家养老服务中心的建设标准和服务管理标准。2016 年以来，省级福彩公益金每年支持 20 个县（市、区）开展省级示范性城市社区居家养老服务中心创建，每地补助 50 万元；支持 10 个县（市）开展省级农村幸福院建设试点，每地补助 100 万元。要求城市社区按照“四有”标准（有足够的活动场所、有提供助餐的老年食堂、有养老服务社会组织提供养老服务、有专业团队开展社会化运营）开展示范创建。农村幸福院试点建设则充分利用搬迁扶贫、农村危房改造、新农村社区建设等契机，整合资源，兴建具有日托和全托功能的养老服务设施，为农村高龄独居、空巢和留守老人提供抱团养老。

目前，湖北省已初步形成多种可复制、可推广的社区养老模式。全省社区养老院发展模式，即依托社区兴建嵌入式小型非营利性养老机构，主要面向社区及周边中、低收入失能半失能老人提供日托和全托护理服务。武汉市“互联网+居家养老服务”模式，即以“互联网+”为主线，形成社区嵌入、中心辐射、统分结合“三位一体”的“互联网+居家养老”新模式，开展助餐、助洁、助医及远程照护服务。随州市“两室联建、医养结合”模式，即统筹推进农村老年人日间互助照料中心和村卫生室“两室联建”模式，解决农村空巢老人的日间照料和看病就医问题。蕲春县农村幸福院建设模式，选择在留守老人较多、经济条件较好的中心村，利用村闲置资源，通过整合扶贫搬迁资金、农村危房改造资金以及村集体出资、社会捐助筹集资金等，统一规划建设农村幸福院。

（二）湖北省城市社区养老的建设经验

1. 政府的作用

政府在社区居家养老项目建设中发挥指导作用，提高政府工作人员在社区养老项目建设中的专业化水平和职业素养，加强社区养老项目建设相关的干部队伍建设对于提高社区养老服务的水平具有重要意义。

通过对湖北省武汉市、黄冈市、咸宁市、襄阳市和宜昌等城市相关工作人员的访谈得知：目前政府对志愿服务人员的水平和服务中心工作人员的水平等都作出了相应的规定。

开展志愿服务活动，应建立志愿服务队伍，每月组织志愿者为社区老年人提供志愿服务，建立志愿奖励机制，引导社区老年群体参与志愿服务。在项目团队所走访的社区中，汽发社区在社区志愿服务中表现得尤为突出。该社区根据老年人年轻时的职业以及现在的年龄，将其划分为不同的志愿服务队伍，使每一位老年人在志愿服务中都能做自己擅长的事情，尽最大的能力去帮助其他人。

对于社会化示范社区老年人服务中心应该配备和开展服务相适应的管理人员、专业技术人员和服务人员，其中专职工作人员不少于 3 人，提供全托服务的，至少要有 2 名以上的专业护理人员，护理人员与老年人最低配比白天为 1∶10，夜间 1∶20，护理人员应该持证上岗。

对于政府工作人员的工作也进行了部署，主要表现在以下几个方面：

建立政府领导、部门协同的试点工作小组。该工作小组的建立既可以依托已有的老龄工作委员会或养老服务体系建设领导小组开展工作，也可以成立专门的社区养老服务改革试点工作领导小组，领导小组的办公室设在民政部门。领导小组需要召开专题会议，研究推进居家和社区养老服务改革试点工作。

建立由相关部门、相关专业人士参加的省级层面试点工作专家指导或督促小组。该小组每年至少开展两次以上督促指导工作。及时保质完成民政部、财政部交办的相关督促指导任务。

开展试点地区特殊和困难老年人筛查摸底工作。通过筛查摸底掌握试点地区高龄、失能、贫困、计划生育特殊困难家庭、空巢等特殊和困难老年人的数量分布，以及其居家和社区养老服务需求等基本情况。有条件的地区可以对试点地区所有的老年人开展相应的调查，并建立动态数据库。

对志愿服务人员、服务中心工作人员和政府工作人员的水平及工作都进行了进一步的规范和部署。这就从整体上提高了社区养老项目建设队伍的素质，对具体的项目建设大有裨益。

2. 社区的定位

在社区养老项目的建设中，社区除了要完成和养老服务机构、企业、组织之间的对接，还要通过自己所拥有的资源来改善社区的养老基础设施和丰富老人们的暮年生活。在走访的建新社区、三清社区、航运社区中有一些在传统节日会组织社区的老年人自行编排各种各样的节目来进行展示。除了通过每年的财政拨款来对社区的基础设施进行建设之外，社区自身也会拿出一部分资金用于对基础设施的建设。比如建新社区的社区大舞台，都是在原有社区规划的基础之上后期进行改建的。而对于没有和社会组织合作的社区，也会应用现有资源尽量保证社区基础的养老设施配备齐全。比如航运社区的老年人活动中心。

3. 市场的建设

社区养老服务市场化是采取将社区养老服务与政府支持、社会参与等相结合的发展方式，旨在为老年人创造更好的养老环境，多方面、全方位地实现养老服务的发展。把社区作为主要载体，通过政府扶持、社会参与、市场运作的方式，充分整合社区资源为老年人的养老提供全方位的支持已经成为一种趋势，出现了社区养老服务的多元合作治理新模式。

而武汉作为社区和居家养老服务改革试点获得第一批中央划拨财政7000万元，积极推动社区老年人活动中心社会化运营，促进老年人服务中心的标准化建设并下发指导意见，其中指出场所设置的规定和服务功能，功能包括建立居家老年人基础信息管理平台、建立线上居家养老综合信息服务管理平台、具备条件的提供助餐服务的“老年人食堂”或厨房、建立托老中心、设置基本医疗体检设备、建立康复护理室、丰富娱乐活动、开展志愿服务活动、配置服务人员、规范收费标准等多项。

三、湖北省城市社区养老建设中存在的问题

我省是老龄化水平比较高的省份，养老问题是我省面临的重要问题，对于深化改革，维持社会稳定具有重要的意义，但是由于社区养老制度本身发展不成熟等因素，社区养老面临着投入金资缺乏、人力资源不足、服务设施不完善、服务主体法律地位不明、养老用地无法律保障保障、法律法规供给不足等问题。

（一）社区投入资金缺乏

资金不足不仅是制约社区养老的重要因素，也是社区建设的一个共性问题。一般来说，社区资金主要来源于政府和社会集资。目前，社区养老的开展大多依赖于上级资金的支持，缺乏自身发展的能力。但由于政府补贴标准偏低、社会集资来源不稳定，所以常常面临资金不足的尴尬局面。因此即便社区养老政策不断完善，也难以顺利运行。社区养老服务应做到医疗护理、生活照料和精神慰藉，使老人的物质需求和精神需要都得到满足，而且，社区承担的任务比较繁杂，

加大了社区投入资金的压力。由于社区养老长期缺乏足够的资金保障，社会力量不足及自身条件的限制，使得社区服务者的服务质量大大降低，为老年人提供的服务内容和方式过于单一，不能够满足老年人的需求。

（二）社区人力资源不足

社区中有两种主要的服务类型：一种是有偿服务提供者，另一种是无报酬的志愿者。但是对于有偿服务者，社区并不能提供较高的工资以满足其需求，使得有偿服务提供者不能积极参与到社区服务队伍中来，社区基层医疗服务无法得到改善。对于无报酬的志愿者来说，在社区里，即使志愿者为社区提供的服务是免费的，但由于志愿者的流动性和不稳定性等原因，有时只能选择在节假日等参加社区服务，这将不可避免地成为社区护理服务的障碍因素，也难以为社区提供及时、全面、优质的服务。同时，来自各行各业的志愿者在专业知识方面有一些不同，缺乏专业的社区服务能力，由此一来，很多志愿者没有固定的服务体系，使得一部分志愿者也脱离了队伍建设。

（三）社区服务设施不完善

社区养老的目的是为了满足老年人的需要，为老年人的健康提供医疗和保健服务，以及丰富老年人精神和文化生活。但在现实中，很多基础设施都是由政府投资引进的，由于政府资金不足，社区场地、资源往往规模小、条件差，很难获得发展。其次，社区养老服务是一件十分复杂的工作，社区内专门针对养老服务的设施并不规范，如有些基础设施并没有考虑到老年人行动不便等因素，也存在单一简陋的问题，忽视了老年人的身体健康。此外，当前我省社区养老机构大多数都只是为了满足老年人的基本生活需要，对于老年人的精神文化需求服务相对缺乏，这使得大部分的老人没有了精神生活和交流，生活单调无味。①

通过对湖北省武汉市、黄冈市、咸宁市、襄阳市和宜昌市等 14 个城市社区进行实地调查，发现湖北省城市社区养老建设过程中存在满足老年人的物质生活需求而忽视了老年人的精神需求、社区养老服务的供求严重不平衡、社区提供的养老服务普遍难以使老年人非常满意等问题，具体表现在以下调查数据中：

表 7 **已享受的社区养老服务**

选项	人数	占比
A. 料理家务	14	20.59%
B. 协助购物	4	5.88%
C. 免费体检	37	54.41%
D. 陪同看病	13	19.12%
E. 老年食堂	28	41.18%
F. 组织出游	8	11.76%
G. 其他服务	1	1.47%

表 8 **生活中的不便**

选项	人数	占比
A. 吃饭不方便，生活没有人照料	11	16.18%
B. 就医不方便，没有定期体检	17	25%
C. 朋友不多，感到孤独	11	16.18%
D. 经济困难，无力承担各种费用	12	17.65%
E. 身体健康状况差	21	30.88%
F. 无所事事，闲得无聊	6	8.82%

① 郭田田，姜建斌：《对社区养老问题的探讨》，载《湖北函授大学学报》2018 年第 1 期。

表 9　**生活由何人照顾**

选项	人数	占比
A. 配偶	11	16.18%
B. 子女	9	13.24%
C. 保姆或钟点工	2	2.94%
D. 社区养老服务	16	23.53%
E. 生活能够自理，无需照顾	30	44.12%

表 10　**需要哪些养老服务**

选项	人数	占比
A. 家政服务	10	14.71%
B. 提供餐饮	21	30.88%
C. 聊天解闷	11	16.18%
D. 文化娱乐	12	17.65%
E. 医疗保健	29	42.65%
F. 其他服务	0	0

表 11　**养老服务能否满足需求**

选项	人数	占比
A. 供大于求，服务周到	25	36.76%
B. 供求平衡，差强人意	20	29.41%
C. 供不应求，有待加强	23	33.82%

表 12　**是否有社区养老服务**

选项	人数	占比
A. 有	35	51.47%
B. 没有	23	33.82%
C. 不清楚	10	14.71%

表 13 **对社区养老的了解程度**

选项	人数	占比
A. 非常了解	8	11.76%
B. 了解	18	26.47%
C. 基本了解	23	33.82%
D. 不了解	13	19.12%
E. 完全不了解	6	8.82%

表 14 **最理想的养老方式**

选项	人数	占比
A. 家庭养老	31	45.59%
B. 社区养老	9	13.24%
C. 社会机构养老	14	20.59%
D. 社区居家养老	10	14.71%
E. 其他	4	5.88%

表 15 **政府和社区的表现**

选项	人数	占比
A. 做得很好，成效显著	19	27.94
B. 做得还行，差强人意	17	25%
C. 做得一般，尚待加强	18	26.47%
D. 做得不好，亟待改善	14	20.59%

表 16 **是否满意现在的养老方式**

选项	人数	占比
A. 非常满意	12	17.65%
B. 满意	20	29.41%

续表

选项	人数	占比
C. 基本满意	23	33.82%
D. 不满意	10	14.71%
E. 非常不满意	3	4.41%

(四) 养老服务主体法律地位不明

在我国，养老服务的主体主要有三种类型，第一种是参与家庭、社区、居家养老服务的社会组织，其拥有国家政策的扶持，是提供养老服务的最重要的力量，但是社会组织结构复杂，在我国尚未具有明确的定性；第二种是志愿者服务组织，能够深入老年群体开展活动，既能丰富老年群体的娱乐活动也能切实了解老年群体的需求，承担着上情下达、表达诉求的作用；第三种是提供养老服务的民办非企业单位，这也是广泛存在的一种养老服务的模式，如民办非企业单位投资的老年公寓、养老院、老年护理院、养老服务中心、社区老人照料中心、日间照料中心等。其享有在规划、建设、税费减免、用地、用水、用电等方面与政府办社会福利机构一样享受同等待遇。

养老服务的重要主体是社会组织，社会组织是在政府的扶持下，号召广泛的社会力量的参与，有大量养老资金的投入，形成了我国养老服务的一支强大力量。社会组织在提供养老服务的过程中，总结经验，提出老年工作的意见和建议，对老年服务政策和相关法律法规的完善中起着重要的作用。帮助老年人维护自身权益，是老年人生活需要的传送纽带，能够起到上情下达双向沟通的作用，起到了老年人的诉求代言者的作用。社会资助协调了养老企业主体之间、政府与养老企业主体之间、老年群体与政府与养老企业主体三者之间的关系，它能够促进国家社会养老服务体系的建设，起着协调各方的重要作用。

从事养老服务的社会组织由于其自身的特性区别于我国民法规定的

几种法人形式。在民法的法人制度中，存在着企业法人、机关事业单位法人、财团法人三种法人形式，但是社会组织不属于其中任何一种形式。社会组织的非营利性使其区别于企业法人，社会组织不具备公权力使其区别于机关法人，在范围上，社会团体法人的范围小于社会组织的范围，社会组织的范围更为广泛和复杂。

我国尚未形成一套系统的关于对政府扶持下提供养老服务的社会组织的法律法规体系。也正是由于缺乏相关法律依据，导致政府在购买养老服务中出现了各种问题，如准入门槛不明、服务质量参差不齐、对资金的使用缺乏监管、各方利益难以平衡，最后导致了政府购买养老服务项目难以健康发展。只有明确养老服务社会组织的法律性质，确定其权利义务，才能让社会组织在提供养老服务的实践中有法可依，解决实际运行和监管的问题。

（五）养老用地无法保障

城市集体土地中养老服务设施用地存在性质不明和用地不足的问题。在我国城乡规划领域并没有养老产业用地这一块的相关规定，这使得早已经做起来的养老产业所使用的土地性质不明，经营存在风险，从长远来看也容易诱发短期投机行为，侵害老年群体的权益，使得已经存在的这部分养老产业不能健康发展。在用地上，对于农村集体所有的土地，根据我国法律规定，农村集体所有的土地使用权不得出让、转让或者出租用于非农建设。① 对于城市集体所有的土地，2014 年国土资源办公厅印发的《养老服务设施用地指导意见》中对养老服务设施用地又做了限制性的划分，养老服务设施用地的范围包括专门为老年人提供生活照料、康复护理、托管服务的房屋和场地设施占用土地，具有商业性的老年人娱乐场所不在此规定范围之内。

---

① 于兆波，连昱超：《保障公民居住权的国家法治对策》，载《法学杂志》2011 年第 10 期。

国有土地养老服务设施用地没有以上的限制，但是存在多方法律关系不明的问题。国有土地开发养老主要依附于房地产开发，存在三种不同的模式。第一种是社区内的养老服务中心，即在社区内建设老年公寓和老年活动中心，基础设施建设在社区内。第二种是以养老为主题的综合社区，普通住宅与养老住宅共同销售。第三种是纯养老社区。多由地产商与保险商共同打造，同时涉及旅游地产与养老地产的混合开发。这三种模式都涉及了多方法律关系，第一种社区内的养老服务中心的模式中，养老用地资源稀缺，使得许多社区老年人活动中心、日间照料中心是经过置换、租赁、改建、插建形成。房屋产权、使用权有多方利益相关方的涉及，法律关系复杂。如果对房屋进行改造，如增加电梯、增加路面防滑装置、增加楼梯、卫生间安全扶手等养老必需的基础设施，会涉及建筑物区分所有权法律关系、房屋承租人与出租人对装饰装修物的法律关系。即需要养老机构服务者与出租者之间的协调、还需要与小区业主之间协调。在第二种以养老为主题的综合社区的模式中，涉及开发商、销售商、普通住宅购买者、养老住宅购买者或承租者之间的法律关系。在普通住宅与养老住宅共同开发中，我国对其开发比例没有明确具体的标准，由于企业的趋利性，有的开发商打着养老开发的名义吸引消费者，但以普通住宅用地占用养老住宅用地比例，使得养老住宅占比不足，还存在二者混合销售，功能不做明显划分的问题。第三种是纯养老社区，多由地产商、保险商共同打造，同时涉及旅游地产与养老地产的混合开发。这种模式存在于气候宜人、适合疗养居住的地方，老年群体具有流动性。纯养老社会的选址多数在风景优美、地处偏远的地方，而旅游资源、养生资源、医疗资源该怎么配备，以及针对大众的旅游服务、专门的疾病疗养服务和专门的养老服务的区分，我国现有法律没有对此作出比较系统的规定。

（六）法律法规供给不足

我国《宪法》规定“中华人民共和国公民在年老、疾病或者丧失劳动能力的情况下，有从国家和社会获得物质帮助的权利。国家发展为公民享受这些权利所需要的社会保险、社会救济和医疗卫生事业”，这一规定赋予了公民有社会养老的权利。①《老年人权益保护法》是宪法所赋予公民社会养老权利的具体实现途径。随着人口老龄化的加剧，我国的养老政策也对社会组织、多种形式的机构参与养老服务进行鼓励支持和引导，整体上受着《民法总则》《刑法》《合同法》《婚姻法》《行政法》《中华人民共和国城市居民委员会组织法》等众多法律制度的调整。

如前文所述，社会组织、养老服务提供者等之间的法律关系复杂，由于没有可供参考的法律依据，实践中出现了重重困难。例如缺乏关于参与社区养老服务的社会组织的准入门槛、服务质量标准、监管制度，导致的政府购买养老服务项目实施中的困难。缺乏城市社区养老服务用地的建设标准，基础设施建设与相邻权之间的冲突难以解决。缺乏相应的技术型规范，如在对失能半失能老人的看护上，看护人员看护资格和看护责任如何确定，养老服务提供者所提供的疗养环境、专业医疗护理人员的配备、医疗护理设备的配置、服务项目（床位、伙食、医疗、取暖、生活护理）等没有评定的标准，导致部分失能半失能老人被疏于看护，生存质量并不高。

综上可知，目前能够指导城市社区养老所涉及的各方主体权利义务划分和具体运行的法律并不多，一些分散的地方性法规和地方政府规章也并不能对参与社区养老各方主体形成一套统一完善的法律制度。

四、完善湖北省城市社区养老建设的法律对策

城市社区养老是一种新方式养老，这完全适应我省人口老龄化的客

---

① 赵磊、刘文华：《社会保险法律规制研究》，载《中国劳动》2018年第1期。

观要求，但法律供给的不足也在很大程度上制约了城市社区养老的顺利发展。因此，我省必须加快养老体制改革，建立筹资渠道、丰富资金来源，组建服务队伍、加强专业技能，完善硬件设施、注重精神服务，进行准确定性、完善管理监督，加强土地保障、动员多方参与，完善法律法规、规范社区养老，以政府为主导，发挥其基础作用，努力调动社会各界积极性，建立以社区养老为主的服务体系。

（一）建立筹资渠道，丰富资金来源

当今社会，保障老年人的养老问题是现代政府义不容辞的责任，而解决社区养老问题的关键就是筹集资金，资金是一切资源的支撑。为此，建立多元化的社区养老筹资渠道，丰富资金来源是十分必要的。首先，加大政府财政支持力度，完善补贴标准体系，设立社区养老专项基金，把经费列入政府财政预算，确保社区养老的顺利发展，加大对社区养老的财政支持力度，解决目前资金来源不固定、服务补助标准明显偏低的问题。其次，社区养老服务可以尝试一些新方式，依法适度引入社会资本，兼顾投资者的公益和微利性的规范和保障体系，通过市场机制减少对国家财政补贴的过度依赖。最后，通过税收激励和声誉授予等方式多途径为社区养老筹集资金，鼓励养老服务机构、社会团体、企事业单位和个人向社区捐赠服务或提供志愿服务。总之，要从法律层面解决多方面、多层次筹资引导和激励机制问题。

（二）组建服务队伍，加强专业技能

社区服务团队和社区必须相互支持，建立社区服务团队，将专业人员和志愿者结合起来。依据 2017 年 12 月开始实施的《志愿服务条例》开展社区志愿服务以及与志愿服务有关的活动。一方面，我们应加强志愿者服务队，优化志愿者服务人员结构。国家应建立合理有效的激励措施，将社区志愿服务纳入高校学分，吸引更多的大学生投入到志愿服务中，这更有利于激发大学生参与志愿服务的积极性，各个高校同时开设

志愿者服务活动，招募更多的大学生自愿参与到社区服务中来，提高社区服务的文化氛围的同时，提高自身的人生观、价值观，积极扩大宣传来传播社区志愿服务的公益理念，优化服务人员结构，使不同年龄、不同层次的人更加了解社区护理服务的重要性。另一方面，社区服务人员要走专业化的道路。社区养老服务的质量对于社区养老的发展尤为重要，所以，要提高在职社区服务人员的专业素质，不仅需要社区制定专业的培训机制，国家也应该鼓励发展专业技术教育，提高社区服务质量，为社区养老服务提供源源不断的后备服务。建立一支专业有效的服务队伍，有利于组织社区老年人开展各种社区活动，为社区老年人提供及时的帮助，提高服务效率。

（三）完善硬件设施，注重精神服务

完善硬件设施，注重社区养老精神服务，注重社区关怀服务。在物质层面上，通过政府财政预算，统筹规划，安装一些适合老年人的基础设施，尤其是医疗康复设施建设，定期可以安排一些健康讲座等，及时关注老年人的健康问题。在精神层面上，社区养老机构应为老年人提供专业化的心理养老服务，定期举行一些娱乐活动，各个社区也可以举行联谊活动，这更有利于老人精神服务方面的提升。“精神服务”不仅仅是所谓的娱乐，更重要的是老人能从思想、文化、道德等方面都有所满足与提升，使老人的幸福感有所提升。此外，要建立新的社区阅览室、电视、音像书籍、报纸等，让社区老年人能够享受到阅读服务便利的同时，更能感受到文化对于个人的提升。

（四）进行准确定性，完善管理监督

第一，从社会组织广泛的社会性和对养老服务的功能性出发，对社会组织的定位进行完善。从而进一步明确参与养老服务的社会组织在各个环节中的权利义务、法律责任、法律关系、监管体制。第二，确保社会组织享有在养老服务环节中的参与权、协调权、评估权、自主权，承

担在社会养老服务体系中的义务即提供养老服务、维护老年群体权益。第三，严格监管，养老资金使用情况做到公开透明化、服务能够接受群众的监督。同时提倡社会组织的自我管理和自我监督，加强社会组织所提供的养老服务的定期评审，促成行业协会的成立。

（五）完善城市规划，提供用地保障

由于城市社区人口密集、土地资源紧张和养老用地范围的限制、房屋租金高昂、养老扶持资金有限，在社区养老环境下难以形成规模化、集约化的养老服务设施。解决这一问题，必须从城市规划入手，建立与老龄化和社区养老形式相适应的规划体系，在住房建设、交通、公共休闲绿地和广场等方面适应社区养老的需求。在具体实施和建设上，应鼓励民间资本的投入、动员广泛的社会力量参与养老设施的建设，鼓励工业用地中闲置的工业厂房作为养老设施用地，既可以不改变其原本的土地用途，又可以将资源进行合理利用。同时需要政府介入协调各方关系、也需要国家政策的扶持如对养老用地基础社会的资金支持、对建设老年人活动中心等的租金的补贴、对涉及老年人基础设施行业的税收优惠，等等。

（六）完善法律法规，规范社区养老

政府政策的扶持固然重要，但在具体的运行中，有众多需要关注的细节，每一项社区养老项目的实施都会需要各种标准进行衡量，只有提供一套权威有效的法律规范，才能保障老年群体社会权的真正落实。社区养老的服务标准、养老设施用地的比例和养老住宅用地标准、社区养老各种模式根据实际情况的不同应配备的专业医疗护理人员、医疗护理设备、看护人员资格的确定都应有一套可供参考的法律规范。

走出老年困境，需要相关主体共同努力，配套法律规范能够解决实践中遇到的问题、严格监管确保社区养老的健康发展，最终才能确保老年群体社会养老权益的实现。

五、结论

随着社会经济的进一步发展，人口老龄化加剧，城市社区在养老建设中的地位和作用日益凸显，城市社区养老建设的发展至关重要。在实践调查过程中，项目团队从现实和理论背景两方面着手，通过了解湖北省城市社区养老的建设历程和经验，发现湖北省城市社区养老建设存在社区投入资金缺乏、社区人力资源不足、社区服务设施不完善、服务主体法律地位不明、养老用地无法律保障保障、法律法规供给不足等问题，并提出了要建立筹资渠道、丰富资金来源，组建服务队伍、加强专业技能，完善硬件设施、注重精神服务，进行准确定性、完善管理监督，加强土地保障、动员多方参与，完善法律法规、规范社区养老的建议。项目团队相信，这些建议既有利于优化社区养老各主体发挥养老建设的能力，又有利于协调多方关系，提高整体效率，最终改善湖北省城市社区养老的现状，提高老年居民的生活质量和幸福指数。

【城市治理执法与司法】

论我国警察盘查程序的正当化①

刘　晶*

【摘要】盘查过程中的盘问、检查、留置等措施易侵犯人权。实践中我国警方随意开启该程序，带走相对人以及对其施加过度的强制力，舆论压力较大。我国盘查程序与行政传唤适用依据、适用对象完全不同，盘查程序定位为刑事侦查前程序较为科学、务实。在此基础上，中美两国就该程序的发展历程大致相似，因此可以借鉴美国经验，从启动标准、强制力范围、人权保障等方面对其进行正当程序规制。

【关键词】盘查　行政传唤　美国经验　正当化

在警察日常的勤务活动特别是街面巡逻中，可能会发现违法或者犯罪行为，此时，基于打击犯罪和维护社会治安的天然使命，警察可能拦截嫌疑人并对其盘问、检查、搜索携带的物品。当场无法调查清楚的，警察还可以将嫌疑人带到警局留置盘问，此即盘查程序。据统计，北京从 2004 年 7 月到 2005 年 5 月，仅通过在地铁内的巡逻盘查，便查出治安案件 8000 余件，刑事案件 10 余起；治安拘留 900 余人，刑事拘留 10

---

①　本文为 2012 国家社会科学基金青年项目“刑事程序法的功能研究”（项目批准号：12CFX044）的阶段性成果。

*　刘晶，女，法学博士，湖北大学政法与公共管理学院副教授，硕士研究生导师，主要研究方向为诉讼法学与刑事司法改革。

余人。① 毫无疑问，盘查具有维护社会治安、查禁犯罪活动的天然功效。但是，盘查中的强制措施特别容易侵犯人权。2003 年 2 月 17 日，博士后贾某某被上海市公安局无端限制人身自由 11 小时②。2016 年 5 月 7 日晚，雷某被北京市昌平区公安分局强制带离现场后死亡。③ 警方的盘查行为是一种什么性质的权力？盘查程序有无明确具体的启动标准？实践中部分警察为何能够滥用该权力“抓捕”或“搜查”任何公民？警察权力运作的随意性难免不让人心生警觉。在中国现实的司法改革中，警察执法方式的法治化转型是我国实现司法改革目标的关键标尺，盘查程序的正当化有利于我国警察执法方式的法治化。

一、我国盘查程序的立法缺陷与实践状况

（一）立法缺陷

1. 没有明确的启动标准

我国立法一再强调留置盘问的前提是相对人有“犯罪嫌疑”或者“违法嫌疑”，但是如何认定“嫌疑”，相关立法、行政解释和部门规章均没有任何规定，实践中几乎全凭警察主观判断，只要警察出示证件，就可以当场盘问、检查任何公民及其携带的物品。

2. 强制措施的实施没有边界

《公安机关人民警察盘查规范》第 11 条规定：“对拒绝接受检查

① 张美琳、胡志风：《留置盘查的法律适用问题探讨》，载《中国律师》2012 年第 1 期。

② 胡杰：《博士后未带身份证被警察扣押，状告警署获胜诉》，载《新京报》2003 年 12 月 2 日。

③ 参见 http://weibo.com/2194102360/DvYy29g2u?type=comment#_rnd1473235071867，2018 年 8 月 15 日访问。

的，民警可依法将其带回公安机关继续盘问。”警察在带走嫌疑人的过程中，难免要对其施加强制力，这个环节最易侵犯人权，我国立法却没有任何限制警察权的条款和解释，盘查行为是否“适当”完全由警察自己判断。①

3. 被盘查人缺乏必要的救济性权利

一方面，嫌疑人面对警察的强制盘问只有如实回答的义务，没有沉默权，稍有申辩，就可能成为“拒绝接受检查”的理由，警察可强制将其带走；另一方面，根据《中华人民共和国国家赔偿法》第3条的规定，警察违法限制公民人身自由，殴打、虐待、违法使用警械造成公民身体伤害或者死亡的，受害人有取得赔偿的权利。但是，法律规定的赔偿数额相对较低，② 无法达到警示警察规范执法的效果。所以，嫌疑人在我国盘查程序中非常被动，沦为公权力打击的客体。

（二）实践状况

1. 留置盘问取代行政传唤

留置盘问是盘查过程中最严厉的强制措施。根据我国《警察法》第9条的规定，人民警察对有违法犯罪嫌疑的人员，当场盘问、检查后，发现其有犯罪行为、现场作案嫌疑、身份不明或者携带的物品可能是赃物的情况下，可以将其带至警局继续盘问。留置时间可以至48小时，警察在带走嫌疑人的过程中可以采取抓捕措施，类似刑事拘留或逮

---

① 例如，《中华人民共和国行政强制法》第5条规定：“行政强制的设定和实施，应当适当。”

② 根据《国家赔偿法》第34条的规定，侵犯人身自由的，每日赔偿金按照国家上年度职工日平均工资计算；造成身体伤害的，最高额为国家上年度职工年平均工资的五倍；造成死亡或者部分或全部丧失劳动能力的，总额为国家上年度职工平均工资的二十倍。

捕。行政传唤是公安机关要求违反治安管理嫌疑人在指定时间到达指定地点接受调查的一种行政强制措施，其适用依据是《治安管理处罚条例》，包括口头传唤、书面传唤、强制传唤三种类型。口头传唤由警察口头通知嫌疑人到指定地点，警察可以到其住处或所在单位进行询问；书面传唤需要经过公安派出所所长以上负责人批准；对无正当理由不接受传唤或者逃避传唤的人，才可以强制传唤，强制传唤的时间不得超过 24 小时。虽然留置盘问的对象包含了行政违法嫌疑人，但是其与行政强制传唤的对象完全不同。后者适用的对象限于行政违法人，先口头或者书面传唤后才能适用强制传唤，违法情节较轻，嫌疑人的主观恶性和社会危害性小于刑事案件，查证较为简单，甚至可以由公安机关打电话通知到案。而前者适用的对象往往是具有犯罪嫌疑的人员，或者虽然还处在行政调查阶段，但是极有可能转化为犯罪的违法嫌疑人。实践中，因为留置盘问对警察来说省时省力、权力幅度大，所以部分警察直接将传唤的对象变成盘查对象，甚至对当场查获的卖淫嫖娼、赌博人员也直接带到警局，混淆了两者适用范围的不同，严重侵犯了人权。北京雷某案件、上海贾某某案件，均体现了警察滥用盘查权。

2. 警察随意启动盘查程序

关于盘查程序启动的门槛，我国立法将其界定为“违法犯罪嫌疑”。但是如何认定该“嫌疑”，其证明标准与刑事立案的证明标准区别在哪？我国立法并没有任何规定和解释，实践中全凭警察主观判断，警察甚至无需任何实质理由即可盘查公民。以雷某案为例，2016 年 5 月 7 日晚 21 时左右，其离家前往北京首都机场。监控探头证据证实，21 时 04 分 18 秒，雷某来到龙锦三街，由东向西行走。自该街到足疗店，约 170—180 米，步行过来需时约 2 分钟。如果根据警方认定雷某 21 时 14 分走出足疗店的说法，雷某在短短 8 分钟时间内，完成了嫖娼行为。① 8 分钟内还要排除交易双方议价、脱衣、清洁和穿衣程序，这显然违背常理，警方认定的雷某嫖娼的嫌疑事实站不住脚，警方强制将其带离现场更缺乏合理依据。

3. 强制措施没有限度

盘查过程中的搜身、检查身体、留置盘问等措施均需要采取一定的强制力，易侵犯人权。然而，我国法律却没有对其任何限制。实践中，强制措施“适当”的标准完全根据警察自身的主观判断，部分警察随意适用各种警械和采取过量的强制措施。仍以雷某案为例，其被便衣人员挟持到伊兰特轿车上，跳车后又被三个人摁倒在地。随后又被架进伊兰特轿车 5—6 分钟。在伊兰特轿车中警员对其有无暴力行为，值得怀疑。最后在金杯面包车来到小区，两名警员将雷某架上该面包车时，有证人看到此时雷某已经双手瘫软，不会反抗。雷某家属 5 月 8 日凌晨在医院太平间和 13 日在北京市公安局法医中心尸检前，都看到雷某身上右额部被重击淤肿、阴部睾丸肿胀、右上臂、腰部、脸部都有严重伤痕，明显系暴力殴打形成。② 6 月 30 日，雷某尸检结果证明为“胃内容物吸入呼吸道致窒息死亡”③ 进一步证明警方的强制措施超出了必要的限度。

4. 留置盘问形式化，程序不规范

实践中，一些警员为了查证便利，随意留置嫌疑人。一些嫌疑人到了警局后，警察却只是简单地盘问一下，连盘问笔录都没有制作，把留置对象留置一段时间后释放完事，引发嫌疑人的抵触心理，以及通过诉

---

① 参见 http：//www. zhangzishi. cc/20160526kn. html，2018 年 8 月 5 日访问。

② 参见 http：//weibo. com/2194102360/DvYy29g2u? type = comment # _ rnd 1473235071867，2018 年 8 月 7 日访问。

③ 参见 http：//news. qq. com/a/20160630/037909. htm，2018 年 8 月 7 日访问。

讼渠道维权。上文上海博士后贾某某诉上海市公安局徐汇分局徐家汇警署案件就是如此。另外，嫌疑人被留置后，应当立即书面或者电话通知其家属或者单位，并作出记录。一些警察却怠于此项工作，引发家属对警察规范执法的怀疑。雷某案件中，按照警方的通报，雷某经抢救无效22时55分死亡（医院方面证实雷某在22时9分送来急救时，已无无生命体征），死后两小时才通知家属，而家属又反映雷某的手机定位信息被删，家属和公众对警方不信任的情绪无法疏解。① 在办案过程中，部分警察为了获得更长的办案时间，将刑事传唤、留置与拘传同时适用，或者先刑事传唤（拘传）后留置，这都是严重违法的。

二、我国盘查程序正当化的前提——盘查行为的科学定位

（一）我国盘查程序定位不明

我国盘查的概念来源于1995年的《中华人民共和国警察法》，该法第9条将盘查的对象明确限于“有违法犯罪嫌疑的人员”。② 当年《公安部关于公安机关执行〈人民警察法〉有关问题的解释》进一步将其细化为“形迹可疑、有违法犯罪嫌疑的人员”。③ 2004年公安部施行的《公安机关适用继续盘问规定》和2008年公安部印发的《公安机关

---

① 参见 http://www.360doc.cn/article/22010781_558381461.htm，2018年8月6日访问。

② 1995年《中华人民共和国警察法》第9条规定：“为维护社会治安秩序，公安机关的人民警察对有违法犯罪嫌疑的人员，经出示相应证件，可以当场盘问、检查。”

③ 《公安部关于公安机关执行〈人民警察法〉有关问题的解释》第一部分“如何理解、执行关于盘问、检查的规定”规定：“公安机关的人民警察在执行追捕逃犯、侦查案件、巡逻执勤、维护公共场所治安秩序、现场调查等职务活动中，经出示表明自己人民警察身份的工作证件，即可以对行迹可疑、有违法犯罪嫌疑的人员进行盘问、检查。检查包括对被盘问人的人身检查和对其携带物品的检查。”

人民警察盘查规范》均将其对象限于“违法犯罪嫌疑人员”。① 一般而言，“形迹可疑”就是相对人的衣着、神态、言行举止、携带物品等客观情况有悖常理；“犯罪嫌疑”则是相对人的行为有可能触犯刑事实体法。但是，对“违法”一词的解释则有难度。从字面含义理解，这里的违法性除了刑事违法性，还涵盖了行政违法性。公安部法制局局长柯良栋主编的《公安机关适用继续盘问规定释义与法律文书制作指南》认为，“所谓有违法犯罪嫌疑的人员，是指有合理理由被怀疑有实施某种违法犯罪行为的可能性但尚未被证实的人员，包括有违反治安管理嫌疑和犯罪嫌疑的人员。”②如此理解，则我国行政案件与刑事案件都属于盘查的案件范围，盘查程序的法律定位不明。原因在于我国警察负有广泛的维护社会治安职责，包括防止行政危害与预防犯罪之任务。况且，基层警察的盘查行为究竟是行政调查还是刑事侦查行为，在职务行为的初始阶段常常不易厘清。比如，指挥交通的警察发现某车呈 S 形驾驶，遂拦停该车，在车主摇下车窗后，嗅到酒精的气味，然后令嫌疑人吐气做酒精测试，以判断其是否涉及醉酒驾驶相关的罪名，否则就对车主按一般行政违法案件处理。

（二）我国盘查程序法律定位的争议及廓清

关于盘查法律性质的理论纷争并非毫无实践意义的话题，而是盘查程序正当化的前提。事实上，行政警察与司法警察执行任务时的方法极

---

① 《公安机关适用继续盘问规定》第 8 条规定：“对有违法犯罪嫌疑的人员当场盘问、检查后，不能排除其违法犯罪嫌疑，且具有下列情形之一的，人民警察可以将其带至公安机关继续盘问：（一）被害人、证人控告或者指认其有犯罪行为的；（二）有正在实施违反治安管理或者犯罪行为嫌疑的；（三）有违反治安管理或者犯罪嫌疑且身份不明的；（四）携带的物品可能是违反治安管理或者犯罪的赃物的。”《公安机关人民警察盘查规范》第 16 条关于盘查对象的规定与该条的内容完全重合。

② 柯良栋：《公安机关适用继续盘问规定释义与法律文书制作指南》，中国长安出版社 2004 年版，第 84—85 页。

为相近，行政警察在执法活动中除了发现一般的行政违法行为之外，还可能会发现一些犯罪线索，这时候需要对可疑人员、可疑物品进行拦阻盘问、核查身份、拍身检查、搜索物品，评估可疑人员的人身危险性，进而决定是否将其带到警局接受进一步的调查。也就是说，行政调查和刑事侦查程序中间存在灰色地带，该阶段警察的行为兼具行政行为和刑事侦查行为的双重特征。① 一些学者也认为在我国人口大迁徙的背景下，为了维护公共安全，及时预防、发现和控制犯罪，警察可以对可疑人员拦阻盘问、检查、搜索其持有物或车辆，进而将其留置。这是一种混合形态的权力，兼具有行政调查和刑事侦查行为的性质。② 因此也有学者根据盘查权的双重属性，主张构建盘查程序的双重立法模式。一是修订警察法，在警察相关的行政职能中完善盘查的具体行为规范如拦截、路检、临检等，并纳入行政复议或行政诉讼的调整范围；二是修订刑事诉讼法，将盘查纳入调整范围，法院审理案件中排除非法盘查所获取的证据。③ 上述主张具有一定的合理性，但是涉及刑事诉讼法、警察法以及行政法规的修订，修法成本太高，短期内似乎不太可行。还有学者认为警察的搜查、扣押、留置等行为事实上已经达到刑事强制措施的强制程度，主张我国盘查程序定位为刑事侦查前程序较为务实可行。④ 进而，有学者将盘查权定为一种与侦查权、技术侦查权、预审权、刑事强制权、刑事执行权等并列的一种刑事职权。⑤ 事实上，针对行政违法

---

① 参见林钰雄：《刑事诉讼法（上册）》，元照出版有限公司 2015 年版，第 437—438 页。

② 参见万毅：《论盘查》，载《法学研究》2006 年第 2 期；于凌云：《盘查程序与相对人的协助义务》，载《北方法学》2011 年第 5 期。

③ 胡建刚：《美国盘查制度研究》，载《中国人民公安大学学报》（社会科学版）2012 年第 3 期。

④ 安文霞：《对我国警察盘查法制化问题的理性检讨》，载《河南公安高等专科学校学报》2008 年第 4 期；姜松华：《留置盘问应纳入刑事诉讼强制措施》，载《陕西教育学院学报》2004 年第 1 期。

⑤ 惠生武：《警察法论纲》，中国政法大学出版社 2001 年版，第 156—157 页。

行为，我国《治安管理处罚法》第82条已经规定了传唤程序,[①] 盘查程序涵盖行政传唤有浪费司法资源之嫌，如上文第一部分所述，两种程序适用依据、适用对象完全不同。故而，本文主张我国盘查程序定位为刑事侦查前程序较为科学、务实。

三、我国盘查程序正当化的路径选择——美国经验

（一）我国盘查程序正当化的路径选择

鉴于盘查制度具有维护社会治安、辅助刑事侦查的天然功效，现代法治国家对其持肯定态度。不同的是，大陆法系国家较为强调警察对社会安全的整体控制作用，因此赋予警察较大范围的执法裁量权，其盘查程序兼具有行政执法与刑事侦查的双重特征，同时，出于对盘查行为本身易侵犯人权的忧虑，这些国家先由刑事诉讼法对盘查作出授权性规定，再由警察法对盘查启动的标准、强制措施界限等具体问题作出规定。以德国为例，根据《德国刑事诉讼法典》第163条b的规定，某人具有犯罪嫌疑的时候，警察可以采取必要的措施查明他的身份，不能查明或者很难查明的情形下，其还可以拘留嫌疑人，同时也准许搜查嫌疑人人身、携带物品等，并且，只要是为查清犯罪行为的需要，也可以对无犯罪嫌疑的人员查明身份。[②]《德国联邦与各邦统一警察法标准草

① 我国《治安管理处罚法》第82条规定："需要传唤违反治安管理行为人接受调查的，经公安机关办案部门负责人批准，使用传唤证传唤。对现场发现的违反治安管理行为人，人民警察经出示工作证件，可以口头传唤，但应当在询问笔录中注明。公安机关应当将传唤的原因和依据告知被传唤人。对无正当理由不接受传唤或者逃避传唤的人，可以强制传唤。"

② 李昌珂：《德国刑事诉讼法典》，中国政法大学出版社1995年版，第80—81页。

案》第9条又具体列举盘查的启动标准以及强制力的范围等。① 我国有学者明确提出仿效大陆法系的德国，首先由刑事诉讼法作出授权性规范，具体程序设计则交由警察法来完成。② 但是，如上文第二部分所述，针对行政违法行为，我国《治安管理处罚法》第82条已经规定了传唤程序，两种程序适用依据、适用对象完全不同，德国模式并不符合我国现有国情。

美国盘查程序的正当化进程则与我国具有相似的改革背景。20世纪60年代之前，美国也存在盘查与行政传唤重合适用的情况。20世纪40年代，美国首先肯定了警察在公共场所，不需要具备任何实质理由，就可以任意阻拦及询问人民，被称为“有权讯问”法则。③ 但是，20世纪60年代后，美国法院逐渐认识到盘查程序中的拦阻、拍触虽然达不到刑事扣押、搜查的强度，但是也会对人民的自由、隐私有所侵犯，因此开始关注盘查的法律性质，寻求盘查程序的正当化。美国对盘查的正当程序规制起源于1967年的卡马拉诉市法院行政案件④，该案争执的焦点在于警察为了保证建筑物的安全和卫生，必须进入住宅进行行政“检查”时，是否需要符合宪法第四修正案关于搜查和扣押证明标准?

---

① 《德国联邦与各邦统一警察法标准草案》第9条第1款将警察可以查证其身份的情形具体列举为：“1. 为防止危害；2. 当其滞留于某地，包括：① 据实际线索，依经验认为该地有约定、预备、实施犯罪行为之人；②聚有无居留许可证明之人或有人犯藏匿；③或该地有人卖淫；④当其滞留于主要交通设施，重要民生必需品之生产储存设施、大宗交通工具、政府办公大楼，或其他特别易受伤害之标的物，或滞留于其直接不远之处，且有事实足以认为于该类标的物内或周围将可能实施犯罪行为，且该犯罪行为会危害该标的物内或周围之人或标的物本身……。”第2款则规定“警察在查证身份时得采取必要措施：如令相对人停止前进以询问其身份，并令其交付所携带证明文件以便查验；当其身份无法确证或者确证困难时，可以将其留置。”参见李震山：《人性尊严与人权保障》，元照出版公司2000年版，第259—260页。

② 万毅：《论盘查》，载《法学研究》2006年第2期。

③ Maclin, The Decline of The Right of Locomotion: The Fourth Amendment on The Streets, Cornell Law Review, Vol. 75, Issue 6 (September 2004), pp. 1265-1266.

④ Camara v. Municipal Court, 387 U. S. 523 (1967).

即盘查究竟是行政执法行为还是刑事侦查前行为？此案中，联邦最高法院的态度比较含糊，巧妙地避开了盘查的法律属性问题，认为虽然行政“检查”也是宪法第四修正案所禁止的搜查、扣押行为，但是修正案所禁止者，是不合理的搜查、扣押，因此其不需要达到刑事搜查和扣押的证明标准，应该以“合理性”标准来判断其合法性，即警察要形成“合理的怀疑”，怀疑其调查的对象可能携带武器对警察或他人造成危险，才可以拍触嫌犯身体外部。此案虽然没有明确盘查的法律性质，但是至少明确了该程序的启动标准——“合理怀疑”。随后1968年，在特里诉亥俄州案件①中，联邦最高法院认为拦阻限制嫌疑人人身自由，类似刑事扣押；拍身搜查中警察要仔细拍触人民身体外部以发现武器，类似刑事搜查。这两种盘查措施均有人权侵犯之嫌，但是其强度又低于刑事强制措施，因此盘查程序应当定位于侦查程序开启前的刑事程序，盘查行为具有刑事属性。就我国而言，针对行政违法行为，我国《治安管理处罚法》已经规定了传唤程序。而且，警方通过初步盘问，大致可以对案件是否涉及刑事犯罪事实作出判断，从而选择适用行政传唤或者盘查程序。盘查与行政传唤应当各司其职，避免司法资源的重叠适用。因此，盘查程序的正当化可以借鉴美国，将其界定为侦查前程序，将盘查界定为刑事行为。另外，除了启动标准，联邦最高法院还从人权保障、强制力范围、留置盘问的证明标准和时间等方面对盘查程序做了系统的法律规制。我国可以借鉴美国，在刑事诉讼法第二编“立案、侦查和提起公诉”中专门增设“盘查”作为第一章，同时对盘查的启动标准、权利保障、强制力范围、留置条件和时间等作出详细的规定。

（二）美国盘查程序正当运作的具体经验

1. 盘查程序的启动标准

在美国，如上文所述，在卡马拉诉市法院行政案件，联邦最高法院

① Terry v. Ohio，392 U. S. 1 (1968).

提出了警方启动盘查程序的“合理怀疑”证明标准，即只有在被调查的对象可能携带武器对警察或他人造成危险情况下，警察才可以拍触嫌犯身体外部。在上文的特里诉亥俄州案中，联邦最高法院不仅将盘查程序定位于侦查程序开启前的刑事程序，而且认为“合理怀疑”的证明标准低于刑事搜查、扣押的证明标准。虽然，美国法律界对“合理怀疑”并没有精确的定义，但是学者认为一般必须斟酌政府与人民的利益判断，考虑强制处分的强制性及对人民权益的侵害程度。另外，还必须依靠警察“专业”的观察，即警察对线人可靠性的判断、具体个案的盘查分析以及警察的直觉反应。① 例如，在 1964 年的阿圭勒诉得克萨斯州和 1969 年的斯皮内利诉合众国案件中，② 法院认为盘查的前提是线人本身及其提供的信息必须真实可靠，以及线人过去给警方提供的线索是否可靠、线人人品或有讲述案件真实情况的可信动机来证明。

另外，相对人逃跑不能成为盘查程序启动的理由。在 1896 年的阿尔贝蒂诉合众国案③中，美国联邦最高法院认为无辜的人看到警察就跑，原因在于他们害怕被警察错捕，觉得这是一件让人羞耻的事情，或者害怕被打。在 2000 年的伊利诺伊州诉沃德劳案件④中，最高法院认为即使在刑事案件高发的地区，被告人也不能因为逃跑成为被盘查的对象。

2. 被盘查人的沉默权

美国历史上早期的判例均承认了嫌疑人在盘查阶段的沉默权。在上文提到的特里诉俄亥俄州案件中，怀特（White）大法官明确表示虽然

① 王兆鹏：《美国刑事诉讼法》，北京大学出版社 2014 年版，第 197—198 页。

② Aguilar v. Texas, 378 U. S. 108 (1964) and Spinelli v. United States, 393 U. S. 410 (1969).

③ Alberty v. United States, 162 U. S. 499 (1896).

④ Illinois v. Wardlow, 528 U. S. 119 (2000).

警察在盘查活动中可以询问问题，但是被拦阻的人没有回答的义务，警察不得强迫其回答，相对人拒绝回答不能成为其被逮捕的理由，否则即违背了宪法中的人权保障条款。1983 年的克兰德诉劳森案①中，联邦最高法院肯定了相对人在盘查活动中的沉默权。该案中，不伦南（Brennan）大法官除了肯定被拦阻人的沉默权之外，还进一步说明：即使在某些情况下，被拦阻人拒绝回答问题，与当时的事实结合，有可能使警察形成对其逮捕之相当理由。但是，法院在判断此问题时，必须审慎小心，以避免被拦阻人因为行使沉默权的权利而遭受处罚。不过，2000 年之后，这种情况有了些许改变：联邦最高法院要求被盘查人告知姓名、住所等个人信息。认为嫌疑人主动证明身份是一项常识性要求，姓名的公开将会表明其没有犯罪的合理怀疑，同时也是确保在盘查没有足够证据的情况下，逮捕的合法性，并不违背沉默权规则。②

3. 盘查过程中的强制力范围

盘查过程中的拦阻盘问、拍身搜查，特别是带离相对人至警局，均需要采取强制措施。鉴于盘查属于刑事侦查程序前程序，其强制力的范围应小于刑事强制措施。在 1996 年的华盛顿诉兰伯特案③中，警察看到两名长相与武装抢劫犯类似的男子，用枪口对着他们命令他们下车，然后把他们的手拷到背后，分别放到两辆车上待了 25 分钟。美国联邦上诉法院第九巡回法庭认为，该案警察用枪口指着嫌疑人让其下车并且戴上手铐，执法方式太过粗暴，已经超过了盘查必要的限度。但是，如果嫌疑人有手枪，警察人身安全受到威胁或者是为了阻止严重危及人身安全的暴力性犯罪时，可以采取极端措施。随后，在 1997 年的美国诉康耶斯案④中，联邦上诉法院对此观点进行了进一步的阐释，认为面对

---

① Kolender v. Lawson, 461 U. S. 352 (1983).

② Hiibel v. Sixth Judicial Dist. Court, 542 U. S. 177 (2004).

③ Washington v. Lambert, 98 F. 3d 1181 (1996).

④ U. S. v. Conyers, 118 F. 3d 755 (1997).

潜在的危险毒贩（经常携带枪支），警察当然可以持枪命令嫌犯把手放在头上，以维护警察的安全。这两个案例确立了盘查强制力的范围，即警察在拦阻相对人的过程中，原则上只能采取轻微的而非类似逮捕的强制力，否则即构成违法行为，相关部门要给予国家赔偿。2014 年 7 月，黑人埃里克·加纳涉嫌非法出售香烟在纽约被警方卡喉（Chokehold）而死。2015 年 7 月，美国政府最终赔付给 Garner 家人 590 万美金的罚款。①

4. 留置盘问的证明标准和留置时间

美国 1942 年的《联邦统一逮捕法》（*the Uniform Arrest Act*）第二章第 1 条规定："警察若有合理的理由怀疑在户外之嫌犯正在或者即将犯罪时，可以加以阻拦，并可询问他的姓名、地址、工作、在外逗留的原因及去处。任何可疑人无法证明自己的身份，或者对自己行为的解释不能令警察满意时，警察可以将其留置，并进一步侦讯。"② 然而，联邦最高法院在 1983 年的佛罗里达州诉罗耶案中③将留置盘问的证明标准从"合理怀疑"上升到"相当理由"证明标准。④判决书认为虽然罗耶颇符合警察心中的毒贩形象：拖着很重的行李箱，25—35 岁的年龄，穿着随意、脸色苍白、神情紧张，机票上的名字和驾驶证不一致。但是

---

① 参见 http://en.m.wikipedia.org/wiki/Death of Eric Garner，2018 年 8 月 16 日访问。

② Sam B. Warner, The Uniform Arrest Act, Virginia Law Review, Vol. 28, Issue 3 (Jan 1942), pp. 320-321.

③ Florida v. Royer, 460 U.S. 491 (1983).

④ 何谓"相当理由"？美国联邦最高法院一直未加以定义，学者一般皆认为该心证程度低于判决被告有罪毋庸置疑的程度，高于一般的合理怀疑（reasonable suspicion）程度。实证研究也曾对联邦法官访问调查，要求其量化"相当理由"的确信程度时，得到的平均值为 45.78%，高于后面的"合理怀疑"量化的平均值 31%。See Mc Cauliff, Burdens of Proof: Degrees of Belief, Quanta of Evidence, Or Constitutional Guarantees? Vanderbilt Law Review, Vol. 35, Issue 6 (November 1982), p. 1327.

罗耶被警察带到一个小屋子里由两名警察看管，失去了自由，这等同于刑事逮捕，必须具备刑事逮捕的相当理由才合法。

另外，基于查明案情的需要，警察可能需要留置嫌疑人一段时间，留置时间应当有明确的界限。1942 年的《联邦统一逮捕法》第二章第 3 条规定警察留置的时间不得超过 2 个小时。① 联邦最高法院表示留置时间没有明确的限制，应当根据拦阻的目的，达成该目的所需要的时间，即依照常情常理和一般盘查经验判断留置时间是否合理。②

四、美国盘查程序的经验借鉴

（一）明确盘查程序的启动标准

我国《警察法》将盘查对象限于“违法犯罪嫌疑人”。《刑事诉讼法》第 110 条规定刑事立案的标准是“有犯罪事实需要追究刑事责任”，被盘查人仅有违法或者犯罪的“嫌疑”，肯定达不到刑事立案的标准。因此，盘查程序的启动门槛要低于刑事立案的证明标准，可以借鉴美国的“合理怀疑”标准，即根据客观事实（诸如线人的可靠性、时间、地点、有关人员或随行人员的戒备状态或者穿着的有特别标志的衣服、行为等），如果一位谨慎小心的平常人，也会合理地怀疑相对人与犯罪行为有关联，则警察可以拦阻相对人进行盘问。同时，“合理怀疑”不能先入为主，凭空猜测。个人的肤色、年龄、发型或穿着方式，是否逃跑或者犯罪前科都不能单独或者结合作为盘查这个人的唯一依据。

---

① Sam B. Warner, The Uniform Arrest Act, Virginia Law Review, Vol. 28, Issue 3 (Jan 1942), p. 321.

② United States v. Sharpe, 470 U. S. 675 (1985).

（二）赋予被盘查人沉默权

根据我国《刑事诉讼法》第50条的规定，任何人不得被强迫证实自己有罪。警察在盘查中发现犯罪嫌疑人，可能会启动刑事侦查程序，相对人的自白有可能被用作接受审判或者逮捕的证据，因此，警察应当有义务告知其沉默权。如果被盘问的人拒绝回答问题，一般情况下不能受到处罚。不过，鉴于询问嫌疑人的姓名、出生年月日、出生地、国籍、住居所及身份证统一编号等个人信息是警察查证身份的必要措施，是确保嫌疑人没有违法犯罪行为的一项常识性要求。故而，在我国被盘查人应当负有证明自己身份的义务。否则，警察可以将其留置盘问。

（三）限制盘查过程中的强制力范围

警察权不能无限扩张，盘查权的运用应当符合必要性和比例性原则，结合案情的重大性、可疑程度、紧急性等因素为之。原则上，警方在拦阻嫌疑人的过程中，只能采取轻微的而非类似逮捕的强制力，避免采取刑事逮捕、拘留等强制手段，如：拘束身体、展示武器、使用手铐甚至使用侦讯室等。当然也有例外，比如情报显示嫌疑人有枪、正在实施暴力性犯罪、具有较强的人身危险性等情况，警察可以采取鸣枪甚至击毙等手段。另外，鉴于盘查程序针对的是刑事案件，行政违法案件适用行政传唤程序。因此，对卖淫嫖娼、赌博或者一般的街头斗殴等轻微违法行为适用行政传唤采取的强制力，不能达到盘查的强制力程度，以及造成人身伤害。

（四）明确留置盘问的条件和留置时间

我国警察法、行政法规和部门规章规定了留置盘问制度，但是没有对其适用标准作出规定。实践中，为了提高办案效率，避免出现行政处罚作出后，相对人却已经逃跑现象的发生，部分警察对所有的盘查案件一概适用留置盘问，易侵犯人权。在限制嫌疑人自由、强制盘问的过程中，只要警察发现嫌疑人有犯罪事实，侦查程序就会立即开启。因此，留置盘问可以参照刑事拘留、逮捕的适用条件。通观我国《刑事诉讼法》第 79 条和第 80 条关于拘留、逮捕的规定，犯罪嫌疑人之所以被关押，除了有证据证明犯罪事实可能是其所为之外，关键在于嫌疑人具有逃跑、再次犯罪的社会危险性。所以，对嫌疑人适用留置盘问除了对其有犯罪的“合理怀疑”之外，还应当根据盘查现场的客观情况和嫌疑人的表现，判断其是否具有社会危险性，以此来决定对其适用留置盘问以维护社会安全。

根据《公安机关适用继续盘问规定》第 13 条、第 17 条的规定，留置盘问的时限可以从 24 小时延长至 48 小时。只要填表和内部领导批准，留置盘问的时间就可以一再延长，缺乏外部监督。相比较而言，根据我国《刑事诉讼法》第 117 条的规定，传唤、拘传中，案情特别重大、复杂，需要采取拘留、逮捕措施的，时间不得超过 24 小时，而且不得以连续传唤、拘传的形式变相拘禁犯罪嫌疑人。我国留置盘问的时间可以延长至 48 小时，已经超越了必要的限度，可以将其时限改为 24 小时，以与其刑事侦查前程序的法律属性相符合。

利益平衡视野下城市房屋征收中的治理机制创新

刘　京*

【摘要】利益平衡是城市房屋征收制度构建的重要理念。为避免价值判断“恣意”与“武断”，利益平衡内涵之解析可从“权利—义务”的正义平衡、“损益—收益”的效益平衡、“公正—效率”的秩序平衡三个维度展开。利益平衡理念的制度导入，更需注重机制实践品质的确立，建立征收中管理、规范、协调的中立性组织——户主委员会，并赋予其沟通、监督、协助送达与组织动员等综合职能，有利于房屋征收机制的良性运行及征收制度有序、平衡、协调的法治化发展。

【关键词】利益平衡　价值构造　制度创新

一、引论

“平衡可以有很多理解和阐释，但它通常指一定力量、要素或者结构上的实际对称、抵消或比例均势，因而往往呈现一种相对的、暂时的、互动的稳定走势和有序状态”①，利益平衡是一种精神与思维，亦是征收工作有序开展的基本理念。理想的征收活动应当是公益与私益的

---

* 刘京，湖北大学政法与公共管理学院教师，法学博士。

① 马长山：《法治的平衡取向与渐进主义法治道路》，载《司法研究》2008年第4期。

调和下的双赢，《国有土地上房屋征收与补偿条例》第 1 条便明确将维护公共利益与保障私人权益作为规范征收活动的前提。① 同时，该规定体现了对利益平衡理念的基本认可，各级管理者应当对利益体系细致的罗列与协调，以实现房屋征收中正义、效益与秩序三位一体的社会妥当性。

利益平衡理念也必须借助完善的机制运行才能产生实效，理念的落地生根离不开完善的保障机制、适当的激励机制与有效的运行平台。从宏观意义上讲，征收活动离开机制化、组织化，将会盲目与失序；从微观意义上讲，征收实施过程中分散的个体利益，唯有通过有序组织，才能在博弈中科学评估、妥善对待，对最终结果产生实质影响。

本文以利益平衡之内涵为切入点，尝试回应学界对于利益平衡理念的“恣意感”与“盲目性”缺陷的批评，关注现实语境下的城市房屋征收制度组织构架的创新，以期探索出有利于城市房屋征收制度的最佳机制与路径。

二、房屋征收语境下利益平衡观之内涵

在立法层面，利益平衡观以法规中的利益位阶予以表达，然利益位阶具有不确定性与模糊性，立法者也会预留必要的自由裁量空间，利益衡量同样为裁判者极为重要的裁判方法与价值观念。当前，立法的价值位阶难以圆满解决现实征收冲突，主体之间更缺乏统一价值共识。此种从立法到司法的法律理念，也可惯性延伸到房屋征收机制中，成为管理者执法与征收机制构建的基本理念。

① 《国有土地上房屋征收与补偿条例》第 1 条规定：“为了规范国有土地上房屋征收与补偿活动，维护公共利益，保障被征收房屋所有权人的合法权益，制定本条例。”

（一）“权利—义务”的正义平衡

“法律利益是从利益体系中剥离出来的，以法定形式存在的利益。利益一旦被选择和确认为法律利益，它就成为法律权利”①，利益虽然不能以权利概念完全涵盖，但权利可以被解释为包含法定化的利益，权利的设定也彰显立法者对权利主体核心利益的判断与认定。权利与义务也有紧密的联系，义务显示出权利得以实现的根本要求，体现权利得以行使的最低成本。“权利—义务”结构总是保持着动态的平衡，权利是利益导向又是激励机制调节主体活动，义务作为权利的限制又客观制约着权利本身，两者有机结合作用于人的动机，调节社会主体的行为。权利和义务两者之间不均衡与不适应，都将使利益的天平发生倾斜产生不公正，“权利—义务”的匹配问题亦是房屋征收下引发政府与被征收人矛盾的诱因。

梳理我国房屋征收的历史发展脉络，从被征收人“义务本位”到注重被征收人保护的“权利本位”，政府的执政理念无疑发生根本的转变。但现实问题仍然会接踵而至，被征收人的权利应当保护到什么程度？会不会出现滑向“个人权利本位”、“以抽象的个人为中心”？我们认为，利益平衡理念的首要维度应是被征收人权利与义务的动态平衡，合理的征收机制当然应当规范政府的公权力行使，更应对私权的不当行使有所警惕。城市房屋征收不是“个人本位”下的私权狂欢，也不是被征收人“社会本位”下的公权的横行，良性的房屋征收机制应当是个人、集体、社会各方主体权利与义务的全面协调。

（1）从利益关系角度分析，法学的“权利本位”反映的是法律主体之间的平向利益关系，权利的主体不仅涵盖个人，集体、国家也为权利主体的应有之义。“当我们提出权利本位时，我们所说的‘权利’不

---

① 张平华：《人格权的利益结构与人格权法定》，载《中国法学》2013年第4期。

限于个人权利，而且包括了个体权利、集体权利、社会权利和国家权利等，个体权利只是权利体系的一种”,① 将“权利本位”与“个人权利本位”、“个人本位”画上等号是对其最大的误读。

（2）从整体结构来言，设定被征收人的权利与义务之间应当柔性对应，即注重结构动态、功能呼应、数量均衡，权利既为目的也为手段，权利激励义务的达成。利益关系天平的失衡往往意味着主体间权利义务的不对等、不平衡、不灵活。利益平衡理念首要维度绝不是表象下的“权利—义务”数值式的简单相等，而是利益平衡理念下通过各方主体“权利—义务”之设定，达到征收机制内势力的良性制衡，形成征收关系下主体相互制约下的均势。

（3）从法律关系的主体而言，此种维度的平衡理念应成为各级征收管理部门积极履行国家义务的行政执法观念。征收项目之间具有群体、环境、区位等各种宏观差异性而难以类型化，除去不动产的经济价值，被征收人权益呈现极为复杂的状态。权利取得取决于公民个人和社会强烈的权利诉求，体现国家对公民个人和社会的权利关注的一种互动行为。② 在传统的命令与动员思维中，管理者更应融入服务意识体现对人的终极关怀，积极履行职责保护民众的主体地位，诚恳调研并配合民众行使权利，在行政互动关系中增强被征收人的认同感。

（二）“损益—收益”下的效益平衡

效益视角下利益平衡的首要任务是利益的区分与罗列，但征收项目所涉及特定利益群落即便具有清晰的全貌，如何进行取舍、把握亦是问题困难所在，不同的学者基于如上不同的利益的认识来建立自身的权衡

---

① 刘树桥：《法的内容：权利、权力、义务之思辨》，载《南昌大学学报》2008 年第 4 期。

② 王振宇：《人民法院征收拆迁十大案例评析》，载《人民司法（案例）》2014 年第 4 期。

“法则”，不至于让利益权衡沦为一种“高级法感”与“恣意”。①

利益具有模糊性、弹性、抽象性，社会经济芸芸众生都能成为利益的主体，但是对于某一制度在特定环境下，涉及的利益却是可知的、有限的与可甄别的。事实上，利益概念总是会借助特定的环境与制度显性存在，利益的取舍也更需要借助时间、空间等具体条件才能露出真容。尽管对于利益平衡理念的争议、批评不绝于耳，但利益漩涡中的主体总要求机制给予一个最终的评价或结论——姑且不论好或不好。② 基于

---

① 卡尔拉伦茨先生认为，首先人的生命或人性尊严有较高的位阶，假如某种利益须让步，其受害程度如何。最后尚须适用比例原则、最轻微侵害手段或尽可能微小限制的原则，参见：卡尔·拉伦茨：《法学方法论》，陈爱娥译，商务印书馆2016年版；蔡琳教授则归结“作为评价（标准）的‘客观可能性’大致如下四个方面：其一，制定法；其二，社会学判断；其三，实质价值体系；其四，是相互商谈的程序”，同时该文也对上述四个标准局限性进行了评析，参见蔡琳：《论“利益”的解析与“衡量”的展开》，载《法制与社会发展》2015年第11期；王利明教授则认为，“确定利益位阶实际上就是在探究立法的目的”，此其主要考量制定法所确定的立法目的；而“与基本法律价值相联系的有关个人的生命、健康的联系程度”、“与人格尊严的联系程度”的评价标准，甚至带有一些法秩序中实质价值评价体系的色彩。在评价标准的基础上，权利优先于利益的规则、社会公共利益优先于个体财产利益的规则、人格利益优先于财产利益的规则、生命健康权优先于一般人格权的规则、生存利益高于商业利益的规则、人身损害赔偿优先于财产损害赔偿，参见王利明：《民法上的利益位阶及其考量》，载《法学家》2015年第1期。

② 学界对于利益权衡的质疑可归结为以下三点：（1）利益概念本身具有模糊性、不确定性。“这种开放式、生活化的定义，固然克服了概念法学的机械化或吹毛求疵的倾向，却抛弃了专门学科中的专业化或精细化的术语要求，因此难保沦落为一个空洞、无用的概念”，参见陈林林：《方法论上的盲目飞行——利益法学方法之评析》，载于《浙江省社会科学》2004年第5期；（2）对评价标准的客观性的质疑，无论是“制定法远距离作用”、“社会会判断”、抑或“实质价值体系”、“相互商谈程序”等标准都存在客观性不足的缺陷，在具体评价利益时有失规范性，趋于主观性。（3）方法论上亦存在“无限后退”的问题，通过价值去判断利益位阶必然是价值之间的排序。“价值必须与其他价值一起在每个案例中排出一个传递性序列。因为这种排序缺少合理标准，所以，权衡的工作或者则是任意进行地进行的，或者是根据习俗的标准和序列而非反思地进行的”，参见［德］哈贝马斯：《在事实与规范之间——关于法律和民主法治国的商谈理论》，童世骏译，三联书店2003年版，第320页。

此，构建城市房屋征收利益平衡机制，势必基于具有相对客观、中立的评价思维，用效益的视角审视利益平衡目的与过程——我们向着什么方向去平衡，用怎么样的标准去平衡：

（1）效益的视角是将利益位阶下的“服从”与“优先”思维，调整为效益角度下的“兼顾”与“保护”思维，寻求冲突调整后的整体妥当性与协调性。① 征收制度是私权限制与公权扩张二者的调和过程，但限制本义远非对私权的戕害，权力扩张的初衷也绝非一方价值的独裁。效益本质为成本最小、收益最大的比例关系，对各方根本利益的“兼顾”与“保护”属于制度的当然含义，同时“实践调和原则”也印证了对被征收人私益的限制并非一种无条件的“牺牲”，所有正当利益都应尝试最大可能性的调和。②

（2）效益视野是以社会、个人、集体利益纵向划分切入，实现征收利益分配的最大整体效果。对于各方利益罗列之后，管理者应以项目进度的前中后为节点，反复判断、来回审视所有主体利益状态与未来的获益的对比情况，在主体“损益—收益”之间构建均衡的比例关系，确保社会利益、集体利益、个人利益的全面发展。需要强调的是，此种判断并非基于“利益图表”般精确无误，但也非“主观性的判断”一种。管理者基于同一主体以时间为轴的前后个别对比，具有同一性、客观性、可证明性，并非一种异质性的对比。

---

① 有学者提出，调处利益关系和利益冲突的六项基本原则，即“不损害社会利益原则”、“利益兼顾原则”、“缩小利益差异原则”、“少数利益受保护原则”、“利益限制的衡量原则”与“利益权衡原则”，笔者较为赞同，但权衡本身为动态过程并不孤立运行，亦应当与其他原则贯通，参见周旺生：《论法律利益》，载《法律科学》2004年第2期，第28页。

② 所谓“实践调和原则”，是当基本权利和宪法保障的其他价值之间发生冲突时，不得偏重某项价值并使其获得最大程度的维护，而是要使所有的法律价值都能得到最妥善的衡平。

(三)“公正—效率”的秩序平衡

理想的征收制度中公正与效率本不应产生芥蒂，但以旧城改造为代表的大量城市征收项目中二者产生紧张关系。解析公正一词的含义，我们发现“公正”二字具有普遍与个案双重含义，以特定主体为视角，更为现实与精准，它尊重个体的自利心理，强调利益的个案对待，意味着对个体权益的审时度势。鉴于此，与行政法学界广泛关注行政效率的“增速”问题不同，征收环境中的行政管理者似乎穷尽一切方式，致力于高速推进项目的完成——值得商榷的“先予执行”①、“提前灭籍”，甚至甘冒违法风险后的“暗自强拆”早已屡见不鲜。乱象背后是强势主体“自利”因素的暗潮涌动，政府与商主体的推波助澜更导致了现行征收制度过度偏向效率价值，过分陷入“速度情节”之中。

房屋征收涉及道德、法律在内的多种机制协调，但本质上起关键作用的仍为法律机制本身，调和现行“效率—公正”的矛盾关键在于明确机制的秩序价值。无论基于“秩序制度论”，抑或“秩序结果论”的解释，② 秩序价值之于征收机制意义重大无外乎：

(1) 征收机制触及社会个体最基本的生活与生产关系。它涉及以

---

① 2013年10月2日，因武汉地铁建设，位于江汉区吴某、李某共有的建筑面积为某楼房被列入征收拆迁范围。吴、李二人未就补偿与政府能达成一致。两人还就江汉区政府作出的《房屋征收补偿决定》向武汉市政府提起行政复议。2015年10月8日，两人向武汉市中级人民法院提起行政诉讼，请求撤销武汉市政府的行政复议决定和江汉区政府的《房屋征收补偿决定》。江汉区政府认为，涉案房屋未拆，工程受阻，地铁通车时间难以保证，于是向法院申请先予执行《房屋征收补偿决定》。经武汉市中院审判委员会讨论，作出行政裁定，准许江汉区政府先予执行，参见罗智敏：《论行政行为的“先予执行”——从武汉市拆迁案谈起》，载《中国政法大学学报》2016年第6期。

② “制度论”和“结果说”是西方学人对法律秩序的两种重要界说：秩序“制度论”的解释下，征收机制需要构建起与实践相匹配的规定、法律，表现为征收法制化、制度化；秩序“结果说”，则更倾向于征收机制运行后产生的良性状态、结果，参见吕世伦：《当代西方理论法学研究》，中国人民大学出版社1997版，第353页。

居住权、财产权为核心，教育关系、财产关系，乃至婚姻关系、家事关系等为外延的最基本社会关系，处置失序与混乱将影响征收范围内主体的生存利益，阻碍个体的有序、全面与持续发展。

（2）秩序价值可为机制运行各环节是否良性运行的判断标准。“法律（和礼俗）就是某种秩序，普遍良好的秩序基于普遍遵守法律（和礼俗）的习惯”,① 秩序价值融贯后的征收机制应当是普遍的认同、共同的遵守、积极的协商、有序的救济。无论效率还是公正的实现，都以秩序作为潜在的前提条件。

（3）秩序价值不能根除征收中的利益冲突，但有效抑制博弈中非理性行为滑向异端与暴力行为。在内、外部矛盾调和过程中，博弈能量得以在机制程序中均匀、稳定地释放，为项目本身的推进营造安宁的环境。

假如前述分析成立，我们是否应当调整现行房屋征收机制中“公正—效率”失衡关系：保留必备的效率价值，又重视个体利益的公正实现，将二者统一在秩序价值之中；致力于实体利益的增值，同时也重视程序性利益的保护，以期机制有益性与稳定性进行必要的调和；确认机制效率的功利性目标，同时也重视被征收人道德与情感的接受，确保形式法治与实质法治的契合；维护效率价值背后的管理者权威性，同时也重视主体之间的内在信任确立，保障机制运行的连续性、确定性和可预测性。

三、利益平衡观之制度展开

法学界对于房屋征收制度的理论研究探索颇为热烈，大抵划分动态与静态两个层面：其一，静态层面以实质公平为视野关注权利、权

① ［日］宇贺克也，肖军：《日本土地征收法中的行政程序》，载《时代法学》2010 年第 4 期。

益与补偿的对等性，包括补偿的合理性标准与范围、房屋评估价格的客观性等问题；其二，动态层面以程序正义为前提关注权利与权力的运行，前者包括公共利益的程序控制、司法审查制度，后者包括公众参与、听证、协商等制度的完善。学界对于征收制度的讨论蔚为可观，但梳理现行理论探讨，似乎存在这样一种无意的“疏漏”——无论从制度建设的静态抑或动态层面，公众参与需借助何种平台展开？程序的透明与公开通过何种组织形式下可得彰显？① 现行规则已经渗入利益平衡理念的规定并不鲜见，然有效性是否得以真实发挥则是一个值得深究的问题。

当前个别征收失序、利益失衡现状，并非制度文本建设与精神理念出现偏差，实为组织与管理上出现机制滞后、平台缺失所导致。征收实施过程中游弋的个体利益缺乏沟通协调，主体间关系疏离又欠缺平台沟通已为征收中真实写照。因此，通过探索掷地有声的沟通途径、搭建言之有物的商榷平台、探索行而有力的组织构架为当前改善征收制度运行状态的重点环节。笔者建议，在征收制度过程中设立户主委员会，作为征收过程中管理、规范、协调的临时性组织。未来的临时性组织应当具有沟通、监督、协助送达与组织动员的重大功能，实现征收制度的有序、平衡、协调的现代化与法治化发展。笔者不揣冒昧拟从以下几个方面，对户主委员会的机构功能与目的予以必要探讨。

（一）公益目的之监督与控制

征收项目的启动的前提便是基于公共利益，然公益究竟是什么？正

---

① 笔者以“房屋征收”为关键词进行知网搜索，截至 2017 年 12 月 22 日共显示 7326 篇，2017 年至 2012 年分别为 712、842、898、913、1006、1041 篇。但输入“征收组织”、“征收组织架构”、“征收机制”却鲜有论文对其进行单独讨论。

如普罗米修斯的脸，但凡法学家都会描述一番，但学界并没有精确的界定。① 但梳理学界现有的公益探讨，我们可以得出以下两个安全的结论：

首先，公共利益模糊但是并不虚幻，对象不定但可借助程序把控，凭借程序的商榷性事后弥补公益概念的不确定性。

其次，无论何种观点，公益具有优先性，但优先性的本意并不意味着对于私益的漠视与轻视。优先性的另一种潜台词：公益有条件地优先于私益，公益本身也包含着一定的层次性。②

基于第一个结论，征收制度的公益目的程序控制过程，理应征询被征收人的意见，不仅是在项目实施过程中，基于征收行为启动后的"不可逆性"，更应项目启动之初详细求证，项目越大越应详尽。现阶段行政主体在征收过程中，可以满足听证、送达程序面的形式要求，但不足在于项目之初对于集体意见与利益的调研与论证仍然不够，甚至存在虚化与淡化前期摸排工作的行为。③ 基于此，若项目涉及住户较多，

---

① 社会功利主义的观点将公益等于所有社会成员私益之和——"共同体是个虚构体，由那些被认为可以说构成其成员的个人组成。那么，共同体的利益是什么呢？是组成共同体的若干成员的利益的总和；不理解什么是个人利益，谈共同体的利益便毫无意义"。参见［英］洛克：《政府论》（下篇），商务印书馆 1997 版，第 101 页；亦有观点认为，"任何征用都可能具备某种公共利益目的，因为公共利益归根到底是由私人利益构成的"，参见张千帆：《"公共利益"的构成》，载《中国法学》2005 年第 5 期。

② 对于公益层次性的理解，德国公法理论可兹参考，将其划分为绝对公益与相对公益。绝对公益是社会所承认的一贯不变的公共利益，有社会价值独立性的特征，例如，国家安全；相对公益是指因为社会现实而产生的公共利益，例如，因城市规划而产生的公共利益。基于绝对公益可以否定个人利益，而在相对公益的情况下，公共利益不一定高于公民个人权益，参见陈新民：《德国公法理论基础》，山东人民出版社 2001 年版，第 383 页。

③ 笔者参与的被征收人诉征收决定非法的行政案件起诉理由，便是认为商业开发下的旧城改造并不符合公共利益的目的。笔者认为，与项目之初的沟通交流不畅不无关系，在项目听证中，当项目过大人数过多，便无法系统组织与收悉被征收人之意见，从而为之后的征收阻力埋下伏笔。实践中，管理者一般将前期的调查工作外包给第三方公司或组织，调查结果的真实性、中立性缺失，被征收人是否具有认同感值得思索。

为避免粗疏调研后的征收隐患，可在项目启动之初依托户主委员会，将其打造为多方沟通媒介与民主决策平台。

基于第二个观点，我们认为，尽管法律规定应当公平、合理补偿，但这仅是优先性触发的最低条件，而绝不是完整意义上的全部条件。公益优先的触发条件，应当基于特定空间与时间，在一个较为特定的场域中发挥威力。笔者建议项目启动之初，以户主委员会为平台须进行先行摸底与协商，并着力在以下几个方面重点调研：

（1）征收项目与本区域成员的关联程度。项目的公益性决定了项目受益对象应当是不特定人而并非特定群体。值得注意的是，若征收范围内被征收人基于不动产征收关系和脆弱的财产保护关系，可以在财产关系和命运上被视为某种程度的集体，项目范围内的权利人若明确反对与质疑项目的公益性，管理者应当及时反馈乃至中止项目启动，即集体意愿与利益应当与公益得到必要调和。令人欣喜的是我国部分省与市政府已经走出了第一步，但实践操作问题亦存在。① 某些大型项目面对庞杂的被征收人如何确保统计的真实性与客观性？面对海量的被征收人如何组织与表决？基于此，设置临时性的组织机构，打造有效的参与机制，便为一种具有实践意义的操作。

（2）征收项目的商业利益。旧城改造项目中，由于政府资金因素制约，多数旧城改造项目呈现公益目的与商业目的混同现象。公益项目混入商业因素后是否应否定其公益性质？我们认为，利益平衡视野内公益并不是一个封闭的概念，商业资本参与公益项目不可避免，也非“狼来了”，问题的关键还是商业利益参与程序的透明性、利益分配的

---

① 部分省市征收过程中已经采取了类似作法，典型的如：《上海市国有土地上房屋征收与补偿实施细则》第 12 条规定：“因旧城区改建房屋征收范围确定后，房屋征收部门应当组织征询被征收人、公有房屋承租人的改建意愿；有 90% 以上的被征收人、公有房屋承租人同意的，方可进行旧城区改建。”《浙江省国有土地上房屋征收与补偿条例》第 8 条：“旧城区改建需要征收房屋的，房屋征收范围确定后，房屋征收部门应当组织征询被征收人的改建意愿；百分之九十以上被征收人同意改建的，方可进行旧城区改建。”

妥当性。被征收人的项目中后期的抵触作法，原因之一莫过于管理者对于商益参与问题的潜在回避。日本2001年新修《土地征收法》第15条之规定可供借鉴："开发商欲获得次条所规定的事业认定时，必须预先通过召开国土交通省令规定的说明会等方式，向与该事业认定有利害关系的人说明该事业的目的与内容。"为了让权利相关人都知道事业内容，进而让事业认定程序顺利适当进行，开发商被课赋了通过适当场所、时间、众所周知的方法等召开说明会的义务。① 因此，在项目启动与规划之初，借助于户主委员会的组织沟通平台，管理者重大义务之一便是商业利益的公益释明，接受被征收人的公益目的监督，尽可能达成主体间的信任与理解。

（二）送达、听证、协商程序之组织

如前所述，户主委员会扮演的更多的是搭建公众参与、民主监督的平台的角色，此处应该重视户主委员会所发挥的听证、送达、协商环节的组织功能。实践中存在不少因送达不到位、不及时而程序违法的案例，② 贯穿于送达、听证以及协商程序的"妥协"与"无奈"，突显的是机制内组织水平的粗糙、人员管理的乏力，与未来更加精细的法治征收管理要求相去甚远。

现有的征收项目内管理机制的问题主要在于：其一，项目部人员具有临时性、流动性，机构人员由辖区内机关多个行政部门随机抽调组成。人员的不稳定性带来的是组织工作的不连贯、条块化，甚至是已有工作成果的波动性。其二，项目部内的工作具有阶段性、紧迫性，征收

---

① 王利明：《民法上的利益位阶及其考量》，载《法学家》2014年第1期。

② 被告安徽省马鞍山市雨山区人民政府在安徽民生房地产评估有限公司对采石九华街22号作出的商业房地产市场价值评估报告后，未将该报告内容及时送达艾正云、沙德芳并公告，致使艾正云、沙德芳对其房产评估价格申请复核评估和申请房地产价格评估专家委员会鉴定的权利丧失，后司法机关以程序违法为由撤销该行政行为，参见张鹏鹏：《房屋评估报告须按规定送达被征收人》，载《人民司法（案例）》2014年第22期。

工作并不以时间为轴均匀分布。相反，其呈现波段性的“人少事多”与“人多事少”的交替现象，真正投入的人力、物力与实际工作需求不相匹配，直接制约管理者工作的最终成效。其三，作为实施单位的项目部职责偏向于自上而下的动员与执行，与调和利益矛盾的中立性与双向性要求相去甚远，难以成为各方信赖的平台枢纽。对话平台的“中立性”与“客观性”是发挥调和矛盾功能的先决条件。若实施单位已具有明显的自利性取向，并不能赢得主体信任。基于上述分析，在政府领导、保障有力、权责明晰、人员稳定与成员合理的前提下，未来的户主委员会的构建应当致力于客观性、中立性品质的确立，通过对于工作资源的合理分配，实现稳步推进征收进程的目的，主要工作包括：

（1）协助项目单位送达相关法律文件，探索合法有效的送达方式。征收下“送达难”问题既呈现送达制度的共性特点，更具有征收语境下的特性，“下落不明”、“拒绝签收”等情况让送达工作举步为艰。①目前而言，公告送达实际成为征收最常用的送达方式，但无奈之举背后面临的是增加征收成本、延长进程与面临信访、法律、道德等多方风险。针对现行征收送达难题，户主委员会可以成为接收和传递文书的组织，督促被征收人填写送达地址确认书，甚至引导主体之间签署协议送达（包括送达人与被送达人、被送达人之间委托二类），从而提高送达实质效率。②

（2）组织听证、协商、评估机构遴选等工作。被征收人人数众多，听证协商、评估机构遴选等程序又事关主体核心利益，推选相关代表人有利于征收工作整体效益的提升。值得一提的是，日本2001年新修

---

① 关于征收送达的困难，除“不在住所内无法联系”，还可以列举以下几种：（1）本人及近亲拒绝签字；（2）亲朋代收但并非同住近亲属；（3）预留虚假地址，本人事后否认；（4）不动产权人不明或正处于在争议期内。

② 协议送达，指当事人事先或事后就司法文书的送达方式、送达地点 、收件人等事项协商一致，是当事人意思自治原则在争端解决程序自治方面的具体运用。协议送达在英美法系国家得到了普遍认可，在部分大陆法系国家、地区也被逐渐接受，我国香港地区高等法院规则也确立了协议送达制度。

《土地征收法》已新设了“当事人代表制度”：“具有共同利益的多数土地所有者或关系人可以选定3位以下在征收委员会审理中代表全体利益的当事人，选定当事人代表的土地所有者或关系人可以撤销 、变更其选定，选定和选定撤销 、变更必须有书面证明”。① 相比而言，我国征收人代表人制度尚无相关讨论与实践，较之日本征收制度规定，我国被征收人代表制度应当更加注重代表遴选的自愿性与公正性，立足于户主委员会的客观性、中立性架构遴选代表人，避免本土制度陷于“被代表”的社会公众质疑。

(3) 打造长效群众工作平台，鼓励主体间有序协商。征收过程中的协商工作以“讨价还价”的博弈过程为表征，为双方提供一种形式上的客观性判断，通过程序形式的论证来实现价值判断的合理性。但实践中协商往往流于表面、形式单一，大多属于低效、无效沟通。② 征收双方博弈过程以“情势”与“耐力”为筹码，以规则内“权利”与规则外“关系”为手段，以“明补”与“暗补”并存为最终补偿结果。反观现实中协商机制并没有起到调和利益矛盾“活血化瘀”作用，呈现边缘化、形式化、矮化的趋势。户主委员会作为征收管理思维精细化的产物，旨在搭建中立、长效、柔性群众工作的平台，在传统动员与命令思维中融入平衡精神，注重众人划桨、政府掌舵合作伙伴关系的搭建。

四、结论

利益平衡作为房屋征收制度的基本理念，理应成为制度构建与机制

① [德] 卡尔·拉伦茨：《法学方法论》，商务印书馆2016年版，第78页。

② 笔者参与项目中，翻阅协谈记录不下百份，以上门面谈、电话作为沟通方式，但绝大多数属于无效与低效沟通，甚至沦为彻底的形式主义，其大致表现为：(1) 确定为本人，但沉默不予协商；(2) 住所不明、电话无人应答推定为协商；(3) 本人单纯发表意见，工作人员单纯记录意见不予回应；(4) 电话记录协商，记录无签字无法辨明真伪；(5) 协商人员屡次变动，对征收人员情况并不熟悉。

运行的“压舱石”，贯穿于征收整个过程，成为各方主体基本的行为准则与共同理念。实践中能否有效将其贯彻，不仅仅取决于内在概念的完整与周延，更依赖于外在组织架构的完备性。在当前利益诉求复杂化、多元化的背景下，未来的征收制度发展仍然是一个曲折、漫长的道路，本着大胆假设小心求证的方法，充分研究利益平衡理念的内涵与现实路径，更加有利于房屋征收制度的积极发展。

论共享单车行政监管中的法律问题

魏钲芝　江　岚*

【摘要】 共享单车使用成本低、便捷、低碳出行模式备受大众青睐，在“互联网+”的背景下成为共享经济的表现形式之一。共享单车独特的消费模式为市民们带来了“最后一公里”的便捷，提倡绿色健康出行，在一定程度上缓解了交通压力，但随着多方运营平台的兴起和市场投入，行政监管的力度较弱所导致的侵占公共资源、市场混乱、企业服务责任主体落实不到位等问题同样不容忽视。应引入负面清单制度来把控市场准入和退出，明确和强化政府监管责任和企业主体责任，授权其他单位、组织监督权，搭建政府、企业、第三方协同共治格局，实现共享单车的健康发展。

【关键词】 共享单车　行政监管　协同共治

互联网租赁自行车（下称“共享单车”）并非近几年才有的产物，早在 2007 年我国就存在以市政为主导的公共单车租赁模式，这种租赁模式最大的特点就在于是由政府设建和管理的“有桩”单车。而“互联网+”的出现和共享经济的兴起，共享单车应运而生。这种由企业所主导的，打破传统“有桩”停取，通过互联网为市民提供的自行车租赁服务模式自出现就备受公众青睐，现已然成为城市绿色、慢行交通系

* 魏钲芝，男，湖北大学政法与公共管理学院本科 2015 级法学专业学生。江岚，女，刑法学博士，湖北大学政法与公共管理学院副教授，硕士生导师，主要研究方向为刑事法学。

统的组成部分。共享单车从属性上来看，其所有权归属于共享单车企业，企业和承租人通过互联网平台和利用扫码等简单、方便、新颖的技术缔结租赁合同从而将共享单车的使用权让渡给公众，且一人的租赁行为并不影响其他承租人的使用，每个人都能通过和企业缔结租赁合同实现使用共享单车。因此共享单车既不是纯公共物品，也不是一般意义下的私人物品，而是介于公共物品和私人物品之间的准公共物品，其具有有限的非排他性和非竞争性。

一、共享单车存在的行政监管漏洞

（一）市场准入和退出机制的审批疏漏

共享单车作为准公共物品和其所具有的公益性决定了其应该纳入公法调整的范畴，需要政府的相关部门对其进行规范和把控。面对共享单车企业如雨后春笋般的涌现，相关政府部门没有相应的企业资质审查且市场准入的门槛较低，既未在建立负面清单制度把好事前审查的关卡，也未在事中和事后的监管做好应急措施，从而导致各式各样的共享单车涌向街头，在经过几轮激烈的竞争洗牌后很多企业纷纷“夭折”，在未能明确和把控市场准入、退出机制和落实企业资金专用账户监管的背景下滋生了没有责任保险、公众押金难退等纠纷。

（二）行政机关对竞争规则的引导“缺位”

现如今的几家共享单车企业都是经历了激烈竞争洗牌后的幸存者，而“互联网 + ”时代下网络产品形成一定规模后，后来的企业想进入同样的市场难度加大。共享单车依托网络运营，现存的几家共享单车企业已经形成规模，在市场上拥有绝对优势的市场份额，在“机遇优先”的发展规则下，共享单车这一领域很容易产生“赢者通吃”（Winner-Takes-All）的效应。共享单车的兴起虽是因其新颖的技术和创新的模式，但真正能使其在如此激烈的竞争中存活下来的是资本。现今，很多初创的共享单车企业已经销声匿迹，而存活的这些企业依然不断地通过近乎于“烧钱”的方式去抢占市场份额和排挤竞争对手。从交易法则来看，这种竞争手段有利于优胜劣汰，通过竞争为市场提供更为稳定的服务。但是，当同行竞争者都被排挤出去，或者某个平台公司聚集了最多的承租人，这就很可能会导致市场垄断，其他竞争者很难再跻身这一领域，这就不利于技术进步和对承租人的保护。这种竞争将导致共享单车企业将融资置于首要地位，其次才是技术的革新和服务的提升，这样的竞争格局只会浪费更多的社会资源和财富，甚至可能出现“劣币驱逐良币”的格局。这种局面依靠企业自身是无法解决的，因此，政府相关部门应当通过立法规制其竞争秩序，为企业融资、技术和服务提出规范要求，并对其竞争进行引导和监督。

（三）对单车服务和侵占公共资源缺乏监管

企业对投入市场的共享单车质量缺乏自律监督、企业间的竞争盲目大量投放、承租人的不文明使用、第三人的恶意毁损、侵占等原因导致公众在享受企业提供的共享单车服务质量参差不齐，其中共享单车随停乱放现象尤为严重，单车数量分布也不科学，大量的单车堆积于地铁口、景区口等，严重堵塞交通要道，侵占公共资源和公共空间。企业作为共享单车的所有权人缺乏对自生产品的管理，对于市场上的废旧共享单车未能及时回收。当企业忙于抢占市场份额时相关政府部门缺乏对企业和承租人有效的监督和追责，监管主体不明加之企业的不自律导致共享单车一度严重影响交通秩序和城市市容，造成公共资源的浪费，侵犯承租人权益，如果缺乏有效的监管甚至会演变成“公地悲剧”。

二、共享单车行政监管的路径

近年来随着共享经济的发展和技术上日新月异的更新，相关政府部门也在努力寻找有效的监管对策。目前有关规制的方式主要有：不作为、制定法规、谈判（约谈）和诉讼。① 共享单车作为城市绿色、慢行交通系统的组成部分，符合政府所倡导的绿色、低碳出行的理念。但在共享单车投入市场后，除了企业的自律监管义务外，还需政府部门充分发挥其职能对企业监管义务履行的监管，对共享单车企业进行资质审查和建立企业准入和退出负面清单，制定奖惩机制引导企业的实现自我监管，在条件许可的情况下为慢行交通规划道路，尽快通过立法或者地方制定出台相应的行政规章、政策以引导企业合理投放和竞争。面对上述问题完全靠政府进行行政监管难免会有些力不从心，在“简政放权”的背景之下可以引入负面清单管理模式，由政府牵头搭建企业自律监管+政企合作监管+授权第三方监督的混合监管模式协同共治。

（一）企业自律监管

企业作为共享单车所有权人保证其产品的运营不妨碍公共交通是其应负义务，企业作为第一责任人有义务进行自律监管以不侵犯公共和公众权益，自不待言。在依法治国的背景下，为了充分发挥市场的自由和活力，应具体落实私法自治，这要求市场主体在不违背法律、法规、政府强制性规定和公序良俗的前提下可以自由进入市场，公权力不得擅自对市场进行干预，即法无禁止即自由。当共享单车企业合理地履行了监管义务且公共和承租人权益未遭侵犯，此时政府可不作为任行业自由发展，仅依靠企业自律监管即可。共享经济体制下，企业和承租人都需通过互联网平台缔结租赁合同约束共享单车企业和承租人双方，互联网平台又可通过自身制定相应规则和掌握的双方交易信息和记录从而监管交易以实现自律监管。

① See Andrew P. Morriss, Bruce Yandel & Andrew Dorchak, Choosing How to Regulate, 29 HARV. ENVTL. L. REV. 179, 2005, pp. 185-210 .

（二）政企合作监管

如果共享单车行业中因缺乏政府干预和保护而导致市场失衡，为了保障共享经济模式下共享单车的稳健发展，政府就需要通过立法或执法进行干预和调控。前文已经提到，因对共享单车企业的资质审查和准入退出机制不明确而引发了一系列问题，但在依法行政和简政放权要求下，政府正在朝着分权化、服务型进行转变，所以不能再依靠传统的以政府为中心的一元治理模式，此时引入负面清单制度不失为一种更为适宜的管理模式。

负面清单（Negative List），是指仅列举法律法规禁止的事项，对于法律没有明确禁止的事项，都属于法律允许的事项。① 长期以来我国实施的大多都是正面清单，在正面清单的管理模式下，政府干预市场，限制市场的自由，市场主体的准入都由政府说了算，市场的准入需要政府进行审批和决定，这无疑是和简政放权相违背的，然而社会的发展是立法者无法提前预估和进行规制的，所以引入负面清单则正是限权、放权的体现。针对共享单车企业的需审批事项制成清单，以法律的方式明确列举需要审批的具体要求、标准、程序及效力，并对市场准入和退出的限制进行提前说明，实行目录化管理，并确切落实政府的信息公开，此后行政机关不再对其进行审批，进而转变为登记、备案等监管方式，这无疑是一种限制政府自由裁量权、行政公开和高效行政的体现。

在负面清单管理模式下，政府与市场、政府与社会形成了双向的协商式合作规制，而不再是政府单方的强制性控制。② 负面清单管理模式要求政府简政放权，同时监管和服务并重。没有了繁杂的事前审批工作，则要把更多的精力放在事中、事后的监管和服务中。在政府和企业

---

① 参见王利明：《负面清单管理模式与私法自治》，载《中国法学》2014 年第 5 期。

② 参见喻少如：《负面清单管理模式与行政审批制度改革》，载《哈尔滨工业大学学报》2016 年第 2 期。

合作协同共治的模式中，政府的定位不再是传统政府主导者、命令者的身份，而是更倾向于扮演伙伴、合作者。政府和共享单车企业通过谈判（约谈）建立不同的责任分配制度，共同制定相应规则。同时政府需以法律的形式建立监管责任清单和权力清单并公示，以此来反制政府过度干预市场和充分保障共享单车企业在市场中的自由，从而达成合作监管。除此以外，政府和共享单车企业可通过互联网平台合作搭建监控网，实时调控城市片区共享单车投放量并进行管理，督促企业履行其相应义务。

（三）授权第三方监督

政府应充分发挥第三方的监督力量。政府可通过对行业协会咨询和听取行业协会的建议，广泛征集民众意见和要求，从而为企业制定更为科学全面的行业规范和奖惩条例。同时建立公权力和私权利共同治理的奖励机制，在共享单车投入市场运营期间可授权第三方如行业协会、社区等单位、组织按片区划分协助监督，对未按行业规范管理共享单车以至堵塞交通要道，侵占盲道等公共空间和公共资源的企业通过拍照、录像等方式取证并登记备案定期上报反馈相关部门；开通专项投诉通道，实现公众参与监督；可将上述监督方式的反馈情况作为评估企业资质的参考项，对未能达标的企业进行惩处甚至对严重违反行业规范的企业限制其在当地共享单车的投放，从而在企业间建立以服务为本位的竞争环境，促进行业健康有序发展。

三、共享单车行政监管的建言

（一）建立行业审批负面清单

中央通过立法或者地方政府制定地方性法规、规章明确企业在市场准入和退出的审批要件，并制作成负面清单，实行目录化管理，从而减轻相关政府部门审批压力。具体而言，负面清单下除企业应当按照相关法律法规要求进行商事登记的各要件外至少包括提供营业执照证明、在当地设立的办公地址及经营维修和转运消纳场所的信息、电信管理机构颁发的《互联网信息服务增值电信业务经营许可证》证明、进行互联网租赁自行车租赁服务的运营模式说明、服务管理、投诉和有关纠纷处理方式等制度文本、第三方检测机构出具的互联网租赁自行车合格检验报告以及为用户购买的责任保险协议等相关材料。对于已经在当地运营提供互联网租赁自行车服务的企业，应及时将相关材料在一定期限内补送至相关部门。

（二）定期对企业资金运营状况进行审查

加强对用户资金安全的监管。收取押金和收取预付资金的共享单车企业必须在运营城市当地设立押金、预付资金专用账户，政府要监督企业建立完善的承租人押金、预付资金退还制度以及制定企业在兼并、重组、退出市场等会影响承租人资金安全的情形下的相关措施，为保障和方便承租人及时申请退款，企业还应当通过互联网平台设置便捷的退款途径，在合理期限内完成退款，同时相关部门协调银行落实企业承租人资金专用账户的监查，确保资金专款专用。

（三）加强对企业技术更新的监管

共享单车企业应遵守《中华人民共和国网络安全法》等法律法规的要求，通过技术手段建立承租人信息安全系统和网络安全防范措施，合法采集承租人相关信息并受相关部门监督；同时政府应督促企业在技术上实现共享单车精准定位系统，全面推行电子围栏技术甚至地磁定位系统等技术。政府和企业共同搭建网络监控平台，合作调控城市各片区、各街道共享单车投放数量和规制摆放提前做好规划。通过监控平台和定位系统及时对随停乱放、大量堆积等情形作出反应，企业作为第一责任主体负责共享单车的投放、移转和摆放，政府相关部门协助和监督企业对共享单车的管理和废旧单车清理。

（四）建立诚信租车奖惩制度

对承租人以实名制进行网络注册登记，企业和政府共同建立承租人个人信息诚信档案，实现对承租人身份实时可查、事后倒查。政府和企业合作共建信息共享平台，建立黑名单机制，共同对使用共享单车的承租人进行监管。对规范用车和信用良好的承租人可通过奖励若干次数或天数免费使用权以激励承租人文明用车；对违规或违反租赁合同使用的承租人进行扣除部分押金或翻倍收取共享单车使用费甚至将其列入共享单车黑名单并公示，禁止该承租人使用任一企业提供的共享单车，这也同样为行政机关对违反行政法规的承租人进行行政处罚提供便利。

（五）引导建立公平竞争秩序

充分发挥政府监管职能，为避免企业通过超饱和的投放以及控制定价排挤竞争对手，政府可通过谈判（约谈）与企业共同搭建网络监控平台预估和分配城市各片区的容纳量，避免城市共享单车超饱和、部分路段大量堆积的现象，同时通过行业协会制定或与各企业谈判（约谈）共同商定行业服务价格标准和企业行为标准，各企业公开资费标准，严禁企业通过垄断市场价格的方式扰乱市场秩序；政府还可通过向社会购买服务的方式引导共享单车企业朝着预设的方向发展，从而引导建立以服务和技术为本位的竞争环境。

（六）加快慢速交通道路建设

加快建设慢行交通道路建设和非机动车停放设施。交通好似城市的血脉，每种交通方式都享有平等的路权，而路权正是交通顺畅高效的根本法律保障。现共享单车已然成为慢行交通的组成部分，所以政府就必须为自行车骑行者提供更安全的道路、更完善的管理，合理规划慢行交通网络和非机动车停放设施，将其纳入城市综合交通体系规划，并与城市公共交通规划相衔接，完善道路交通标识标线或隔离栏，依据《交通道路安全法》等法律法规对占用非机动车道等违法行为进行惩处，从而保障非机动车通行条件，使公共资源合理利用和再分配，同时兼顾协调好各类交通方式的路权诉求。

（七）授权第三方参与监督

充分发挥第三方监督力量，建立奖励机制，设立专项资金用于第三方协助监督。可授权行业协会、街道、社区和其他组织对共享单车的运营进行监督，监督承租人文明用车，禁止承租人将共享单车停放于非公共领域；开通举报、投诉反馈渠道以提高公众参与度，从而减轻行政机关监管压力，提高监管效率。

（八）多部门合作分工共同监管

总体而言，要想将共享单车治理好是一项复杂的工程，不能仅依靠某一个部门的力量，而是需要多机构、多部门进行协调分配职责共同治理。以武汉市为例，武汉市政府于 2017 年 8 月 28 日发布《市人民政府关于鼓励和规范互联网租赁自行车健康发展的意见》（武政规〔2017〕32 号）对企业商事登记和审批要件作出了明确规定，并由交通运输部门、城市管理部门、国土规划部门、城乡建设部门、公安交通管理部门、金融工作管理部门、工商、质监、网信等多个部门分工协作，对共享单车行业发展进行规划和调控，合理控制车辆投放时序和数量；互联网租赁自行车停放点位的施划、技术管理标准的监督实施；依法实施互联网租赁自行车停放秩序的日常管理，对不适宜停放的区域和路段，制定负面清单实行禁停管理，对乱停乱放问题严重的经营企业限制投放车辆；互联网租赁自行车通行的日常执法管理及交通事故纠纷的处理；组织对侵占、盗窃、破坏互联网租赁自行车等违法行为进行查处；受理相关投诉和建议等方面进行监督和管理。①

四、结语

共享单车的兴起改变了人们的生活，方便了人们的出行，让城市多了一抹绿色、低碳、慢节奏的生活态度。但有利必有弊，我们在享受共享单车带来的方便之余，也要正视共享单车的行政监管问题和对市民生活产生的负面影响。规范和治理好共享单车是一场攻坚战，面对共享单车所产生的行政监管问题，我们不能一味依靠传统的行政机关单方面监管模式，对于这一新兴事物的监管也需要创新思维，协调好政府和企业之间的关系，加强宣传教育，引导市民文明使用共享单车，明确各方的权利义务，加大企业的社会责任，既要鼓励其发展又要规制其行为，引导建立以技术和服务为本位的市场竞争环境，而这需要政府、企业、公众共同的力量。解决上述问题十分考验行政机关监管和执行的能力，通过引入负面清单管理模式可以将政府从繁杂的审批程序和大量的公共事务中解放出来，从而在简政放权的同时将更多的精力投入到对事中和事后的监管和服务中去；在具体的监管模式可试图建立企业自律监管+政企合作监管+授权第三方监督的混合监管模式，如此一来既能够适当分担政府压力，提高监管效率，还能够节约监管成本。

共享经济下不仅需要资源的共享，还需要共担责任，共同监督，寻求行业发展和制约的平衡，只有这样才能让共享单车在共享经济的背景下越骑越远。

---

① 参见《市人民政府关于鼓励和规范互联网租赁自行车健康发展的意见》（武政规〔2017〕32号），载《武汉市人民政府网》，http：//www.wh.gov.cn/hbgovinfo_47/szfggxxml/zcfg/gfxwj/201708/t20170828_133871.html，2018年4月15日访问。

城市扬尘污染综合治理研究①

王　丽　刘　祎*

【摘要】随着城市扬尘污染在城市颗粒污染物中的占比逐年增加，控制城市扬尘尤其是建筑扬尘和道路扬尘成为环境污染防治的重难点。然而，在治理过程中出现的制度依赖症又将环境治理导向了新的困境。如是，城市扬尘污染治理需要多方形成合力，同步行进，方能收获成效。通过分析这一现实困境，分别从理念、制度、技术和资金四个方面切入，寻找出城市扬尘污染治理中存在的主要问题，并提出些许构想。

【关键词】扬尘污染　环境教育　信息公开　污染防治

当前，继 PM2.5 之后，PM10 作为可吸入颗粒物的另一代表性词语，成为在大气污染防治和环境保护方面民众提及频率高又创新的词语之一，引发社会各界广泛探讨。在城市 PM10 污染物中，扬尘污染所占比重逐年增加。根据部分城市的调查研究显示，扬尘是导致城市颗粒物严重污染的主要因素。城市扬尘污染的治理，迫在眉睫。如何控制城市扬尘则成为大气污染防治和城市环境保护的新的重难点。

---

① 本文系湖北省教育厅 2017 年青年项目"凯尔森'纯粹法'理论与中国当代法治的互动"（17Q016）之阶段性成果。

* 刘祎，湖北大学政法与公共管理学院副教授、法学博士；王丽，湖北大学政法与公共管理学院 2016 级研究生。

一、城市扬尘污染之描述

（一）城市扬尘

城市扬尘因其经常处于无组织排放状态的特点，又被称为无组织尘。城市扬尘是单一源类（如土壤风沙尘、煤烟尘、建筑水泥尘、汽车尾气尘等）排放的颗粒物沉降到地面后的混合物，这些地表松散颗粒物质在自然力和人为作用下会进入到环境空气中①。引起城市扬尘污染的来源多种多样，依据其来源不同，城市扬尘主要可以划分为土壤扬尘、建筑扬尘、道路扬尘、堆场扬尘和工业扬尘等几大类型。

上述列举的几大类型扬尘源对城市大气的扬尘污染的“贡献”作用都不可小觑。其中，建筑扬尘和道路扬尘是城市扬尘污染的主要来源。这两种类型的扬尘，是城市扬尘污染防治工作的重中之重。

（二）建筑扬尘和道路扬尘

顾名思义，建筑扬尘是指建筑施工、房屋拆迁、道路施工等过程中物料堆放遮挡不严、物料运输洒露、建筑垃圾渣土清理不当、施工场地路面没有硬化等所产生的扬尘②。随着我国城市化建设进程的不断加快，大多数城市地区的建筑扬尘排放量急剧增加。而我国目前对建筑扬尘尤其是建筑工地的扬尘控制措施依然停留在传统控制的模式上，例如对裸露地面和料堆采用防尘网苫盖或洒水；在工地周围采用硬质围挡、高空作业采用塑胶网围挡③；在工地出口进行简易的喷洒、洗车装置

---

① 冯银厂：《城市扬尘有很大可控空间》，载《中国环境报》2013年10月。

② 冯跃武，陈杰：《城市扬尘污染防治初探》，载《能源与节能》2011年第4期。

③ 赵秀勇，程水源，田刚等：《北京市施工扬尘污染与控制》，载《北京工业大学学报》2007年第10期。

等。一方面，这些措施简单易行、成本低，但另一方面控制效果却极其有限。此外，建筑工地仍然存在大量不规范施工的情形，致使本就有限的防治措施的效果更是大打折扣。

道路扬尘指道路、街道上的积尘在机动车碾压、人群活动或者风力作用等动力条件下，进入环境空气中的扬尘。与建筑扬尘相比，道路扬尘具有污染强度较弱、控制措施较简单、防治成本较低等特点。例如环卫部门安排的日常道路清扫、洒水等措施，以及市政部门进行绿化建设等，目的都是为了减少、抑制道路扬尘，保证城市环境空气的清洁。因此，防治道路扬尘的重点在于，在已有方式上纵深探索，丰富防治手段；同时不断整合已有方式，使之更趋完善，以形成立体防治图景，发挥最大的功效。

二、治理城市扬尘污染的思维窒碍

作为大气污染防治的一环，城市扬尘污染治理在立法层面上有《环境保护法》《大气污染防治法》等作为法律依据。同时，环境伦理学上的可持续原则也为其提供了理论支撑和现实要求。其治理的必要性、可行性抑或有效性都毋庸置疑，无须赘述。然而，我们在分析、探讨和论证如何治理城市扬尘污染的过程中，却已经陷入另一种困境而不自知，是以出现事倍功半的尴尬局面。

这种困境在于，每当一种现象产生危害后，我们才意识到应该开始探索现象背后的成因；每当一个问题需要直面时，我们便急于向社会制度寻求治病之良方。然而，“制度是一系列被制定出来的规则、守法程序和行为的道德伦理规范”①，制度的优劣在很大程度上取决于道德伦理规范的完备状态。追本溯源，思想理念才是制度的本源、

① ［美］道格拉斯·C. 诺思：《经济史中的结构与变迁》，上海人民出版社1994年版，第255—256页。

基础和出发点。后知后觉的钝与只谋一域的愚，是我们陷入困境的原因，也是我们需要克服的障碍。若反向观之，也是我们攻坚克难的机遇与可能性。

大气污染防治的工作，绝非一朝一夕可以完成。要想打好这场攻坚战，就必须立足长远。具体说来，我们不能习惯性地在问题出现后一味向制度寻求解决方案，而忽视理念的培养与塑造。我们必须防患于未然，必须遵循“理念—制度—技术”这一进阶线路，才能寻找出问题本源，设计良好有效的制度，创新科学技术，最终解决发展中的每一个难题。

三、城市扬尘污染治理的问题分析

遵循“理念—制度—技术”这一进阶线路，本文在对城市扬尘污染治理中存在的主要问题进行分析时，拟从理念、制度、技术以及资金四个方面入手，以区别于大多数行文中集中对扬尘污染治理制度的优劣分析，或者单以扬尘污染类型为切入点的防治分析。

（一）环境保护意识薄弱

1. 政府部门环保意识薄弱，环保执法不严

由于政府担负着城市生态建设的职责与公共服务的职能，与企业和个人这两个主体相比，政府的环境保护意识理应更强、层次理应更高。政府中的环保、国土、水利、农业以及卫生部门，或多或少都在大气污染防治工作中发挥着作用。然而，抛开政府相关部门的职责要求和内容，政府部门尤其是政府工作人员的环境保护意识非常薄弱；在执行环境保护相关的法律法规时，力度不够，甚至出现徇私舞弊、有法不依的现象。

2. 建筑企业环保意识缺乏，轻视扬尘污染之弊

在探讨城市扬尘污染治理的情境下，此处的“企业”主要是指建筑企业。穆怀中教授在其文章中概括性地指出“建筑扬尘源自建筑工地非规范化施工”①，亦即建筑企业缺乏环境保护意识，轻视建筑扬尘对城市环境污染的影响。由于建筑扬尘在城市扬尘中的占比不断上升，建筑企业的环境保护理念的补足与强化亟待行进。这将对城市扬尘污染的治理起着重大作用。

3. 公民漠视污染防治工作，“助力”环境污染活动

日常生活中，与这一主体联系最为紧密且明显的是道路扬尘。个人日常活动很可能就是道路扬尘形成的作用力之一，同时，道路扬尘对个人生活的影响直观可见，例如在走路、跑步、开车等活动过程中，都能有所体会。公民的环境意识薄弱一般表现为不关心、不参与污染防治相关的活动，面对污染防治宣传等不配合、不接受，甚至出现违规倾倒建筑装饰垃圾等强化环境污染的行为。此外，环卫部门安排的道路清扫人员在清扫过程中的怠工等行为，也是公民缺乏环保意识的体现。

（二）防治措施落实不到位，缺乏长效机制

（1）政府环境责任是政府为满足社会公众的环境公共需求而承担的环境义务②。《环境保护法》在总则篇章概括性规定了地方政府的环

① 穆怀中，杜芳雨，赵志超：《合同环境服务与城市扬尘 PM10 控制策略创新研究》，载《理论前沿》2016 年第 8 期。

② 张建伟：《完善政府环境责任问责机制的若干思考》，载《河北法学》2008 年第 3 期，第 34 页。

境管理职责，但在该部法律中对于政府的环境责任规定却是少之又少①。尽管《环境保护法》《大气污染防治法》《环境信息公开办法》等规范性法律文件中都有政府应依法履行“对环境质量负责”的职责规定，但这些规定往往止于政策层面，属于宣言性要求②，约束力偏低，防治措施落不到实处成为常态。

（2）城市扬尘管理仍处于反馈式阶段。目前，我国城市扬尘污染管理工作呈现出“问题反馈—问题探索—问题解决”的景象，属于典型的事后解决模式，未能形成长效预防的管理机制③。然而，城市扬尘污染治理更需要立足长远，建立一种常态化、长效化机制。否则，即使“奥运蓝”“亚运蓝”这种权威性治理模式能在短期内收获良好的效果，也无法突破性地解决城市大气污染问题。

（三）抑尘产品类型化，且扬尘污染监管技术缺乏

（1）在城市扬尘污染治理的研究中，化学抑尘剂的研发与运用更加频繁地被提及。化学抑尘剂主要通过固结凝并、吸湿、保湿 3 种机理起到固尘防尘的作用④。近年来，世界各国都在不断研发新的抑尘剂，力求抑尘剂的成本更低、污染更少、功能性更强。但就我国目前常见的抑尘剂而言，种类较为单一，且存在腐蚀性较大、有污染等问题。如何减弱抑尘剂的腐蚀、污染效应，同时增强其功能性、研发更多种类，理应是我国在扬尘污染防治工作中更加重视的方面。

---

① 龚至柔：《地方政府环境法律责任研究》，中南林业科技大学 2015 年硕士论文。

② 龚至柔：《地方政府环境法律责任研究》，中南林业科技大学 2015 年硕士论文。

③ 王海：《武汉市城市扬尘污染控制对策建议》，载《中国环境科学学会学术年会论文集》，2014 年版。

④ 王新民：《我国城市扬尘污染及其控制对策研究》，载《环境科学与技术》2014 年第 4 期。

(2) 扬尘污染的监管技术体系，主要是动态的扬尘管理数据库的缺乏，致使在城市扬尘污染治理中的监控与评估工作，难以更为顺畅、有效进行。这也是城市扬尘的空间多源广泛性、排放随机性的特点给治理工作带来的困难之处。因此，构建动态的扬尘数据管理库，优化扬尘污染的监管技术体系，具有极大的现实意义。

(四) 扬尘污染治理资金不足

环境污染治理问题不同于其他，具有长时性、高成本等特点。因此，物质要素便凸显出不可或缺的地位。在城市扬尘污染治理过程中，资金也是关键要素之一。然而，仅仅依靠中央财政的支持，外加地方政府有限的投入，远远不能为污染治理工作提供有力支撑。城市扬尘污染治理工作的成效平平，在某种程度上，不得不说与资金不足也有关联。若想在治理工作上取得更好的成效，必须加大资金投入力度以为其提供强大的财力支撑。

四、城市扬尘污染治理的新进路

问题导向思维，是我们在探讨、分析问题时必须培养和秉承的。谈及城市扬尘污染治理，运用问题导向思维再合适不过。在初探城市扬尘污染治理的困境及存在的主要问题之后，分析其进路、作出些许设想，或许能为治理工作提供思路。

(一) 倡导环保理念，加强环境教育培训

1. 倡导全民绿色生活模式，增强环保意识

要想实现全民、全面、全方位的大气污染治理局面，必须让理念先行。建立健全大气环境保护教育机制，将环境保护的理念渗透到生产、

生活的各个层面；转变消费观念，倡导环保消费模式①。总之，要在全社会树立环境保护理念。具体到城市扬尘污染治理上，政府也应该积极担负起宣传教育的工作，例如通过编制《城市扬尘污染防控宣传手册》进行宣传等，使环境保护理念深入到社会生活之中。

2. 加强对企业的环境教育培训

环境教育培训对公众、企业都是不可或缺的，但企业的影响力决定其接受环境教育培训更为必要。以建筑企业为例，将环境教育培训贯穿于建设项目审批、环境影响评价以及污染防治设施验收等环节，并通过文件发送、工地督导检查等方式强化企业的环境保护理念与责任意识，使其在施工建设过程中更加文明规范。这在一定程度上也有利于建立良好的企业、行业形象，营造健康有序的经济环境。

（二）完善扬尘污染防治制度，强化监督能力

1. 明确政府的环境责任，建立长效性扬尘污染防治机制

明确政府环境责任的最佳方式就是建立健全政府环境问责制。这是问责制度在环保领域的延伸与发展。传统的“头痛医头，脚痛医脚”模式乍看之下固然有其针对性优势，但却不能匹配环境污染治理的长效性要求。建立健全问责制度和问责程序，形成长效性扬尘污染治理机制，有利于实现及时、有效问责，防止事故出现时问责的主观化、盲目化、情绪化。这也是环境保护和生态建设的常态要求。

2. 严格政府和企业环境信息公开的要求与范围

《环境信息公开办法（试行）》中对于政府环境信息公开和企业环

---

① 张鸿宇：《科学防治污染，改善大气环境质量》，载《河北日报》2014年12月。

境信息公开都作出专章规定。文本明确要求政府应当在职责范围内主动公开诸多政府环境信息，并且规定了公开的相关程序。但法律后果这一要素的省略，致使条文本身对人的心理上的抑制感弱化。政府未能及时公开环境信息的情形时有发生，公民主动申请公开相关信息的“底气”也不足。此外，国家鼓励企业自愿公开大量相关的环境信息，而对企业应当公开的信息则进行少量且有限列举。此种规定不利于公民获取、了解企业环境信息，更谈不上及时有效的监督。因此，进一步提高政府和企业环境信息公开的要求，扩大公开的范围，使这些主体的责任更为严格，也是环境污染治理的必然要求。

3. 强化公众和组织参与环境污染治理的监督权利

以昆明市为例，昆明市2011年政府常务委员会审议通过《昆明市环境保护公众参与办法》，其中规定了公众获取环境信息的渠道、公众参与环境保护的范围以及公众参与环境监督、管理及政策的制定①。与《环境信息公开办法（试行）》的责任视角不同，这一规定是从公众的视角和权利要求出发，强化公众在环境保护方面的参与、监督权利，以对政府和企业形成制约。但是，昆明市的这一办法毕竟受效力等级的限制，不具有普适性，将公众参与环境保护提升至法律、行政法规的层面，是亟待考量、论证的问题。毕竟，如著名法学家凯尔森所主张的：“一个规范冲突，就实践上的目的而言，是一个不可欲的事态，但是并非一个不可能或不常见的事态。”一旦出现违反规范的情形时，法律等级秩序的统一性便成问题。② 同时，社会组织的力量也必须重视起来，特别是民间环保组织，在宣传、监督、资金等方面的作用不容小觑。

---

① 邓晓宇：《长株潭地区大气污染防治的法律对策》，中南林业科技大学2015年硕士论文。

② 张云铎：《论凯尔森纯粹法理论之宪法效力观》，载《成都理工大学学报（社会科学版）》2016年第4期。

（三）推进监管技术体系建立，加大抑尘产品研发力度

1. 推进建立扬尘污染的监管技术体系

大数据时代的到来，使得生活的方方面面都呈现出新态势。充分利用大数据的优势，建立扬尘污染的监管技术体系，通过运用动态的扬尘管理数据库，监控、评估城市地区的环境状况，对于扬尘污染治理大有裨益。大气污染防治工作，必须依靠大数据提供强有力的技术支撑。这是大数据时代对环境保护与污染防治工作提出的新要求、新期待和新机遇。

2. 加大研发抑尘产品的力度

科学治污需要多种主体、多种方式形成合力。抑尘剂的研发、运用，也是必不可少的一环。目前我国常用的抑尘剂有化学抑尘剂、生物抑尘剂，并且在研发更加高效安全的抑尘剂的道路上不断探索。进一步加大科学研究力度，充分利用和发挥其抑尘效果好、抑尘周期长、投入成本低、对环境无污染的优势，也是城市扬尘污染治理的策略之一。提高科技研发在环境保护方面的关注度，增强以创新带动发展过程中解决问题的能力，势在必行。

（四）设立联防合作资金，引入社会资本

1. 建立来源多样化的资金机制

目前，仅仅依靠中央财政给予一定的资金扶持，外加地方财政的有限投入，远远不能解决污染治理的资金需求。而建立来源多样化的资金机制，势必能为城市环境污染治理提供依靠。这不仅要求中央财政持续、稳定地提供资金支持，还要求加大对环境污染重灾区以及经济落后地区的支持力度。此外，根据污染者付费原则，污染者缴纳的排污费也

应该是大气污染联合防治组织资金的来源之一①。除排污费之外，在污染者故意违反排污规定时，还应加处一定罚款。这些都应当纳入城市环境污染治理资金的范畴。

2. 引入社会资本

环境污染治理从来都不应只是国家的责任，也应是整个社会的责任。公众参与原则要求社会上的个人和企业尽量参与到大气污染的治理中来，引入社会资本②。无论是接受社会资本、捐赠，抑或是进行其他方式的融资，都是为推动环境保护事业的有益设想，值得一试。但在探索引入社会资本的同时，如何规范资本引入模式、规避市场经济因素的固有弊端，也需要认真考量。

五、结语

我国当前面临的城市扬尘污染问题具有普遍性和复杂性，无论从制度还是技术层面探索解决方案，都应当全面合理地进行规划。然而，追本溯源之后发现，该问题的根源在于人们的理念缺失。这一因素在很大程度上决定制度的优劣以及是否被遵循。由此，在已形成认识的基础上，我们必须明确：环境污染治理需要形成合力，搁置理念、制度与技术的先后问题，加大各个方面的投入力度，同步进行，才是解决环境污染治理问题的应有之态。城市扬尘污染治理才能从中求得良方。

---

① 莫蝉杏：《区域大气污染联合防治法律制度的研究》，广西大学 2017 年硕士论文。

② 张云铎：《论凯尔森纯粹法理论之宪法效力观》，载《成都理工大学学报（社会科学版）》2016 年第 4 期。

涉众型经济犯罪案件受案立案机制研究

——以 W 市为例

江　岚*

【摘要】 涉众型经济犯罪案件的受案立案是涉众型经济犯罪侦查工作的重要环节。受案立案作为侦查工作的起始，对于有效打击和防范经济犯罪对经济秩序和经济安全的危害，起着重要的作用。要建立完善涉众型经济犯罪受案立案机制：一是整合市区经侦综合机构，赋予受案登记职责；二是整合市区执法监督队伍，赋予立案审查职能；三是制定受案立案工作规范，源头提升立案质量；四是规范立案审查工作时限，解决立案审查超时；五是完善受案立案执法监督，防止受案立案违规。

【关键词】 涉众型经济犯罪案件　受案立案　机制

2018 年 1 月 1 日起实施的《最高人民检察院公安部关于公安机关办理经济犯罪案件的若干规定》第 78 条首次明确了“涉众型经济犯罪”的法律概念，将其定义为：“基于同一法律事实、利益受损人数众多、可能影响社会秩序稳定的经济犯罪案件，包括但不限于非法吸收公众存款，集资诈骗，组织、领导传销活动，擅自设立金融机构，擅自发行股票、公司企业债券等犯罪。”2018 年 5 月 15 日是全国公安机关打

---

* 江岚，女，刑法学博士，湖北大学政法与公共管理学院副教授，硕士生导师，主要研究方向为刑事法学。

击和防范经济犯罪宣传日，从公安部当日对外发布的公安机关打击涉众型经济犯罪十大典型案件来看，涉众型经济犯罪案件呈现出有别于传统经济犯罪案件的特征：花样翻新，蛊惑性强；手法多样，欺骗性大；手段交织，危害性强等。

近年来，涉众型经济犯罪案件的受案立案问题一直困扰着公安机关经侦部门，成为影响和制约经侦工作健康发展的难题。完善和规范涉众型经济犯罪案件受案立案机制，是经侦部门科学判断、客观把握经济犯罪形势、正确决策防范打击的一项重要基础工作，也是党委、政府和公安机关决策社会治安综合治理的重要依据之一。加强和改进涉众型经济犯罪案件受案立案工作，积极回应人民群众对经侦执法工作的新期待、新要求，着力解决群众"报案难、立案难"问题，是公安机关经侦部门在加快建设公正、高效、权威的社会主义司法制度中所肩负的义不容辞的责任。① 2015 年 2 月，中央审议通过了《关于全面深化公安改革若干重大问题的框架意见》及相关改革方案，其中"完善立案审查制，探索实行受案立案分离和立案归口管理制度"赫然在列。作为完善执法权力运行机制之一，公安部改革办此次将"探索实行受案立案分离和立案归口管理制度"列入公安改革事项绝非偶然，既有从建设法治公安着眼，从源头上防范冤假错案和避免"一错再错"现象发生，又有从强化受案环节流程管控和监督管理入手，提高立案质量和规避利益输送。结合笔者挂职所在的 W 市经侦部门工作实际，对建立完善涉众型经济犯罪案件受案立案机制提出若干思考。

一、涉众型经济犯罪案件受案立案的现状

经济犯罪案件受理，一般是指公安机关经侦部门依职权对报案、

① 罗斌飞：《转型与改革：经侦受立案的困境及路径》，载《武汉公安干部学院学报》2017 年第 1 期。

控告、举报或犯罪行为人主动投案，以及行政主管部门、司法机关移送的刑事犯罪案件表示接受，并拟开展刑事侦查或诉讼的一种程序上的法律活动。严格意义上讲，受理既包括接受（受案），又包括初步的审理（立案审查）。涉众型经济犯罪案件的受案工作则远较一般刑事犯罪案件的受案工作更为复杂，受案人要综合运用实体法及程序法知识，就罪与非罪、案件管辖、证据效力等问题作出正确判断。以 W 市为例，据不完全统计，2015 年至 2017 年，W 市经侦部门接受群众报警咨询的案件中，登记或录入系统的警情，约占群众报警咨询总数的 47.63%；经审查后受理立案案件，约占群众报警咨询总数的 29.05%；而咨询式、借助式、求助式报警案件，约占群众报警咨询总数的 52.37%。

二、涉众型经济犯罪案件受案主要形式

近年来，涉众型经济犯罪案件逐步呈上升趋势，成为影响社会安定稳定的主流犯罪。从 W 市经侦部门受案情况看，主要有六种表现形式：

一是法律咨询式报警。当事人对自身所发生的权益侵害属于经济纠纷或者经济犯罪把握不准，或抱试试看的心态，或通过熟人、通过经侦协作单位、友好人士介绍，或通过律师途径，到经侦部门进行法律咨询性报警，企盼借助刑事侦查权解决权益纠纷问题。

二是借助刑事式报警。当事人明知自身所发生的权益侵害属于或介于经济纠纷，企图借助刑事手段以捷径解决问题，或企图借助刑事初查权来获取缺失的证据，或频频报警或通过各级领导或通过各种关系到经侦部门疏通关系，企图借助刑事侦查手段插手经济纠纷。

三是公民求助式报警。当事人在侵害问题发生后，根本无法辨别自身受到的侵害属于何种性质，苦于投诉无门或到政府相关部门多处咨询受阻后，怀着对“人民警察为人民”的信任，到公安机关报警求助。

四是寻求维权式报警。当事人的维权意识较强，但是对法律知识掌握相对滞后，对经侦部门受案管辖的范围、经济犯罪的性质缺乏认识，当不法侵害事件发生后，误认为只要涉及金钱、合同等一系列与经济有关的问题就属于经侦部门管辖，绝大多数人甚至片面认为只有经侦部门才能迅速有效帮助他们挽回经济损失，报案随意性大。

五是信访举报式报警。一些公民或出于对经济犯罪现象的痛恨、公民的职责，或出于内讧引起争议或出于其他目的，或担心举报信息泄露遭到报复，以实名、联名或匿名形式，向各级党政机关和司法部门投递信访举报件，以期达到揭露违法犯罪等目的。

六是部门移送式报警。主要为纪检、司法、行政执法等部门移送的线索。从2016—2017年受理移送情况看，纪检、司法、行政等部门分别移送61起、3起、63起，占警情总数的4.42%、0.21%、4.56%。从移送的案件线索看，一些部门移送的线索清晰，经审查后基本能立案侦查；一些部门移送的线索模糊或未能提供相关鉴定和证据，或原属于本部门作内部行政处理未果而移送。

三、涉众型经济犯罪受案立案存在的不规范现象

全国经侦机构组建以来，先后依据相关法律法规制定了《公安机关办理经济犯罪案件的若干规定》《公安机关经侦部门办理经济犯罪案件规则（试行）》，但由于经济犯罪具有涉猎范围广、涉及法律多、性质甄别难等特征，上述规定难以适应千变万化的犯罪形势和侦查工作需要。从近年来经侦部门受案立案情况看，一些地方虽制订一些工作规范，但区域性特征明显，难于全面施行。同时，基层经侦部门存在的“实有警力少、专业人才少，报警求助多、临时勤务多”和经侦民警“专业素质差异、执法理念认知、客观因素影响”以及“既要承担经侦主业，又要承担治安和刑事等副业”等实际，加上“刑民交叉”和受长期司法实践“先刑后民”的困扰，机制、体制和社会因素制约的影

响，导致经济犯罪受立案工作出现诸多不规范现象。①

（一）受理层面不规范

2013年公安部《关于进一步加强和改进经济犯罪案件立案工作的若干意见》要求，设区的市一级以上公安机关经侦部门以及有条件的区级公安机关经侦部门，应当明确专门的受理机构或确定专人或设定专门工作程序受理经济犯罪案件。但从目前案件受理实际看，此项统一受理工作仍然搁浅，除了受“警力配置、勤务设置、专业素质、职业操守”等客观条件限制外，关键在于“大局意识、维稳需要、不惹麻烦”或“领导未作表态、警力难于应对、统一把握尺度”等主观因素在作祟，现实接警中仍以领导亲自把关或者指派案件受理为主的“长官意识、多头受理”为模式的现象，导致案件“受理标准不一、受理入口多出、受理模式多样”等问题。

（二）案件受理程序不规范

经济犯罪发案时间多滞后，跨区域案件屡见不鲜，时间、空间跨度大，审核案件线索很仓促，没有有效的证据也就无法对案件进行准确的定性。一些经侦部门对待群众各种形式的报警求助，或以“缺乏相关报警材料和证据材料、属于行政或民事行为、引导到行政部门诉求或到法院诉讼、上级领导未表态批办、相关职能部门未统一协调”等理由拒之门外，既不履行接受报警、问明情况、制作笔录、接受证据材料、了解掌握情况的职责，导致“案前动态了解滞后、案初动态掌控不足、案后情况掌握迟滞”，有时难免间接造成对犯罪的放纵，丧失防范打击主动权；也不履行“法律告知、引导解释、案件移送”等职责，导致一些报警求助的民众为了达到案件受理目的，不惜通过各种关系和各类

① 杨锦芳、肖雯：《浅议人民检察院在民刑交叉案件中的法律监督地位》，载《云南大学学报（法学版）》2009年第1期。

"掮客"疏通、通过各种渠道投诉举报。一些投诉无门的民众特别是涉众型经济犯罪的当事人因而四处上访闹访，无形中损害了经侦部门的声誉和执法公信力。

（三）案件受理登记不规范

由于警力、时间、人为等因素制约，加上系统设置、制度规范、顶层规划的不合理等，导致很多案件处于领导"确定受理、确定立案"后才录入警情流转或者"体外循环"和补录现状，特别是信访举报和线索移送等信息从上到下未制定统一录入系统移送机制，导致信访举报多头、多渠道转交转办，经侦民警无所适从，付出了大量的辛勤劳动而无法体现工作实效，导致各级无法实时跟踪监督、报警求助公民产生极大误解和不满，也影响了党委政府和上级公安机关对经侦部门实际工作的评估和决策。①

（四）案件审查立案不规范

经侦部门受案后，必须对案件涉及的账户、号码、票据凭证等相关证据进行查证，但是根据《刑事诉讼法》等相关法律法规规定，许多有效查证必须立案后才可依法进行，而实践中涉案单位或人员不肯轻易提供与案件相关的材料，两者之间不可调和的矛盾使得经侦民警在立案审查时左右为难。同时，基层受"警力紧缺、勤务繁多、业务差异、性质甄别、领导决策、敬业责任"等多重因素制约，特别是案件本身具有的难于甄别、定性的特性，一些难度大的案件受理后难于在规定的时间内完成审查和作出是否立案决定；一些案件受理后由于民警的职业操守影响，以及受理、审查、立案网上全程监督管理环节的不到位，导致受理、审查和是否立案过程存在推诿拖延状态；一些信访举报、线索

---

① 刘忠：《"命案必破"的合理性论证——一种制度结构分析》，载《清华法学》2008 年第 2 期。

核查等只是简单履行核查办理程序后反馈，大部分未作立案侦查，造成线索流失。

四、完善涉众型经济犯罪受案立案机制的若干思考

习近平总书记在中央政法工作会议上讲话指出："司法机关是维护社会公平正义的最后一道防线，要肩扛公正天平、手持正义之剑，以实际行动维护社会公平正义，让人民群众切实感受到公平正义就在身边，决不允许对群众的报警求助置之不理。"① 《中共中央办公厅国务院办公厅印发〈关于全面深化公安改革若干重大问题的框架意见〉及相关改革方案的通知》（中办发〔2015〕17号）将"改革受案立案制度、健全受案登记制，完善立案审查制，探索实行受案立案分离和立案归口管理制度，做到有案必立、受案必核、立案必查"列为公安机关执法办案制度改革项目。《公安部关于受案立案制度改革的意见（征求意见稿）》，提出在市县两级公安机关设立案件管理中心，对案件实行网上集中统一管理，并在受案、立案阶段分别履行"掌握、监督、接受、分派"等职责。公安部《关于受案立案制度改革的几点说明》明确了案管中心与指挥中心、办案部门的职责划分和工作衔接，指挥中心主要负责接警、派警、指挥处警，并根据群众报警描述进行分流；案管中心主要负责案件管理，聚集处警后续的案件管理、依法办理、流程管控、争议处理；办案部门自行受案后，要进行网上登记、立案审查，接到案管中心网上分派的案件后，要进行立案审查。受案立案是顺利启动刑事侦查乃至刑事诉讼程序的基础，因此，要围绕中央和公安部改革精神，建立适合经济发展需要和切合办案实际的涉众型经济犯罪受案立案工作机制。

---

① 习近平：《坚持严格执法公正司法深化改革促进社会公平正义保障人民安居乐业》，载《人民检察》2014年第1期。

（一）整合市区经侦综合机构，赋予受案登记职责

从公安部《关于受案立案制度改革的几点说明》中可以看出：无论受案立案机制如何改革，办案部门还是需要承担案件受理和立案审查的职责。从涉众型经济犯罪受案立案实际情况看，大量的案件还是必须由经侦部门自行受理和立案审查。从经侦部门编制结构来看，在市级经侦部门专门设立一个机构从事受案立案工作，有违改革方案提出的受案立案分离和立案归口管理的精神，也不符合目前警力配置实际；① 而由承担具体管辖领域业务的业务队受理案件，也不符合改革精神。建议在不增机构、警力的前提下，将市级经侦部门承担综合保障与情报信息科队的警力和职能整合，设立集“综合保障、情报信息、受理登记”为一体的综合管理大队，负责承担“案件受理登记，接受 110 推送警情，接受案管中心分派案件，接受其他机关移送案件，对接案管中心监督，掌握分析全市受案动态，跟踪区级经侦部门受案”等职责，既能发挥及时掌握涉众型经济犯罪动态、辅助领导决策，又能全面分析研判涉众型经济犯罪动态信息、提出打击防范对策，实现受案立案分离的要求。区级经侦部门警力少、任务重，综合机构更是人少而任务重叠。如果在区级案管中心统一负责涉众型经济犯罪案件受案，既可减轻经侦工作压力，又可缓解经侦警力不足。但要付诸实施，必须提升警力编制基数，否则由案管中心全面负责受案既不现实，也不可能。建议立足基层警力实际，顶层设计、全面规划区级经侦机构设置和增加人员编制，设定区级经侦综合机构职能，设立由 2—3 人组成的集“综合保障、情报信息、受理登记”为一体的综合管理队，负责承担“案件受理登记，接受推送警情，接受案件移送，对接案管监督”等职责，实现区级经侦部门受案立案分离的要求。

---

① 王成林：《刑事案件受立案分离和立案归口管理制度改革探析》，载《广西警官高等专科学校学报》2015 年第 6 期。

（二）整合市区执法监督队伍，赋予立案审查职能

涉众型经济犯罪案件的立案审查和决定是否立案，是一项艰巨繁重的工作，案件受理后的审查和决定是否立案的过程，对案件基本环节、证据收集、侦办思路均作出了全面梳理，完成了案件侦办工作所面临的性质认定、证据搜集、侦查方向等难题的化解。因此，必须针对涉众型经济犯罪案件独具的特点，将立案审查和决定是否立案集于一体，在市级现有执法监督机构职能中，通过充实骨干力量、增加审查和立案管理职能，实行警组轮接、交叉审查机制，在区级部门中则由2—3名专职或兼职法制员承担此职能，负责综合管理部门案件受理登记后流转的案件审查和是否立案的审核呈批、指定案件侦办单位的流转、案件侦办流程的跟踪监督，接受案管中心的立案监督，这样既可以实现受案立案分离，又可提升立案质量。

（三）制定受案立案工作规范，源头提升立案质量

经侦管辖的各类犯罪案件具有领域广、罪名多、类型杂、差异大等特殊性和复杂性，且常常和民商事纠纷密切相关，智能化、职业化、科技化程度越来越高，基层民警应付日常警务已自顾不暇，很难有时间学习掌握不断变更新的法律法规和专业知识，在接到报警后，凭借少量零星的证据和有限的时间立即对案件性质进行准确判断难度较大，有时即使经过细致的审查，对罪与非罪的界限也难于把握。因此，建议制定全国统一的受案标准、受案规范、审查规则、报案指南，制定集“侦查重点、取证重点、询（讯）问重点证据规格”等为一体的案件侦办指南，解决“立案标准规定不详尽、实际操作存在难度、公检法认识不统一”等实践窘境，让基层受案民警有法可依、有章可循。这样既可缓解群众对经侦部门受案立案工作的理解，又可让受案民警依照规范受理登记案件和开展立案审查。

(四) 规范立案审查工作时限，解决立案审查超时

立案审查作为涉众型经济犯罪案件立案前的特殊环节，在实践中被普遍使用。一些经侦部门因为不能按照有关法律、法规、规章和规范性文件，在案件审查中出现随意性和任意拖延，成为群众误解和责备经侦部门的主要原因，也是信访案件上升的重要原因。从经侦执法办案中存在的立案审查周期长、超时限、久审不立等程序违规情况看，除了事业心、责任感问题外，主要是民警缺乏相关民法、商法等方面的知识，面对纷繁的账目、双方当事人的互相控告，往往无从下手，导致在受理审查后长时间不作出是否立案的决定，因此引发当事人的不满意和信访、举报、控告。《公安机关办理经济犯罪案件的若干规定》的第 6 条、第 9 条、第 10 条规定："公安机关接受涉嫌经济犯罪线索的报案、控告、举报、自首后，应当进行审查，并在 7 日以内决定是否立案；重大、复杂线索，经区级以上公安机关负责人批准，立案审查期限可延长至 30 日；特别重大、复杂线索，经地（市）级以上公安机关负责人批准，立案审查的期限可延长至 60 日；公安机关接受行政执法机关移送的涉嫌经济犯罪案件后，应当在 3 日内进行审查，并决定是否立案。"但上述规定与基层工作实际存在较大差异，建议上级重新规范审查期限，将一般案件审查时间延长至 20 日，重大、复杂案件审查时间延长至 60 日，特别重大、复杂案件审查时间延长至 90 日，将行政执法机关移送案件审查时间延长至 15 日，解决涉众型经济犯罪案件审查超时现象。

(五) 完善受案立案执法监督，防止受案立案违规

《刑事诉讼法》对立案审查期限、权力、程序规定的空白导致立案审查程序游离于诉讼程序之外，立案审查赋予经侦民警自由裁量权，涉众型经济犯罪案件从受理到立案，绝大多数都需要进行立案审查才能确定应当立案还是不立案，因此立案审查亟待规范和监督，防止侦查手段被变相适用，更不能用立案审查手段来消化处理人情案、关系案。2015

年 2 月 11 日，《人民日报》民主政治周刊刊发评论员文章，质疑有些经侦部门民警利用经济犯罪与民商事纠纷密切相关、很难区分的借口，混淆民商事关系和刑事法律关系，滥用刑侦权，利用管辖的经济犯罪，介入民商事纠纷或干预纠纷。党报周刊对经侦部门受案立案提出质疑，从一个侧面反映经侦部门受案和立案审查的不规范现象，也体现出对经侦受案立案工作提出的要求和期待。① 因此，应该在《公安部关于受案立案制度改革的意见》精神基础上，通过立法和部门规章，从源头制定操作性强、制约性强的立案审查规则和责任追究规则，防范和杜绝立案审查中的违法违规现象。

① 马婷婷：《公安机关刑事案件立案程序问题及对策研究——以立案程序功能论为视角》，载《政法学刊》2016 年第 6 期。

【城市治理中的法律服务】

湖北自贸区国际法律服务体系研究

夏　雨*

【摘要】湖北自贸区的成立是国家推进中部崛起战略，发展长江经济带的重大举措。文章首先介绍了湖北发展自贸区的优势和不足，梳理了国内外自贸区制度的历史发展，界定了湖北自贸区建设有关概念的基本内涵，明晰了建设内容和工作抓手。其次系统论证了湖北自贸区的长足发展需要国际法律服务体系的配套创新，剖析归纳了湖北自贸区国际法律服务体系建构的主要内容。再次介绍了国内外自贸区建设的有益经验，分析了美国、巴西、阿联酋、新加坡、韩国以及我国香港地区和台湾地区的相关法律制度和政策举措，从中总结值得借鉴之处。最后提出湖北自贸区国际法律服务体系的完善建议，包括：制定法的规制、管理机制的调整、重点事项的制度试行、解纷机制的建立健全和服务体系的技术保障以及人员保障。

【关键词】法律服务　国际对标　立法保障　制度创新

2017 年 4 月 1 日，湖北自由贸易试验区（以下简称“湖北自贸区”）在武汉正式挂牌，实施范围共计 119.96 平方公里，涵盖武汉、襄阳和宜昌三个片区。建立湖北自贸区是党中央、国务院作出的重大决策，是新形势下全面深化改革、扩大开放和加快推进中部崛起、长江经济带发展的重大举措。

---

* 夏雨，湖北大学政法与公共管理学院副教授，法学博士。

根据国务院印发的《中国（湖北）自由贸易试验区总体方案的通知》，中央对湖北自贸区的战略定位为“立足中部、辐射全国、走向世界，努力成为中部有序承接产业转移示范区、战略性新兴产业和高技术产业集聚区、全面改革开放试验田和内陆对外开放新高地”。① 与其他同批批准的自贸区相比，湖北是唯一定位为战略性新兴产业和高技术产业基地的省份，“中央对湖北要求最明确，要求也最高”。② 湖北自贸区的建设任务主要为“加快政府职能转变、深化投资领域改革、推动贸易转型升级、深化金融开放创新、推动创新驱动发展、促进产业转型升级”等六大项。其中，建设重点是探索以贸易便利化为主要内容的制度创新和投资体制改革，推动金融制度创新，积极发展现代服务业和高端制造业，建设目标是形成“法治化、国际化、便利化”的营商环境。

一、湖北自贸区发展的基本态势

（一）湖北发展自贸区的优势与不足

近年来，湖北省的经济实力不断增强，GDP 总量位于全国第八位，活跃度处于历史的高点；整体交通区位优势明显，铁水公空综合交通体系基本完善；拥有 4 个海关特殊监管区和完整的铁水公空口岸；科教资

① 根据国务院印发的方案，不同自贸区的定位不同。例如：上海自贸区是形成与国际投资贸易通行规则相衔接的制度创新体系；广东自贸区是建设成为粤港澳深度合作示范区、21 世纪海上“丝绸之路”重要枢纽和全国新一轮改革开放先行地；天津自贸区是努力成为京津冀协同发展高水平的对外开放平台，面向世界的高水平自由贸易园区；福建自贸区是推进与台湾地区投资贸易自由化进程，建设成为深化两岸经济合作的示范区。

② 参见陈波：《自贸区挂牌，湖北成为改革的先导者》，载《湖北日报》2017 年 4 月 1 日。

源丰富，在校大学生 153 万人，两院院士 63 人，东湖新技术开发区综合创新实力居全国第 2 位。① 同时，湖北省的医疗服务能力居中部地区之首；金融机构总数、存贷款指标居中部地区之首。② 特别是省会武汉，地处长江中游中心位置，一方面，长江经济带是中国最大的消费地带，而全球进口消费品是长江经济带消费市场的一要组成部分；另一方面，长江经济带不仅是中国重要制造基地，也是全球最集聚的制造基地之一。这些良好的资源条件以及独特的地理优势都为湖北自贸区的建设奠定了坚实的基础。

不过，我们也必须看到，总体来说，湖北的民企、外企比重偏低，服务业和金融业的发展也都较为缓慢。根据 2017 上半年的统计数据显示，湖北省进出口总值 1404. 4 亿元人民币，比上年同期增长 25%。尽管月度进出口值同比始终保持两位数的高速增长，但在全国进出口总值③的比例中依然偏低。外国直接投资（FDI）的投资项目和额度与沿海地区也相距甚远。湖北在对外开放方面，不仅落后于沿海省份，甚至与同为内陆地区的重庆和四川也有一定距离。④ 而且，与发达省市相比，湖北的科技创新能力同样不足。2016 年湖北省专利申请、授权总量分别为 95157 件和 41822 件，虽然发明专利申请在全国提升了两个位次，位列全国第九，但与排名第一的江苏省相比，差距依然较大⑤。

---

① 参见耀生：《湖北自贸区，准备怎么建?》，载《湖北经济新闻网》，http：//www. jiupaicn. com/2016/0925/19 8170. html，2017 年 11 月 2 日访问。

② 参见陈波，张程程：《湖北自贸试验区：建设内陆型自贸试验区的探索》，载《中国经贸》2017 年第 6 期。

③ 根据海关统计数据显示，2017 年前 6 个月，中国货物贸易进出口总值 13. 14 万亿元。

④ 参见调查监测分局：《沿海自贸区发展对湖北的启示》，载《湖北省统计局网》，http：//www. stats-hb. gov. cn/tjbs/qstjbsyx. htm，2017 年 10 月 15 日访问。

⑤ 2016 年，江苏省企业专利申请量、授权量分别为 338726 件、157887 件，占全国专利申请总量、专利授权总量的 66. 10%和 68. 34%。

（二）湖北自贸区有关概念的厘清

1. 自贸区的缘起

（1）国外自贸区的发展概要。自贸区的原型是13世纪末一些欧洲国家出现的自由港。后来，许多国家便借鉴了自由港的经验，以此为基础设立自贸区。所以，自贸区实质上是划在一国关境以内的、与自由港具有同等地位的区域。自由港和自贸区的区别主要在于前者必须是港口或港口的一部分，而后者可设在远离港口的地方。一般情况下，只要是进入了自贸区的商品（除另有限定外），既不交关税，也不办理海关手续。同时，商品进区后，可以拆散、储存、分级、分类、修理、加工、重新包装、重新标签、重新出口，海关不予控制。但自贸区内的商品要运进自贸区所在国的其他地区，则要办理报关手续，缴纳进口税。

经过几百年的发展，现阶段的自贸区有两种法定模式，分别为单边自由贸易区和双边（多边）自由贸易区。单边自由贸易区（以下简称“单边自贸区”）是在划定的一国关境内，免于实施惯常的操作、以贸易为主的多功能经济性特区。单边自贸区具有两个特点：一为单向性，即由国家或者地区政府单独决定设立、只解决进出口商品的关税减免税的优惠问题、并不解决所有进出口产品享有自由贸易区同等的关税优惠政策；二为不特定性，即向不特定国家或地区的商品开放。① 双边（多边）自由贸易区，以下简称“双边（多边）自贸区”，是指两个或者两个以上的国家通过协定规定地区性的贸易安排，实现贸易自由化。双边（多边）自贸区亦具有两个特点：一是双向或多向性，在关税领土间建立；二是特定性，两个或两个以上特定成员国之间互相取消关税或其他

① 参见成思危：《从保税区到自由贸易区：中国保税区的改革与发展》，经济科学发展出版社2003年版，第15页。

贸易限制。①

（2）我国自贸区的发展简史

自 1979 年我国实行改革开放以来，我国陆续创办了经济特区、经济技术开发区和自贸区，这些特别的经济区域与其他区域不同的地方在于通过实行一些特殊的经济法律制度（如税收减免、简化行政审批）并提供优良的基础设施和公共服务，吸引外来投资，发展当地产业并扩大出口。改革开放走过的三十多年，我国的对外开放大体上经历了四个历史阶段，各阶段的战略以及重点都不相同。

1979 年至 1989 年是第一阶段，该阶段的重点是推进以深圳为代表的经济特区改革开放，以产品市场开放为主。1990 年至 2000 年为第二阶段，该阶段的重点是推进以浦东为代表的沿海开放，以要素市场开放为主。2001 年至 2012 年为第三阶段，该阶段以我国加入 WTO 为契机，昭示着我国的制造业被全面纳入全球分工体系。第四阶段即为现阶段，以 2013 年上海自由贸易试验区建立为标志，开启了我国服务业全面开放的进程。在上海自贸区试验一年多之后，我国在广东省、天津市和福建省增设了 3 个自贸区，使得四大贸易试验区实现并驾齐驱的发展形势。② 四大自贸区的建设旨在进一步检验改革开放措施的实施效果及复制推广的可行性，为全面深化改革、扩大开放，探索新途径、积累新经验。③ 2016 年 9 月，国务院再次批复了 7 个自由贸易试验区，分别位于浙江省、河南省、湖北省、重庆市、四川省、陕西省和辽宁省。④ 湖北自贸区即属于第三批建设的自贸区。湖北自贸区和我国的其他自贸区一

---

① 参见成思危：《从保税区到自由贸易区：中国保税区的改革与发展》，经济科学发展出版社 2003 年版，第 16 页。

② 参见陈宗胜，吴志强：《论中国自贸试验区建设的意义、目标及难点》，载《全球化》2016 年第 3 期，第 17 页。

③ 参见陈俊：《我国自贸区发展中的立法保障探讨》，载《甘肃政法学院学报》2016 年第 2 期，第 15 页。

④ 参见聂平香，李俊：《新增 7 个自贸试验区，服务贸易将拓展新空间》，载《进出口经理人》2016 年第 10 期，第 8 页。

样，是在 WTO 框架下实现单向对外开放，形成中国自己的对外开放平台，属于单边自贸区。

总结四个对外开放不同发展阶段的工作要点，我们可以看出，自贸区的建设是力求摆脱过去以“税费减免、土地优惠、资源禀赋优势、廉价劳动力、低环境成本”为基础的向开放要收益的路径依赖；① 争取建立以加快经济体制改革和政府职能转变为出发点，服务于促进国民经济增质提效，服务于实施新一轮改革开放，实施经济社会治理的全方位改革机制体制。

2. 湖北自贸区建设的主要内容

2017 年 10 月，党的十九大胜利召开。在十九大的报告中，中央提出“要培育贸易新业态新模式，实行高水平的贸易和投资自由化便利化政策，赋予自贸区更大改革自主权，探索建设自由贸易港”。这使得中国开放的道路有了具体的步骤，也为自贸区的建设指明了进一步发展的方向，即自贸区建设的实质是开放程度更高的地区建设，是在国家授权后展开更高水平的开放试验。为此，自贸区无论实行何种建设方案，其中心都要是围绕服务于国家的经济发展战略，目的都是在于参与经济全球化，发展高层次的开放型经济。不言而喻，湖北如何运用自贸区这个平台，推进开放式创新，聚集全球创新要素资源，促进战略性新兴产业和高新技术产业的发展，是一个比较新的课题。

一般情况下，自贸区建设涉及贸易（尤其是服务贸易）、金融、法律、政府职能转变等诸多方面，事实上是一个关于经济体制的全方位开放改革试验，而改革的目的在于摸索出一套适合我国经济转型升级的开放型市场经济体制。在如此重要的探索进程中，湖北自贸区需要根据十九大对自贸区的规划明晰自己的专业定位和工作抓手。尽管这属于

① 参见王俊文：《加快实施中国自贸区战略研究论文集》，中国商务出版社 2013 年版，第 78 页。

“摸着石头过河”的试验性事项，但在自贸区建设与发展的过程中，只有准确把握自身任务的性质和功能定位，并始终将努力目标和行动方向与其保持一致，才能以此为主导确定自贸区机制创新的可为和应为空间。

（1）深刻理解并解读十九大报告对自贸区建设的期许

十九大报告提出“建设现代化经济体系，要推动形成全面开放新格局”。“推动形成全面开放新格局”的提法意蕴丰富，包含了提高开放水平、拓宽开放的范围和领域、扩大开放的规模以及提高开放的质量等一系列目标任务，开放发展的内涵不仅限于在“门口”拓宽开放的大门，而且还要在“门外”与“门内”多做文章。① 一方面，就现阶段的经济发展态势来看，我国正在由经济全球化的配角演变为主角，在全球经济治理中的地位和话语权不断提升，新的开放发展理念必然会更多考虑到“门外”拓展国际发展空间；另一方面，新的开放发展理念更要求在“门内”练好“内功”。以往，我国在扩大开放上“心有余”，但在练好内功上却“力不足”，这种状况需要改变，也正在逐步的改变。鉴于不同自贸区所承担的具体改革任务不同，作为湖北自贸区而言，其发展的定位正是着重于门内练好内功。

（2）明确湖北自贸区建设相关概念的含义

第一，抓住“自贸区”概念的多元内涵。自贸区所包括的不仅仅是海港，还有内陆港、空港。我国全方位的经济改革诉求决定了自贸区并不只是沿海贸易发达地区的专属。或者说，自贸区的建设，全世界没有统一的标准，唯一的标准就是要形成“法制化、国际化、便利化”的营商环境。而且，纵观自贸区的发展轨迹，虽然全球绝大部分的自贸区建立在沿海城市和地区，但随着交通运输业特别是航空业的快速发

① 参见白明：《以“一带一路”建设为抓手 推动形成全面开放新格局》，载《经济日报》2017 年 10 月 23 日。

展，自贸区选择建在内陆城市和地区的情况越来越多。① 如巴西的玛瑙斯就是内陆城市和地区发展为成功自贸区的典型案例。玛瑙斯与武汉的相似度较高，其也是内陆城市、内河航运枢纽和工业中心。自 20 世纪 60 年代，巴西政府将其设立为“内陆国际自由贸易区”后，玛瑙斯吸引大量外国企业投资，成为了辐射整个亚马逊平原的新兴经济中心。

第二，湖北自贸区的“贸”并非特指外贸，也包括内贸。贸易的本质在于分工合作和各种商品与服务的交换，当今世界，经济合作正呈现一个重大趋势，即由注重境外贸易壁垒为主，向注重境外贸易和境内贸易壁垒并重转变，并且更加关注境内贸易壁垒的消除。② 湖北自贸区建设中最基本的任务是实现境内贸易的自由化和便利化，通过促进商品、服务与资本、技术、人员等生产要素自由流动，承接国内外产业转移，为全面深化改革和扩大开放提供可复制和可推广的政策体系。

第三，湖北自贸区建设的根本在于营造出一种“境内离岸”的环境。湖北自贸区不仅仅是强调实现贸易的自由化，而且还要求实施符合国际惯例的金融、外汇、投资和出入境等管理制度。湖北自贸区建设的根本不只是去打造保税区或者海关特殊监管区域的简单升级版，而是要实现对标国际最高水平，率先探索更高标准、更高水平的经济管理体制机制，形成以国际高标准贸易投资要求为参照的开放型市场经济体系。

第四，湖北自贸区的“对标国际先进经贸体制”应有其合理的认知与愿景。目前，世界经济政治、外交环境正发生着深刻的变化，国际经贸投资规则也正在重新制定。湖北自贸区所着眼的“对标国际先进经贸体制”既应强调经济活动的高度国际化，更应建基于自贸区规则的高度国际化，即构建国际认可和接受的规则、标准、机制，要营造出“机制优化、制度调整、流程简化、风险可控、法律合规”的市场环境

---

① 参见陈波，张程程：《湖北自贸试验区：建设内陆型自贸试验区的探索》，载《国际贸易》2017 年第 6 期。

② 参见王琳：《全球自贸区发展新态势下中国自贸区的推进战略》，载《经济学研究》2015 年第 10 期。

和营商环境。为此，“对标国际先进经贸体制”包括两个方面的含义。其一，对标的本质是一国对“国际先进经贸体制”所持的立场，由于国际社会不存在超国家的政府，国际经贸规则的确立主要是国家间的约定，因此，国际规则与国际秩序必然反映出国家意志。① 中国作为一个国际贸易和国际投资的大国，已经成为全球化的有力推动者，在国际经贸规则的创设过程中，应表达自己的意愿。同时，还需要根据自身情况的变化来调整自己就某些国际规则和制度的立场。② 从长远看，摸索以我国的长远经济利益为基础、实现合作共赢的合作规则才是自贸区的建设内核。其二，国际先进经贸体制的基础是国际性法律规则。国际法律规则通常可分为两类：一类是国际条约规则，另一类是国际习惯规则。从国别角度来看，国际条约又可分为两类：一类是我国为缔约方的国际条约，另一类是我国不是缔约方的国际条约。就前者而言，我国既然选择了缔结或加入该条约，就必须遵守条约规则，与这些条约规则进行有效对接。就后者而言，考虑到我国不是条约的缔约方，条约规则对我国没有强制约束力，我国是否参照这类条约的规定来确立自己的外资、外贸管理规范，可结合自身发展需要进行决定。国际习惯则是指“作为通例之证明而经接受为法律者”,③ 如果在外资、外贸管理方面存在国际习惯规则，我国亦可根据自己的判断进行自主选择。

二、湖北自贸区的长足发展需要国际法律服务体系的配套创新

（一）自贸区的健康成长要求国际法律服务体系给予法制保障

从国际上看，大凡发展好的自贸区都得益于背后良好的法制环境，

① 参见张国军，庄芮，刘金兰：《“一带一路”背景下中国推进自贸区战略的机遇及策略》，载《国际经济合作》2016 年第 10 期。

② 参见曾文革，党庶枫：《“一带一路”战略下的国际经济规则创新》，载《国际商务研究》2016 年第 3 期。

③ 参见梁西：《国际法》，武汉大学出版社 2011 年版，第 23 页。

得益于所在国家有关立法的保障和支持。良好法律制度的建立健全对自贸区建设的意义在于可以对其实行有效引导、适度规范、高效促进和有力保障。为此，必须通过建设完备的国际法律服务体系，才能为推进自贸区治理体系和治理能力现代化提供优质高效的法律服务。良好建立的国际法律服务体系将使得自贸区各方面的主体都有了可明确把握的法治目标。一方面，通过一批成熟的法治规则，可依法保护各方主体参与市场活动并享有其权益；另一方面，一个职责清晰且比较成熟规范的法治政府可对自贸区提供良好服务并实行高效监管。

细而言之，第一，通过立法引导，自贸区内外的社会关系主体将会知道自身和其他相关主体可以从事哪些行为、不可以从事哪些行为以及知道法律将鼓励他们在自贸区从事哪些活动，进而形成稳定的行为预期。第二，立法可以调控自贸区运作过程中产生的各种社会关系、解决相关法律问题，有序自贸区的发展。这主要是指立法能够运用权利义务的合理配置实现自贸区发展中诸多社会关系和新型经济活动的调整，并对基础问题，特别是在服务贸易、金融领域扩大开放中产生的现实问题给予解答。而这是其他调整手段所难以做到的。第三，法律制度的支持可以培育自贸区所需要的公平竞争的法治化营商环境。“公平竞争是市场经济的本质所在，是市场赖以发挥作用的基础。因而，必须用法律维护公平竞争，反对和禁止不正当竞争。”① 第四，制度的创新需要法律先行。在改革步入深水区时，需遵循“重大的改革举措要于法有据”的法治理念，需要暂时调整实施有关法律、行政法规的若干规定，② 在法治框架内支持自贸区先行先试，积极回应改革对立法的特殊需求。

总而言之，自贸区是根据中国法律法规在中国境内设立的系统性、开放性的改革试验区，这决定了自贸区既是经济试验区，也是法治试验

---

① 参见张文显：《张文显法学文选卷五 · 部门法哲学》，法律出版社 2011 年版，第 208 页。

② 陈俊：《我国自贸区发展中的立法保障探讨》，载《甘肃行政学院学报》2016 年第 2 期，第 15 页。

区。从当今世界发展趋势看，国家治理体系和治理能力现代化必然是建立在国际化基础上的，是一个面向全球高度开放、共享全球发展成果和共同解决困难的体系。正是因为国际规则治理的变迁使得自贸区成为了我国对外开放的新平台，而任何经贸合作的愿景都必须有明确合理的规则作保障，为此湖北自贸区建设必然要求有关的国际法律服务体系作出回应。

（二）国际法律服务体系需回应的主要事项

1. 有关国际法律服务体系的建设应服务于国家治理模式转型的要求

与前两批自贸区的建设不同，湖北自贸区建设适逢我国对外开放的进一步深化过程中，因此有关的国际法律服务体系需针对新发展时期的远大要求作出调整。目前，我国处于从贸易大国转变为贸易强国，从引资大国向全方位提升引资的质量和水平的转型期，经济增速的“换挡”使得自贸区成为经济“升级版”的重要助推力。在形成全面开放新格局过程中，我们既要注意不断提高开放的水平，还要结合湖北自贸区的定位有意识、有选择地去拓宽相关开放的范围和领域。或者说，为了促使我国经济可持续发展，长期依赖出口是不明智也是不可行的，只有继续深化改革，寻找新的制度“增长点”。为此，新设立的自贸区除了复制原有四大自贸区的成功经验之外，还要为境内治理提供可以依据的规则。

在当代，全球治理的核心已经出现了重大调整，关注点从边境措施向边境后措施转化，即在于边境后国内经济社会治理。可以说，全球贸易治理的关注点不仅聚焦直接影响货物和服务跨边境流通的措施，还关注一国的边境后措施，要求实现货物和服务在边境后的自由流通，直指政府对国内经济和社会治理的效率与公平。① 具体而言，在外资准入方

① 参见袁晓江：《划清政府与市场的边界》，载《行政管理改革》2015 年第 7 期。

面，不仅需重视制造业的外商投资，进一步夯实实体经济，而且还需不断扩大服务领域的外商投资，尤其是生产性服务业和生活性服务业各领域的外商投资。在“走出去”的扩大海外投资进程中，应注重防范海外投资风险，这不仅是东道国的风险，也要注重与国内的经济发展相协调，实现海外投资稳步增长与国内的经济稳定与实体经济健康相结合。①

法律是治国之重器，良法是善治之前提。在全球治理和法律全球化的背景之下，如何打造边境后国内经济社会治理的良法也是自贸区法治建设先行先试的重要使命。总的来说，全面深化改革和应对全球治理的挑战共同构成了自贸区国际法律服务体系建设的历史和社会条件，铺陈了自贸区国际法律服务体系建设的底色，为自贸区法治建设的总体方向和具体改革提供了丰富的生命力源泉。在湖北自贸区的建设中，贸易的便利化、投资的自由化、金融制度的改革，现代服务业和高端制造业的发展均需要国际法律服务体系的创新。

2. 湖北自贸区国际法律服务体系的主要建设内容

首先，有助于进一步拓展国际空间，获得更多的国际资源和市场，拓展开放的国际空间，增强我国经济体外循环的可能性。通过加快完善自贸区国际法律服务体系建设为我省投资的外商带来更好更加健全的法律环境，引导经济治理体系向公平公正、合作透明、互利包容的方向发展。将深化外贸领域供给侧结构性改革，大力实施创新驱动，把如何继续推进国际市场布局、国内区域布局、商品结构、经营主体和贸易方式的“五个优化”作为湖北自贸区国际法律服务体系建设的主要内容。

其次，有助于改变经济全球化不合理格局。过去的经济发展中，发展中国家长期被边缘化；现在，发展中国家的力量在集聚，在国际贸易

---

① 参见王震宇：《中国自贸区战略与亚太自贸区建设》，载《国际经济合作》2017 年第 7 期。

中占的份额要进一步增强，话语权要提升，但是如果没有平台，就会比较松散。通过自贸区这个平台，包括中国在内的广大发展中国家在未来经济全球化中可以争取更多话语权。在建设自贸区国际法律服务体系的过程中，一方面要为增加发展中国家之间的合作机会提供法制保障，同时，对发达国家也不封闭，力求形成多样化的合作形式，促进湖北自贸区对外经济交往能力的增强，湖北自贸区必须成为新一代贸易投资法律规则制定的试验田。

再次，有助于对外开放风险的化解。自贸区作为制度创新的平台，由于本身具有一定的实验性，其发展对我省经济的某些方面也会带来一定的风险。比如，外资企业一般资金雄厚，技术先进，他们的加入，对本土企业的发展会带来巨大的冲击，本土产业可能会失去经济主权，不利于本土产业的优化升级。① 再比如，自贸区为了获得更好的经济发展，通常都会大力开展金融创新。创新会为自贸区带来新的经济增长点，但是创新过程中也充满了许多潜在风险，如汇率风险、利率风险等，其中，套利行为所导致的风险也是不容小觑的。②因此，湖北国际法律服务体系的建设需要从预防和化解风险的角度出发建立健全完备的市场监管机制和责任确定机制。

最后，有助于涉外纠纷的和谐解决。随着经济合作的不断发展，贸易与投资的自由化一方面促进了我国产业结构的调整和升级，但是另一方面也必然会导致更多的贸易摩擦出现和加剧，伴随经济合作出现的纠纷也自然不可避免地变得越来越多。因此，必须通过完善自贸区的国际法律服务体系，为纠纷的解决提供有效的解纷方式和制度供给，既注意保护我国政府和企业的正当经济权益，也对外方主体的合法权益提供有效的保障机制。

---

① 参见周汉民：《上海自贸区解读》，复旦大学出版社 2014 年版，第 37 页。

② 举例来说，若人民币的兑换自由度增加，那么国际游资就会抓住这个机会大量套取人民币，对人民币的稳定造成破坏。

三、成熟自贸区国际法律服务体系的经验借鉴

自由贸易是当今世界经济发展的重要趋势，世界各国普遍重视自贸区建设。在建设湖北自贸区的过程中，我们不仅要开展先行先试，还需要通过研究学习境内外成熟自贸区的建设经验来强化自身的发展。

总体而言，全球自贸区的专有名称并不一致，不过，都有着共同的特征和本质上相近的内涵。在美国，其名称使用的是“对外贸易区”；在其他发达国家其名称一般使用“自由贸易区”；在发展中国家，名称通常使用“出口加工区”、“经济特区”等。一般而言，自贸区基本均具备下列条件：先进的基础配套设施；灵活的规则；宽松的制度环境；便捷有利的离岸位置；优惠的政策支持；重视出口导向等。与此同时自贸区也都承载着一些基本的目标或者功能，主要包括：促进技术转让与知识溢出；吸引外商直接投资；增加外汇收入；创造就业与提高收入；建立并加强后向联系，发挥自贸区对区外界的国内经济的辐射拉动效应等。

（一）美国自贸区①的国际法律服务体系

1. 美国自贸区的常规立法

美国形成了一套比较成熟的法律规范体系来规范自贸区的发展。这些法律文件包括法律、行政法规、国际条约等。在这个法律体系中，《1934 年对外贸易区法》（以下简称《对外贸易区法》）是美国自贸区的基本法，是整个法律规范体系的核心。该法总共 21 款，详细地规定了“自贸区的定义、设立要件和程序、海关法律的例外、任职官员、

---

① 美国把“自贸区”称为“对外贸易区”，不过，为了行文的统一，无论其他国家和地区使用什么称谓，本研究报告均将其称为“自贸区”。

制定规章的授权、与其他机构的合作、与其他对外贸易区委员会的合作、使用不动产的协议、设施的维护、自贸区的居民”等。该法为确保有效规制，实行了良好的动态调整机制。《对外贸易区法》签署并实施以来，自贸区体制与运行机制始终能够基于不同经济环境作出灵活的动态调整。1934 年至 1950 年间，自外贸区的应用相对受限，区内禁止从事制造业相关活动。1950 年，区内允许进行制造业活动，但其产品在进入国内市场时要根据其全部价值进行征税，增加了运行成本，导致关税结构优势向国内生产活动靠拢，引发了关税倒置问题。即区内的制造业活动完全偏离了国内经济常规发展方向。1980 年，海关机构解决了关税倒置的问题，优化了关税结构，形成了国内经济与自贸区“一体化”新格局。在 2008 年，世界金融危机爆发后，对外贸易区委员会又及时调整运行机制，引入了一项新举措：“可选区域框架”，良好的修正机制促进了自贸区的可持续发展。

除《对外贸易区法》外，与自贸区相关的其他法律，如“劳工、移民、福利、公共卫生”方面的联邦法律同样适用于自贸区。不过，与绝大多数联邦法律不同，海关方面的法律不适用于自贸区。但是，对于从对自贸区输出或者经过许可通过关境运入的货物仍然适用。

就行政法规来看，根据《对外贸易区法》的规定，美国对外贸易区委员会根据参议院和众议院的授权，可以制定相应的行政规章和规则。对外贸易区委员会被授权立法的事项相当广泛，但也有控制。① 比如在设计税收征管方面的规章要受到财政部长的监督。同时，《联邦行政法规法典》第 15 卷以及第 19 卷也收录了自贸区的行政法规，其中主要是规定“对外贸易区委员会的权力、主区与分区的数量与位置、申请程序、运营方案、处罚以及申诉”等事项。

另外，就中央和地方的关系而言，一般情况下，除了优先被宪法和

---

① 参见林雄：《中国自贸区建设与国际经验》，中山大学出版社 2016 年第 1 版，第 123 页。

联邦法律规定的事项外，州与地方法律在自贸区也同样适用。但当州或地方法律与联邦法律发生抵触时，优先适用联邦法律。如美国联邦宪法中的商业条款规定，“联邦宪法授予国会规定与外国进行商业的权力，州不得对进出口货物征税。”

2. 美国自贸区的自治性规则

除了上文所列出的常规立法之外，美国还有一种颇具特色的自贸区自治规则不得不提。该自治规则通常被称为对外贸易区方案。① 该方案的制定人实际上是自贸区的被批准人，方案依据是已有的法律法规，制作方式是自发协商。不过，方案在适用前，需经过对外贸易区委员会的审查批准。从性质上来看，对外贸易区方案并不是法律规范，只是一种区域内的自治规则。但这种自治规则是在自贸区长期发展过程中形成的一种自我解决问题的办法，且对所有进入自贸区的人员适用。此种自治性规则在不违背基础法律的整体规定前提下，形成了对有关法规内容的有益补充，不仅减少了立法成本、简化了法律修改的程序，而且在一定程度上还促使法律向更符合实践的方向进行改良。②

3. 美国自贸区的司法管辖

《1970 年联邦法院法》规定自贸区的案件由美国国际贸易法院专属管辖。在美国国际贸易法院的初步裁定或最终裁定作出的 30 日内，任何利害关系人都可以向国际贸易法院提出申诉。在满足了法院对申诉形式和内容上的要求后，有关利害关系人可以质疑与裁定相关的证据、结论和法律条款。此外，如果对美国国际贸易法院的裁定有异议，利害关系人还可以向美国联邦上诉巡回法院提出异议。

---

① Zone Grantee Schedules。

② 参见杨支煌：《中国自由贸易区科学发展的战略推进》，载《对外经贸实务》2013 年第 5 期。

4. 美国自贸区的管理制度

美国自贸区的管理机构分为两级：第一级是美国联邦政府，其负责全国性的决策、协调、调控和监督。相关的政府机构主要有美国海关总署、美国对外贸易区委员会和美国对外贸易区协会。第二级是各个地方管理机构，主要是承办各个自贸区的州政府和市政府、政府所属的公共机构和法人团体、承办对自贸区的法人团体或私人机构等。① 就具体职能分工来看，自贸区的最高管理权属于对外贸易区委员会，该委员会是专设的中央管理机构，不受中央部门繁杂手续以及拖拉办事程序影响。而直接的管理工作由公共机构或法人②按照公司治理的管理体制来开展。

总体而言，美国自贸区的管理由管理者、承办者和经营者共同承担。这种混合管理体制的最大优点在于高效快捷、管理灵活，同时还可以根据经济形势的变化及时作出调整。

（二）巴西自贸区的国际法律服务体系

1. 巴西自贸区宽松的管理体制

巴西政府于 1967 年通过颁布法令，成立了自贸区管理委员会（以下简称“管委会”）。该委员会是自贸区的管理机构，负责领导、管理、协调自贸区的发展。管委会的职能是制定宏观的发展规划，同时督促、协调规划的落实；根据自贸区发展的特殊性制定相关的法令；给自贸区内的企业提供技术援助；作为中央和地方部门的桥梁进行协调沟通，督促相关部门为自贸区的发展提供适应的政策，创造就业，合理

---

① 参见上海财经大学自由贸易区研究院：《全球自贸区发展研究及借鉴》，上海人民出版社 2015 年版，第 67 页。

② 美国《1934 年对外贸易区法》规定：任何一个公共机构或法人都有权在一个港口或者港口附近区域奖励管理或经营一个对外贸易区。

分配资源。

与美国的管理模式相同，巴西自贸区也采取了兼具行政管理与企业管理的混合管理模式。一方面，自贸区管委会由巴西联邦政府直属领导；另一方面，自贸区是一个企业和政府的结合体。因此，巴西的自贸区管委会既不同于一般的企业，也不完全等同于政府，而是一个结合体，是具有充分的自主权、跨州性的自治机构。①

2. 巴西自贸区有尺度的自贸区准入机制

由于巴西实行了较为宽松的自贸区管理制度，所以对于进入自贸区从事贸易活动的实体则实行了相对严格的准入机制。其一，要满足最低雇佣人员和最低限度投资额的要求。其二，要向自贸区管委会提出准入申请并获得营业许可证。其三，进口货物 60%以上必须再出口以满足转口贸易的标准。

3. 巴西自贸区的税收优惠制度安排

巴西自贸区的政策优惠，几乎均围绕着减免税收展开实施。巴西自贸区的税收优惠政策的批准和管理主要是围绕着进口税、工业产品税、出口税方面进行，实施鼓励亚马逊地区出口战略。同时，在所得税、商品流通服务税、城市房地产税、公共卫生税和营业执照税等方面均享有优惠政策。

（三）阿联酋自贸区的国际法律服务体系

1. 阿联酋自贸区②企业化运营的政府管理体制

阿联酋政府的主要职责是为企业提供一站式的高效服务，服务内容

---

① 参见杨逢珉：《自贸区框架下寻求中国对外贸易的发展》，上海人民出版社 2014 年版第 1 版，第 57 页。

② 阿联酋最著名的自贸区是迪拜自贸区。

主要包括：提供未来发展和投资的建议，协助客户挑选理想的投资场所以及确定运营必备设施，帮助企业在本地和国际市场上获得合资机会，定期开展回访和企业沟通。为了确保服务到位，政府让渡了部分行政权力，并以政府信誉作保障，同时实行企业化的运作模式，以期为客户提供优质的服务。①

2. 阿联酋自贸区系统的政策优惠

阿联酋政府十分注意全方位打造自贸区“自由、开放、诚信”的形象，给予了自贸区诸多的优惠政策。

（1）税收优惠。自贸区的企业可免缴公司所得税和个人所得税。企业生产所需的原材料和设备全部免税进口，货物转口也是零关税。企业雇佣外国员工没有限制。

（2）金融优惠。自贸区实行自由的经济政策，自贸区企业可拥有100%的所有权，没有外汇管制，对园区企业利润和资本的调拨回国不加限制。

（3）独特的土地运营管理方式。自贸区的土地采取出租不出售政策，出租的土地可以由企业自主建筑厂房或仓库，一旦企业决定搬离，遗留的厂房等或拍卖或转租，尽量避免拆除造成资源浪费。自贸区内土地以及办公室、仓库等硬件设施出租成为管理机构主要的收入来源。

（4）特殊的劳工政策。为鼓励外国人到自贸区投资和工作，迪拜自贸区实行了一些特殊的劳工政策。如自贸区简化工作签证申请程序，降低了签证费用，并按投资额和企业规模提供一定的免费工作签证名额。此外在自贸区申请工作签证不实行担保人制度，使自贸区内雇员更容易变更工作。

---

① 参见姚天冲：《国际投资法教程》，对外经济贸易大学出版社 2010 年版，第 135 页。

（四）新加坡自贸区的国际法律服务体系

1. 新加坡自贸区的双层级管理体制

新加坡政府是“服务型”政府的典范。其对自贸区实行了双层级的管理模式，即由本国中央政府和自贸区内特定公司企业进行管理，政府实行务实的领导，中央政府主要是发挥指引规划作用；自贸区的日常经营则由区内特定公司企业负责，目前，新加坡共有3个自贸区管理机构，分别是新加坡国际港务集团、裕廊海港私人有限公司以及樟宜机场集团公司。① 这种模式与美国、巴西的做法相似。

2. 新加坡自贸区的市场监管制度完善

新加坡自贸区虽然建立了对外自由开放的市场环境，但为了确保市场安全，新加坡形成了完善的事中事后监管制度。早在1966年，新加坡便通过了《自由贸易园区法案》，总体来说，其对自贸区实行严格的法律规范，通过公共部门实施法律规范与干预以及国家以法令规定控制投资和就业。

3. 新加坡自贸区的企业赋税制度优惠

对自贸区内的企业实行统一企业所得税政策，采取17%的公司税率，区内所有公司企业均可享有对其前30万元应税所得进行部分豁免的优惠待遇。

4. 新加坡自贸区的金融管理制度宽松

金融业的入市门槛不断降低，对外资的限制逐步开放，并推出了“特许银行业务牌照”，外资银行可在自贸区内增设分行和自动取款机。

---

① 参见冯臣：《新加坡自贸区启示录》，载《现代国企研究》2017年第9期。

另外，在自贸区内增发部分业务牌照且取消外资银行在本地持股不得超过40%的规定。不过，尽管新加坡鼓励外资银行进入新加坡市场，但也注意强化对外资银行的管理，一般不允许进行新元业务，只准许开展离岸金融业务。

5. 新加坡自贸区的司法管辖

新加坡于2015年为自贸区专设了国际商业法庭，该法庭是新加坡最高等级司法审判机关的一部分，判决具有最高效力，如此设计的好处在于可最大程度上保障判决结果得到其他国家或地区的承认和认可。

（五）韩国自贸区的国际法律服务体系

1. 韩国自贸区①的法律制度健全

韩国政府针对自贸区出台了一系列专门的法律法规，包括《经济自由区制定及管理特别法》《经济自由区制定及运营特别法实施行令》等对自贸区的指定及相关运营等事项进行统一的规范管理。此外，还对外商直接投资、教育以及医疗机构设置、房屋租赁和销售等具体事宜出台了相应的法规和实施条例，使入驻企业享受一系列政策优惠。完善的法律体系为韩国自贸区的发展提供了强有力的法制支撑。

2. 韩国自贸区的海关监管制度便捷

韩国自贸区不仅改善了进出口物流管理系统、进一步完善了运送货物的通关服务建设，同时也完成了“电子海关”运营建设，包括建立覆盖进出口申报和检疫申请“一站式”电子化通关系统、设置以网

---

① 韩国把“自贸区”称为“经济自由区”，和前文一样，为行文的统一，本研究报告统一使用“自贸区”的称谓。

络为应用基础的申报系统与以电子数据交换为基础的业务系统实行“一体式”实施联合运行等。① 此外，保税制度规定，在韩国保税区内会受到严格的海关控制，运往保税区的物品也受到非常严格的限制。韩国海关全面提升了空港海关管理的效率，展示了海关监管方面的强大效力。

3. 韩国自贸区的投资限制较少

韩国自贸区对投资主体和投资对象没有严格限制，外国人、外国企业、国际经济团体等均能够在韩国自贸区内进行企业经营管理活动。自贸区还持续推出政策，为企业经营管理活动放宽限制。当然，开发经营主体只有在自贸区授予的一定情况下，才能有资格进行经营管理活动。自贸区放宽甚至取消了对外商直接投资的各种限制，实施放松政府管制与加强行政支持并行。区内开放教育、医疗等诸多服务业，还实施外汇制度自由化，允许主要流通的国际货币在区内进行支付使用等。

（六）我国香港地区自贸区的国际法律服务体系

1. 香港自贸区的外资市场准入制度宽松

香港自贸区的外资注册程序非常便利，整个注册登记流程仅需三个步骤。网上递交申请一般在一小时内即有回复结果，纸质版申请一般是在四个工作日内即有官方回复；外资注册条件宽松，有特殊限制的仅需缴纳很少的厘印税且无须验资，实际到位的资金数额也不作限定；② 外资管理市场化，除传统法律制度“硬约束”外，香港自由贸易区亦通

① 参见文博：《自由贸易区背景下的机场货运建设——以仁川自由经济区为例》，载《机场》2014 年第 1 期。

② 刘贺：《自贸港的未来：香港、新加坡“自由贸易港”政策梳理》，载《宏观经济研究》2015 年第 3 期。

过同业公会或商会等民间团体进行行业自律管理；市场准入度极高，几乎不存在绝对禁止从事的行业领域，对外资股的比例没有实行绝对限制，港内、港外投资者都可实现百分之百的公司控股。

2. 香港自贸区的金融市场对外开放程度较高

香港地区自贸区的投融资服务十分便利，资金汇兑与信息流通自由便捷；证券市场自由放开，外国公司或个人只需在港内开立证券账户即可随时交易，国际投资者可自由买卖在本港公开发行的债券，境外的借款人也可利用本地债券市场进行融资。

3. 香港自贸区的海关管理制度相当快捷

香港地区的自贸区实行了典型的“先入关，后报关”的便捷海关管理模式，其报关手续非常方便，可为一些进出口货物提供暂准进口服务，并颁发暂准进口凭证；通关制度也同样便利，可通过电子途径提前递交副提单数据，省却了传统的印发纸质“禁止移离物品通知单”的复杂程序。

四、完善湖北自贸区国际法律服务体系的建议

习近平总书记指出，法治化环境最能聚人聚财，最有利于发展。这一重要讲话把法治建设提高到前所未有的高度，这对于我们“建设法治湖北、营造自贸区发展的良好环境”具有重要的指导意义和实践价值。不言而喻，自贸区的创新实践，构成了当代中国区域法治发展的鲜活样本，进而也提出了完善相关国际法律服务体系的要求。总体来看，湖北自贸区的国际法律服务体系应主要完成三个方面内容的制度建设和实施：第一，改进工作流程促进贸易便利化；第二，改革审批制度促进投资自由化；第三，改变社会治理方式促进政府职能转变。在建设过程

中，既要关注中国国内社会治理，也要对全球治理作出呼应。①

（一）完善湖北自贸区的法律规范体系

完备的国际法律服务体系能为湖北自贸区的发展提供充分的法律依据，与自贸区相关的法律、法规应不断完善。在建立健全自贸区国际法律服务体系的规范层面，务必把握三点。

第一，自贸区担负着启动深水区改革和全面深化改革的历史使命，这注定了无论经过怎样精心和睿智的设计，试验性做法都不可能每一项做到尽善尽美。因此，有关法律规范体系的构建并非一劳永逸，自贸区的法治实践必须做到规则制定的动态与弹性发展，增强服务性。要及时了解和掌握自贸区国际法律服务需求的新变化，及时调整充实基本法律服务内容，更新基本法律服务方式，增强服务供给弹性，不断满足自贸区日益多元化、特色化的法律服务需求。同时，应适度强化湖北自贸区国际法律服务体系建设的前瞻性，超前布局、合理调整，不断完善。

第二，自贸区的立法应以透明度原则为基石。透明度原则在国内经济社会治理的语境下不仅包括立法结果公开，还要求立法过程有公众参与，最大限度地吸纳和表达民意，营造互通互融的制度环境。同时立法者的行为能力边界和行为意图也应当向市民社会进行充分说明，防止该放的权不放，出现弱化或推卸监管责任的情况。

第三，在立法方式上，要把改革创新精神贯穿于立法全过程。相较于以往大多数的地方性法规，自贸区的立法有许多不同之处。它不是涉及单一领域、由单个部门主管，而是涉及方方面面、众多部门；不仅是现有改革经验的复制，而是制度创新、顶层设计，发挥立法对改革试验的引领推动作用；不但要有效借鉴前人经验，更要勇于探索，立足自身定位，形成独具特色的自贸区“基本法”。因此，需要把改革创新的精

---

① 参见詹文沁：《试论自贸区法律制度的突破与创新——从理论与实践双重角度出发》，载《法制与社会》2015 年第 9 期。

神贯穿于立法的全过程，以全新的立法理念、立法思路、立法方式来谋划推进。要加强统筹协调，更加注重发挥人大及其常委会的主导作用，建立由人大主导、政府及各有关部门、人大代表、专家学者参与的立法组织架构，在立法理念、立法思路、主体框架和主要制度设计上更好地集思广益，切实提高有关立法的质量。

1. 尽快制定《中国（湖北）自由贸易试验区条例》

2017 年 4 月 18 日《中国（湖北）自由贸易试验区建设管理办法》正式施行，鉴于我国每个自贸区的定位不同，根据自贸区建设与管理工作的实际要求，需在借鉴成熟自贸区运作实践经验的基础上，配合国家总体规划，加快推进《中国（湖北）自由贸易试验区条例》（以下简称《湖北自贸区条例》）的立法，确保自贸区建设在法治轨道上稳健运行和高效运转。

在立法内容上，《湖北自贸区条例》既应注意成熟经验的吸收，也要做好自身特点的突出，需更加强化以制度创新为主要内容的供给侧结构性改革，强调制度的创新与供给。① 自贸区的建设涉及了金融、投资、贸易、科创、监管等诸多领域，为此，《湖北自贸区条例》首先是要形成可以全面对标“国际通行规则、全面检验监管能力和风险防控能力”的基础规则体系。然后以此为基调，按照需求导向和问题导向的思路，重点解决“贸易与投资便利化、金融开放创新与风险管控、创新驱动发展与产业升级、政府综合管理与权力下放”等几个关键问题，尽可能立意高一点、制约少一点。

具体规则建构时，第一是要凸显转型过程中法治建设以“法无禁止皆可为”的特色，即为制度创新留下操作的空间，为“多途径开放，新技术、新业态、新模式”等多元发展试验提供试错平台。或者说，

---

① 参见杨雄文：《自贸区的法律定位及其知识产权海关执法机制完善》，载《法治社会》2017 年第 2 期。

即使在自贸区进行的一些创新性活动未能实现预设目标，但只要是符合改革的方向，相关决策程序遵循了法律、法规的规定，有关主体未牟取私利或者没有恶意串通损害公共利益，就不必对相关单位和个人作出法律评价。第二，要重点处理好几类关系。即“改革与开放”的关系、“政府与市场”的关系，重点是“放、管、服”三者之间的关系；“国际规则、国家改革与地方实践”的关系；“重点突破、单兵突进与顶层设计、系统集成”的关系；“制造业开放与服务业等其他领域开放”的关系；“贸易与金融、投资”的关系；“引进来”与“走出去”的关系；“内陆沿边”与“沿海开放”的关系。第三，要实现一定程度的差别对待。对湖北自贸区的三个片区既适用统一规则，也有的放矢地提供各自的特殊发展政策。第四，要做好与中央立法和其他自贸区立法的协同一致，强化制度创新的溢出效应和辐射效应。①

2. 在进一步明晰负面清单的基础上，实行统一的市场准入制度

众所周知，负面清单制度对于打破垄断、发挥市场的调节作用意义重大，因此对市场机制的公平性要求也更为苛刻。自贸区政府如打算实现高水平的贸易和自由化的投资，便不能过度干预外资，亦不能随便推出一些鼓励政策、放任不管任由市场调节。我国自贸区负面清单管理制度目前存在的问题较多，如法律地位偏低、重点领域保护不足、配套法律法规之间不协调，等等。这些问题如果不能得到及时有效的解决，将严重影响到负面清单制度的适用成效，更不用提在全国范围加以推广适用。

为此，湖北自贸区应积极研究制定符合外资投资趋势的政策规章，使外商投资的各种隐形障碍逐步消除。特别是作为新设立的自贸区，湖北自贸区要严格按照十九大报告提出的操作思路（即“全面实行准入

① 李光辉：《我国自贸区建设的成就与今后重点发展方向》，载《中国贸易》2017 年第 7 期。

前国民待遇加负面清单管理制度，大幅度放宽市场准入，扩大服务业对外开放，保护外商投资合法权益。凡是在我国境内注册的企业，都要一视同仁、平等对待”）从宏观层面进行规划，在政策适用、标准制定、资质条件、政府采购、行政许可等方面对内外资企业实行同等对待，力求形成各类市场主体依法、平等使用生产要素，公平、公正参与竞争的营商环境。

同时在微观层面，要根据我国 2015 版负面清单①和国内国际发展趋势，进一步做好对接工作，在更广领域和更大范围形成有特色的试点格局，如“从服务业拓展到社会、生态、文化、医疗、教育等”更丰富的层次，形成全国统一负面清单管理制度下有特色的投资管理制度，也为负面清单管理制度在全国范围内统一实施打好基础。具体言之，需在扩大服务业开放以及新技术、新业态、新模式、新产品的市场准入上有所突破，而且要加快完善外商投资企业投诉机制，着力解决外商投资企业关注的知识产权等各类问题，让外资企业有更多安全感。②

（二）完善湖北自贸区的管理机制

1. 推行简政放权的双层级管理机制

目前，我国对自贸区实行的是三层级管理制度。即中央、地方政府和自贸区管委会。就三者的职权分工来看，我国自贸区的多数管理权集中于自贸区所在地政府及其相关部门，从其他先行自贸区的管理效果来看，由于行政层级多、组织变动大、相互叠加，这在一定程度上影响了区内管理备案的办事效率，束缚了自贸区管委会参与本区管理的积极性

---

① 2015 年 4 月，国务院针对现行的四个自由贸易试验区统一发布了《自由贸易试验区外商投资准入特别管理措施（负面清单）》。这份清单，依据国民经济行业分类，划分为 15 个门类、50 个条目、122 项特别管理措施。不过，与其他国家和地区相比，这份负面清单仍较为冗长。

② 杨鹏：《浅议自贸区法制建设》，载《法制博览》2016 年第 12 期。

和主观能动性，制度创新红利并未得到充分释放。因此，在对湖北自贸区的管理机制进行设置和完善时，应在满足自贸区行政管理基本需要的同时，尽量减少对经济运行的干预。即按照统筹管理、分级负责、精干高效的原则，实行“二合一”管理体制。另外，一般情况下，自贸区管委会作为自贸区的“一线”管理机构，对区内事务往往最为熟悉和了解，如果立法赋权过窄或者管理权限范围受到制约，则可能影响其应有功能的发挥。反之，如果赋予自贸区管委会充足的立法权与管理权，允许其自行拟定符合自贸区特性的行政审批备案流程，这必然使得有关操作能在其内部统一消化解决，无须再转递其他部门进行分别审核，无疑会简化和加速自贸区的行政审批备案，更有利于“一口受理”、“单一窗口”等制度创新真正意义上的实现。而且，从国际经验来看，许多国家都实行了中央和地方自贸区管委会的两级管理制度，由被授权的专门机构来管理和协调自贸区的整体事务，并有权审批立项，投资建设基础设施。①

当然，湖北自贸区现正处于建设初期阶段，自贸区所在地政府的居间协调作用仍必不可少，三层级管理模式仍是初级阶段的较佳选择。但是，随着自贸区建设的不断发展与日益成熟，从自贸区长远发展的视角分析，确有必要通过层级功能的重新配置，通过权力清单明确各级政府在招商引资中的职能，增进自贸区管委会的主动性和积极性，以提高其对区内各项事务的管理效率。

2. 自贸区的一线管理机构可实行公营公司的管理形式

随着现代文明的发展，公民或私主体直接参与全球治理被认为是治理市场失灵和利维坦式政府失灵的妙计良方，第三部分在介绍其他国家和地区的经验时，曾指出许多国家和地区都比较重视自贸区治理中私主

---

① 张建平：《以上海自由贸易区撬动新一轮改革》，载《中国外汇》2013年第5期。

体的引入，比如美国就规定了任何私人公司或者公共机构甚至外国公司都可以申请建立自贸区，为此湖北自贸区的管理也可适度引入多元的治理主体。湖北自贸区可以尝试在自贸区内进行社会共治应用体系建设，政府部门的主要职能是在当地招商引资工作中发挥引导和监督作用，为市场主体自治和行业自律提供基础，为社会监督共治提供有效支撑。

在管理机构的运作方式上，可实现公营公司的管理制度。公营公司一般是一个拥有法人权力的公司而非政府的行政机构。① 因此，它必须要面向市场，以灵活的经营手段，吸引外商来自贸区进行各种贸易活动或工业投资，为国家创造各种利益。作为公营部门，它可以采取一个由政府拥有全部股份，或者通过立法程序批准的有限责任公司的形式。从区域使命落实的角度而言，湖北自贸区不应该成为政府等行政部门扶持的特别区域，而应该是在一定程度上发展成为直接对接市场的“公司制区域”。因此，可考虑把我国目前单一的政府管理模式优化升级为政府与市场相统一的管理模式，充分发挥公营公司经营管理的效益。这种市场机制和管理机制相结合的管理模式有助于提升自贸区贸易自由化和便利化的程度，也有利于引导市场自觉主动履行出资义务和承担社会责任，强化对市场主体及其行为的监督管理。

（三）试行湖北自贸区的重点改革举措

1. 试行赋税制度改革，完善配套税收政策

从企业赋税制度方面，中国自贸区内公司企业在离岸业务中需缴纳25%的企业所得税，该比例远高于同期香港自由贸易港的16%与新加坡自贸区的17%，并且不同于香港自由贸易港、新加坡自贸区对区内企业所得税采取统一税率的办法，中国自贸区内企业所得税至今依然是内

---

① 钱津：《论创建中国特色的公营公司制》，载《新思路》2004年第6期，第19页。

外有别、有所分割。另外，在关税方面新加坡自贸区几乎对所有进出口商品免征关税，而中国自贸区对进出口货物并无明显关税优惠。虽说财税政策优惠并非自贸区创设的初衷，制度创新本身既是红利，然而基于自贸区的"试验特性"，其实可在自贸区内进行更多尝试，包括精简税务机构、给予区内企业适当税收优惠或特定范围内进行税收减免，区分离岸与在岸业务税率，等等，借此提升湖北自贸区的国际市场吸引力和竞争力，使湖北自贸区真正成为全国税制改革的"探路者"和"先行者"，充分发挥湖北自贸区在国家税制改革中的引领示范作用。目前，上海、广东、天津和福建自贸区已经试点的税收政策原则上都可在湖北自贸区进行试点，其中促进贸易的选择性征收关税、其他相关进出口税收等政策也可在自贸区内的海关特殊监管区域内进行试点。总体的试行思路是，只要是符合税制改革方向和国际惯例的，且不会导致利润转移和税基侵蚀的举措都可在湖北自贸区试行。

2. 试行金融创新制度

改革开放40年以来，我国实体经济发展取得了巨大的成就，已成为全球第二大经济体，但金融业创新不够、服务实体经济的能力不足，发展程度远远滞后于实体经济的发展，成为制约中国经济进一步发展的瓶颈。① 因此中国无论在吸引外资，还是对外投资方面都有很大的潜力可挖。另外，虽然在货物贸易领域，中国是顺差，对美国有3000多亿元的顺差，对欧盟2016年有超过1300亿元的顺差，但是服务业领域中国面临逆差，对于欧洲我国大概有100亿元的逆差。鉴于以上情况，十九大作出了若干项关于开放金融业的决定。第一，外国投资者投资中国证券基金管理期货市场投资公司比例放宽到51%，三年以后取消股比的限制，换言之，外资可以控股。第二，外国单个或者多个企业投资中

① 汪云：《前海金融战略定位及深港证券业合作探讨》，载《证券市场导报》2013年第2期。

国银行业的比例，过去单一不能超过20%，外国股份整个的不能超过25%，这个限制将要取消，实现中外企业银行投资领域的一视同仁。第三，从人身保险的角度，从保险业的开放角度，我国拟放宽到51%，而且三年以后取消股比限制。

作为中部崛起和长江经济带的发展中心，湖北自贸区要根据十九大的部署，在效率与安全并重的前提下，实行金融体制的创新。或者说，金融创新必须先行，为建立区域性的金融中心奠定基础。具体言之，湖北自贸区的金融创新应包括利率市场化、汇率自由汇兑、金融业的对外开放、产品创新等，也涉及一些离岸业务，主要体现在以下方面：建立与自贸区相适应的账户管理体系，完善人民币涉外账户管理模式，简化人民币涉外账户分类，建立银行卡的跨境转接清算平台及电子商务交易平台，促进投融资结算便利化。拓展金融服务功能，推进利率市场化，允许符合条件的金融机构试点发行企业和个人大额可转让存单。研究探索片区内执有金融许可的机构和境外转让人民币资产，销售人民币理财产品，多渠道探索跨境资金流动，积极探索外资股权投资企业在资本金结汇、投资、基金管理等方面的新模式。建立健全金融风险防控体系和金融监管协调机制，完善跨行业、跨市场的金融风险监测评估机制，强化重大风险的识别和系统性金融风险的防范，完善对持有各类牌照金融机构的分类监管机制，加强金融监管协调与合作。

3. 完善事中事后监管制度

从国际经验来看，市场准入大门打开后，要特别重视建立完善的事中事后监管制度，注重发挥市场与社会组织的自律和监督作用。① 湖北自贸区的总体方案提出，要加强对市场主体“宽进”后的过程监督和后续管理，加强信息共享和综合执法、安全审查、反垄断审查等基础性

---

① 管斌：《混沌与秩序：市场化政府经济行为的中国式建构》，北京大学出版社2010年版，第57页。

监管制度建设。这为自贸区做好开放后的监管打下了基础，不过，由于传统管理思维的影响，在审批放开后，一些部门的思想还需真正转变，同时还需建立健全社会组织系统，配合承接政府职能转变后续的监管责任。因此，除了立法重点应放在将政府职能由事前许可向事中事后监管转变上，防止放权后监管的缺位、越位，还要着力加强社会信用体系、企业年报公示和经营异常名录、信息共享和综合执法、安全审查等基础性监管制度建设。可推行分级管理制度，根据区内企业的经营业绩、信用程度和自律能力，建立货物审验负面清单制度、稽核制度和处罚制度等。

（四）完善湖北自贸区的纠纷解决机制

在司法层面，随着自贸区建设的不断推进，涉自贸区的民商事案件必然呈现出数量上的跨越式增长，而且案件的类型必然与区域和新功能及发展定位显著相关，涉外案件多样化的趋势也将日益显著。所以，自贸区的建设当然离不开公正高效的司法服务保障。由于停止或调整适用的上位法并没有包括诉讼程序法以及涉外商事法等内容，因此自贸区在国际法律服务体系的司法方面只能在现有法律框架下，在保障审判的专业性、深化权益保护机制、延伸法院司法职能、对接司法改革要求等方面进行司法改革的有益探索。

1. 在自贸区设立特别法庭

目前自贸区的司法模式有派出法庭和专属法院两大类。比如新加坡自贸区、我国广东自贸区选择了专属法院的管辖方式，而我国的上海自贸区则选择了由浦东法院派出法庭来管辖有关案件。

具体言之，广东建立了广东自贸区南沙片区人民法院，南沙自贸区区法院将集中受理、审理原由南沙市区法院管辖的与南沙自贸区相关联的第一审民商事案件，主要包括与南沙自贸区相关联的投资、贸易、金融、知识产权等案件。同时根据自贸区建设和运行的实际，对受案范围作相应的调整。广东自贸区南沙片区人民法院是全国第一家自贸区法院。① 而浦东法院派出法庭主要是受理、审理依法应由浦东法院管辖与上海自贸区相关联的商事、知识产权和房地产案件，其作出的判决和裁定为浦东新区人民法院的一审判决和裁定。这种制度是基于人民法院与其对应的行政区划的行政级别对等来设计的。②

就湖北自贸区而言，首先要明确自贸区的案件，大量是涉外的案件，不是现有法院能处理的。自贸区的案件需要法官具有相应水平，掌握相关涉外法，运用国际法甚至国外的法律来处理，其定位要与国外经贸政策对接。所以，需为自贸区专设司法机关。不过，其实无论自贸区司法设置上选择何种模式，归根结底都是需要与自贸区的政府机构管理体制的制度设计相配合。因此，建议湖北自贸区从专业裁断的角度，在自贸区为涉区案件设立专门的特别法庭，至于以后是否要设专属法院，可根据后继的司法经验来进行判断。

2. 确认仲裁应有的解纷地位，适时引入临时仲裁制度

目前，包括湖北在内的中部地区，法律服务业发展尚不充分。首先，仲裁这一国际上普遍采用的纠纷解决方式，应当成为湖北自贸区纠纷解决的首选方式。仲裁作为一种民间的、中立性的解纷手段，与诉讼方式相比，更容易在国际纠纷中获得承认和执行。为此，湖北自贸区需从纠纷解决的有效性角度出发，给予仲裁以应有的关注。在仲裁方式的选取中，要特别注意参考国际商事仲裁的先进制度，创新争议解决机制，如境内外当事人可以约定选择适用境内外仲裁机构的仲裁规则或者联合国国际贸易法委员会仲裁规则，可以约定变更仲裁规则的有关内容，甚至可以约定适用法律、组庭方式、庭审方式、证据规则、仲

---

① 刘松山：《论自贸区不具有独立的法治意义及几个相关法律问题》，载《政治与法律》2014 年第 2 期。

② 胡加祥：《上海自贸区三周年绩效梳理与展望》，载《东方法学》2017 年第 1 期。

裁语言。

其次，作为一种创新，湖北自贸区应当在仲裁服务主体方面有所放宽。比如，对临时仲裁的认可。临时仲裁又称特别仲裁，它是由当事人依据协议，事先约定好仲裁的程序和规则，通常程序都比较简单，不拘泥于形式。同时此方式具有跨国性，不同国家的主体之间都可以任意约定办法或规则来处理纠纷，纠纷双方一般都能营造令双方信服的解决渠道，从而有利于案件处理的高效和结果的公平。完善的仲裁方式不仅可以使外商投资者在产生纠纷时，根据情况灵活选择具体的解纷方式和流程，而且从长远角度，能促使其更放心地投资。但是，目前我国的《仲裁法》并没有规定可以进行临时仲裁。就这个问题而言，比如我国的香港地区就走在了通过仲裁解决国际纠纷的前列。香港规定了仲裁程序包括临时仲裁和机构仲裁两种，对于临时仲裁，申请人及被申请人可请求香港国际仲裁中心为其提供部分帮助。而且，先行的上海自贸区也开展了大胆尝试，突破我国现行仲裁法的制约，允许当事人选择临时仲裁方式解决纠纷。① 这些都为湖北自贸区引入临时仲裁制度提供了宝贵的实践经验。湖北自贸区可结合自身发展特点和需要，适时引入临时仲裁制度，构建简单高效的纠纷解决制度。

3. 多元化纠纷解决机制的建设

除了仲裁之外，还应当发展其他的纠纷解决方式，为自贸区的参与者提供多样化的选择，如磋商、调解等。这些方式的明确引入，不仅能有效解决非诉讼程序与司法程序之间的互动衔接，而且能使多元化纠纷解决机制合理高效地发挥作用。

就磋商而言，该方式是双方最理想的纠纷解决方式之一。纠纷解决时以双方充分沟通磋商的方式，或者将磋商和调解、仲裁一起使用，可

---

① 李敏：《上海自贸区法律体系的现状反思与完善路向》，载《南都学坛》2016 年第 1 期。

以更加灵活地解决有关纠纷，使纠纷双方更加便于沟通，达成统一意见，最终使双方都能得到满意的处理结果。

值得一提的是调解也是很理想的纠纷解决方式之一。虽然调解没有磋商那么理想化，但是也具有很多务实性的优点，如调解与仲裁相比更加省时省钱，而且如果双方调解成功，将不会导致外商投资者与东道国关系破裂。目前，在我国的自贸区实践中，选择采取调解的方式解决纠纷的案例还比较少，对此湖北自贸区应当大胆创新，探索解决纠纷的新渠道、新方式。建议湖北自贸区在立法时，将商事调解制度纳入立法轨道，对调解机构的权限、调解的效力给予明确界定；同时合理限制当事人的意思自治，避免因当事人故意或无故中断或中止调解而阻碍调解程序的进行，降低调解的效率，妨碍纠纷解决。

（五）完善湖北自贸区的法律技术性服务手段

1. 利用现代信息技术，不断提高服务质量，实现法治资源的均等化

健全法律服务网络是深度融合的组织基础，要利用现代信息技术促进自贸区基本法律服务的便利化和全覆盖。同时，要拓展法律服务领域，重点是拓展知识产权、金融等新兴民商事业务领域，做到与自贸区相关的法律服务应门类齐全，服务网络实现三片区全面覆盖。工作布局、力量分布科学合理，法治资源得到有效配置，法治功能得到充分发挥，力求多层次、多领域、多渠道开展法律服务。另外，还需创新法律服务方式，严格按照法律规定规范代理诉讼和仲裁的执业流程、执业标准和执业行为，积极创新法律顾问和非诉讼的服务方式、服务内容和服务标准。①

---

① 向生元：《健全完善法律服务体系 全力服务经济社会发展》，载《奋斗》2016年第3期。

2. 加强自贸区法律服务队伍的专业化建设

有关法律服务人员的思想政治素质、业务素质和职业道德素质不断增强，能适应自贸区生长对法律服务层次和质量的要求。为服务中国企业走出去的目标，应组建为自贸区服务的法律专家组，专家组应既有国际法专业学术背景，又有实务经验，能够合理运用国际贸易术语、国际贸易规则、冲突法等。需对接国际经贸标准，加强涉外法人才的使用，海关、保险、国际物流港等都需储备这样的人才。同时，还应鼓励有实力的律师事务所走出国门，搭建海外法律服务网络，维护国家经济安全和政治安全。要允许外国律师事务所在湖北设立分支机构，有国外投资者熟知的品牌律师事务所服务，既符合国际习惯，又可保证条款设置的公平透明，外资投资人也会更信任湖北自贸区的运作环境，而且全球知名律师事务所大多已达到全球网络化，其掌握的客户资源也是全球性的，其水平大多优于国内律师事务所。随着国外律师事务所的进入，某些优质服务项目也将被带入，这对国内律师事务所对接国际标准也有引领的作用。

虽然湖北自贸区国际法律服务体系的建设与完善不能一蹴而就，但利于振兴发展的“法治化环境”是建设湖北自贸区的第一竞争力，是实现经济社会持续、健康、快速发展的基本保障，值得全省人民期待。

法治城市建设的多元互动解纷机制探析

徐海涛*

【摘要】法治城市建设离不开高效的多元互动纠纷解决机制。论文分析了我国常见的五种纠纷解决机制，即诉讼、调解、仲裁、复议与信访各自的特点和存在的缺陷，一是调解和诉讼不对接，二是诉讼和仲裁不对接，三是复议和诉讼不对接，提出了构建多元互动解纷机制的思路，即实现调解和诉讼的对接联动、仲裁和诉讼的有机协调、复议和诉讼的一体联动。

【关键词】法治城市　多元　互动　解纷机制

纠纷，是指特定主体基于利益冲突而产生的一种双边或多边的对抗行为。它又常被称为冲突、争议、争执，其本质可归结为利益冲突，即有限的利益在社会主体间分配时，因出现不公平或不合理而产生的一种对立不和谐状态，包括紧张、敌意、竞争、暴力冲突以及目标和价值上的分歧等表现形式。① 和谐社会不是一个没有矛盾、没有冲突、没有纠纷的社会，纠纷的适当解决是促进社会和谐的基本要求。法治城市建设的一个重要任务就是要对城市的一切社会矛盾纠纷采取法制化手段加以解决。胡锦涛同志曾指出，构建社会主义和谐社会的过程，就是在妥善处理各种矛盾中不断前进的过程，就是不断消除不和谐因素、不断增加

---

* 徐海涛，湖北汽车工业学院，创新创业教育学院教师。

① 徐昕：《迈向社会和谐的纠纷解决》，中国检察出版社 2008 年版，第 3 页。

和谐因素的过程。尤其是我国当前进入改革深水区和矛盾多发期，社会矛盾层出不穷，妥善处理各种矛盾纠纷，构建多元高效的纠纷解决机制，是法治城市建设和法治社会建设的重要环节。党的十八届四中全会《决定》提出："要健全预防化解社会矛盾机制，完善调解、仲裁、行政裁决、行政复议、诉讼等有机衔接、相互协调的多元化纠纷解决机制。"2015 年 10 月，中央深改组第十七次会议通过了《关于完善矛盾纠纷多元化解机制的意见》，为全面深化矛盾纠纷多元化解机制改革进一步指明了方向。习近平同志在党的十九大报告中指出，要加强和创新社会治理，维护社会和谐稳定，打造共建共治共享的社会治理格局。加强预防和化解社会矛盾机制建设，正确处理人民内部矛盾。加强社区治理体系建设，推动社会治理重心向基层下移，发挥社会组织作用，实现政府治理和社会调节、居民自治良性互动。① 因此，妥善处理和疏导社会矛盾，化解社会冲突，积极防控和解决纠纷，便成为构建和谐社会和法治城市建设的日常工作和基础环节。

一、我国现有解纷机制简况

纠纷解决机制，是指争议当事人用以化解和处理纠纷的手段和方法，可分为公力救济、社会型救济和私力救济三种。我国现行的纠纷解决方式主要有和解、调解、仲裁、裁决、复议（信访）和诉讼六种方式，诉讼以外的方式又称之为非诉解决方式，世界上比较统一的称谓是 Alternative Dispute Resolution（ADR），即"替代性纠纷解决方式"。

（一）诉讼

随着法院地位的不断加强，法院在调处社会纠纷中的作用越来越

① 秦金月：《中共十九大开幕，习近平代表十八届中央委员会作报告》，载《中国政协网》，http://www.china.com.cn/cppcc/2017-10/18/content_41752399.htm，2017 年 10 月 18 日访问。

大，党委政府和人民群众对法院的期望值和信赖度越来越高，大量社会纠纷不断涌入法院。然而诉讼并不是万能的，法院实际上没有能力解决所有的纠纷。一方面，从量的方面说，司法资源的有限性使法院面临“诉讼爆炸”的压力；另一方面，从质的方面看，诉讼程序有其内在的固有弊端：首先，诉讼成本较高造成新的社会不平等。其次，诉讼程序的对抗特性不利于建构诚信友爱的人际关系。最后，诉讼程序更多地依靠法官的权威判断。与诉讼量快速增加相伴的是上诉率增高、申诉上访、再审及执行难现象的增多，这不仅严重影响了法院判决的既判力与权威性，而且进一步威胁到社会的和谐与稳定。①

（二）调解

调解包括诉讼（司法）调解、人民调解和行政调解。诉讼调解是人民法院在审理民事案件的过程中，根据自愿原则和合法原则对纠纷当事人进行调解。完整意义上的诉讼调解应包括诉前调解、诉前委托调解和诉中调解。诉讼调解会出现两种结果：调解失败，则应继续诉讼，并及时作出判决；调解成功，则纠纷当事人之间达成调解协议，该协议具有与法院的判决书同等的法律效力，这就意味着如果一方当事人不履行义务，另一方当事人可以向法院申请强制执行。因此，诉讼调解也是人民法院审结案件的一种方式。人民调解，是在人民调解委员会的主持下，以国家法律和政策规定以及一定的道德规范，对纠纷双方当事人进行居间协调，促使纠纷当事人互谅互让、平等协商，依法自愿达成协议解决争议的一种群众性的自治活动。通过人民调解达成的协议具有合同效力，一方当事人不履行该协议的，另一方当事人可以依据调解协议向法院提起诉讼，由法院来追究违约方的违约责任。因此，人民调解委员会据国家法律、法规及政策促使双方当事人平等协商、达成协议，解决

---

① 刘永红：《纠纷解决机制的多元化问题解析》，载《社会科学家》2008年第7期。

争议。行政机关并不对全部的民事纠纷都享有裁处的权限，而是依法对特定种类的民事纠纷才享有裁处权，此外也可以通过调解的形式行使该权限，由此所达成的调解协议具有合同的性质，对双方当事人均具有法律约束力。近年来，国家越来越重视律师队伍在纠纷调解中的作用。2012 年最高人民法院出台《关于扩大诉讼与非诉讼相衔接的矛盾纠纷解决机制改革试点总体方案》，此后，一些地区陆续开展了律师主持调解的实践探索。律师通过调解工作室、调解中心等律师调解组织参与案件调解，并取得了阶段性成果。2015 年，中央办公厅、国务院办公厅联合印发《关于完善矛盾纠纷多元化解机制的意见》（中办发〔2015〕60 号），将建立完善律师调解制度上升为国家政策。2016 年最高人民法院颁布《关于人民法院进一步深化多元化纠纷解决机制改革的意见》和《关于人民法院特邀调解的规定》，进一步明确律师作为特邀调解员参与法院委派调解与委托调解的程序，对完善诉调对接平台建设、健全诉调对接制度、创新诉调对接程序、促进多元化纠纷解决机制发展等提出了系统的指导意见。2017 年 9 月 30 日，最高人民法院、司法部联合发布了《关于开展律师调解试点工作的意见》（司发通〔2017〕105 号），决定在 11 个省（直辖市）开展律师调解试点工作。《试点意见》规定了律师调解试点工作的指导思想、基本原则、工作模式、工作机制及工作保障等内容，对律师调解试点工作提出了明确的要求。《试点意见》的出台标志着律师调解制度在我国的初步确立。律师调解制度对拓展律师功能，发挥律师在矛盾化解中的作用，推动中国特色多元化纠纷解决体系的形成具有重要意义，也是多元化纠纷解决机制的一次制度创新。①

（三）仲裁

仲裁是市场经济条件下解决纠纷的重要方式，是指争议双方在争议

---

① 熊跃敏、张润：《律师调解：多元解纷机制的制度创新》，载《人民法院报》2017 年 11 月 10 日。

发生前或争议发生后达成协议，自愿将争议交给第三者作出裁决，双方有义务执行的一种解决争议的方法。与调解、诉讼相比，仲裁具有不可替代的优越性，表现在它符合了社会所追求的正义与效率这两个主要价值目标：案件不公开审理，当事人的隐私与信誉能得到更好的保护；仲裁是当事人自愿选择的，既满足了仲裁自愿与契约自由，又缓和了对抗性，有效地维护了法律的公正与公平。正因为如此，它一直成为西方国家民商事纠纷最主要的解决方式。与西方国家成熟、发达的仲裁相比，我国尚处于起步阶段。

（四）复议

行政复议是公民、法人或者其他组织认为行政机关和行政机关工作人员的具体行政行为侵犯其合法权益，依法向行政复议机关提出重新处理的申请，接受申请的行政复议机关据此对原行政处理或行政处罚决定进行审理并作出相应决定的行政救济活动。行政裁决是行政机关及其授权的组织对平等主体之间发生的与行政管理活动有关的特定民事纠纷（争议）进行审查，并作出行政裁决的具体行政行为。根据法律规定，行政相对人如果对行政裁决不服，除属于法定终局裁决的情形外，当事人可依法申请行政复议或提起行政诉讼。

（五）信访

从严格意义上来说，信访是一个具有中国特色的概念，并不是一种非诉讼纠纷解决机制，但从目前我国解决纠纷实践来看，信访这种特殊的纠纷解决方式运用比较频繁，的确发挥了很大的作用，理应在我国的纠纷解决体系中占有一席之地。根据我国《信访条例》的规定，信访是指公民、法人或者其他组织采用书信、电子邮件、传真、电话、走访等形式，向各级人民政府、县级以上人民政府工作部门反映情况，提出建议、意见或者投诉请求，依法由有关行政机关处理的活动。我国目前的纠纷解决机制中虽然规定了解决纠纷的多种途径，如诉讼、调解、仲裁、行政复议等，但由于种种原因，这些途径并未能有效化解纠纷。所以当普通老百姓之间发生纠纷通过正常渠道无法解决的情况下，往往就会通过信访途径来解决纠纷，从而对自己的合法权益进行救济。

二、现有解纷机制的缺陷

矛盾纠纷多元化解机制，是国家治理体系和治理能力现代化的重要内容，是平安建设的重要方面，也是国家法治化发展水平的重要标杆。从总体来看，我国目前的纠纷解决机制尚不够完善：司法制度存在诸多缺陷，诉诸司法救济存在不少障碍；行政调解、行政裁决、行政复议、申诉、信访等行政救济机制的法律效力和程序保障不足，对于纠纷解决的作用较弱；民间调解在法治建设的背景下受到轻视，纠纷化解能力下降；律师、仲裁、公证等制度仍不够规范，对纠纷解决和预防的应有作用未充分发挥等。尤其是各种纠纷解决机制未充分发挥比较优势，良性互动的多元化纠纷解决机制尚未建立，现有的纠纷解决机制中存在着严重的交叉和重叠现象，不仅浪费了有限的解纷资源，也大大影响了解纷的效率。

（一）诉调不对接

以人民调解为例，人民调解和法院的诉讼调解同时存在，在一般人（甚至包括法官）看来，人民调解是不算数的，只有诉讼调解才具备法律效力。一些纠纷在人民调解组织花了大量精力调解后，由于法律只确认调解达成的协议为民事合同，并无直接执行力。所以，在一方当事人反悔又起诉至法院后，法院又组织司法调解。反复的调解浪费了大量的解纷资源，这也是造成我国纠纷解决资源利用率低下的主要原因。正因如此，如何从理论和观念上肯定人民调解的正当性，以及从制度上明确调解协议的性质和效力，进而协调好人民调解与诉讼机制之间的关系也就成了我国解纷制度发展中必须认真思考的问题。

（二）诉裁不对接

我国现行法律规定，劳动争议发生后，当事人不能直接求助于司法程序救济其权利，必须通过仲裁程序方可进入诉讼程序。仲裁裁决作出后，除《劳动争议调解仲裁法》第 47 条规定的情形外，当事人对仲裁裁决不服的，自收到裁决书之日起 15 日内，可以向法院起诉。当事人对仲裁裁决不服提起诉讼，法院则并不审查仲裁裁决本身，对裁决是不予考虑和评判的，而就劳动争议当事人实体权利义务进行重新审理。这样，就劳动仲裁和诉讼而言，从程序的设置到举证规则都无很大的差异。正如周林彬教授所指出的，“对救济方式的选择权规定的不尽合理，这主要体现在对劳动争议仲裁不服可以向人民法院起诉的规定上。如果两种救济规范的安排上无实质差别时，允许相关主体在选择了一种救济方式时保留对另一种救济方式的选择权必将导致资源利用无效。劳动争议仲裁和诉讼在救济规范的安排上并无实质差别，因此允许二次选择是不合理的。”①

（三）诉议不对接

第一，行政复议前置的范围过大，立法机关尤其是地方立法机关为促进行政效率任意引入复议前置程序。第二，终局性行政复议剥夺了当事人的诉权。目前存在三类终局性行政复议：一是法律明文规定的终局裁决，如《行政复议法》第 30 条第 2 款之规定；二是隐性的终局裁决，指法律未明确规定，但有关行政争议依其性质只能由复议机关作出终局裁决，如复议机关对抽象行政行为作出的处理决定；三是事实上的终局裁决，指因法律规定的行政复议范围宽于行政诉讼的受案范围，致使有些列入行政复议范围的行政争议没有诉诸司法救济的机会。这些终局性行政复议削弱了对行政复议的司法监督，违背了司法最终解决的法

① 周林彬：《法律经济学论纲》，北京大学出版社 1998 年版，第 78 页。

治原则。

三、构建多元互动解纷机制的设想

当前我国社会矛盾纠纷处于多发期，且涉及的利益主体多、原因复杂、社会影响大，单独依靠某一种纠纷解决机制很难有效地化解矛盾。因此，建立与完善多元化互动纠纷解决机制，便成为构建社会主义和谐社会的必然选择。

（一）诉调对接联动

诉调对接就是使诉讼调解与社会调解这两种纠纷解决机制相互衔接，充分发挥诉讼调解与社会调解这两种纠纷解决机制各自的优势，使司法与社会力量优势互补，形成合力，促使纠纷以更加便捷、经济、高效的途径得到解决，从而更好地维护社会的和谐与稳定。诉调对接的核心制度是诉前先行调解和诉中协助调解与委托调解。诉讼调解与社会调解有机形成“三调对接联动”（诉讼调解、人民调解、行政调解）的社会大调解制度。在诉调对接联动中，应加强法院对人民调解等非诉讼解纷机构的指导，法院应设专人管理相关工作，负责联络、协调，建立调解人、协调人资格制度；与所在地的主要社会团体、自治组织、主要企业建立联系，鼓励其参与并建立调解人、协调人队伍；与专业（行业）协会建立联系，鼓励其在内部建立自己的纠纷解决机制，并与法院的诉讼活动结合起来；对社会调解人、协调人进行必要的培训，防止出现破坏司法程序、司法公信力行为的发生。法院对于人民调解的审查应尽可能尊重当事人的合意，只要不违反国家强制性、法律禁止性及社会公共利益，调解协议的签署确属当事人自愿或得到当事人的授权且在当事人的授权范围内，就应通过法官的审查，赋予期强制执行力。

（二）诉裁有机协调

1. 一是取消人民法院对仲裁裁决的实体审查规定。按照我国《仲裁法》和《民事诉讼法》的相关规定，人民法院对国内仲裁裁决和涉外仲裁裁决的审查是区别对待的，即实行“双轨制”原则。二是为了防止仲裁裁决被不当撤销，应赋予当事人应有的救济手段。根据最高人民法院的司法解释，对于人民法院作出的撤销裁决或者驳回申请的裁定，以及作出的不予执行裁决的裁定等，包括当事人对仲裁协议的效力有异议的裁定，当事人不得上诉，也不得提出再审申请。笔者认为，为了防止仲裁裁决被不当撤销，有效维护正当的仲裁裁决，有必要对法院作出的上述裁定给予当事人充分的救济手段。

2. 劳动争议仲裁与诉讼的协调与整合。对于劳动争议，应充分尊重当事人的程序选择权，不宜将劳动仲裁作为其诉讼的前置程序，以切实维护当事人诉权，并且，通过对现行仲裁机构的改革，尽量减少其行政性色彩，组成劳动争议仲裁机构的成员，应通过选举或指定的工会代表，雇主（用人单位）代表以及行政机构的代表构成，以便为实行或裁或审，一裁终局的劳动争议仲裁制度创造条件。①

（三）诉议联动一体

一是扩大行政复议和行政诉讼的受案范围，使内部行政行为和抽象行政行为受到监督和制约。二是尽量限制复议前置的情形，尤其要严格限制终局性行政复议的情形。三是理清行政复议与信访的界限，使行政复议实现从政府内部监督、自我纠错为主向救济权利、化解争议为主的根本转变。②

---

① 陈丽芳：《解纷机制合理衔接的探讨》，载《中共中央党校学报》2008 年第 4 期。

② 李立：《行政复议 5 大制度缺陷逐渐显现》，载《法制日报》2010 年 6 月 11 日。

四、结语

我国诉讼内外解纷机制的合理衔接与有机协调的实现，不是一蹴而就的，也不是靠一两个部门的热情能够成功的。它是一个社会系统工程，除了对现行立法进行修改与完善外，还需要社会环境的保障。一是公民的配合与呼应。公民应摒弃“诉讼全能”观，树立多元化解纷观；摒弃将法治意识等同于诉讼意识的偏见，实现诉讼内、外各种纠纷解决机制的功能相济、有机衔接与整合。二是营造良好的社会环境。现代非诉讼纠纷解决方式的应用是与社会主体的自治和自律能力相适应的，其有效运行有赖于社会主流意识的认可度和公信力，要加大对现代非诉讼纠纷解决机制的宣传，倡导先进的法律文化，引导民众形成正确、理性的纠纷解决观念，推广使用调解等非诉讼纠纷解决方式解决社会纠纷，让自治的观念以及对和谐的追求深入人心，为非诉讼纠纷解决机制的发展与诉讼解纷间的有效协调奠定牢固的社会基础。

共享经济中消费者权益的法律保护研究

刘　祎　范凌坡*

【摘要】2012年，滴滴打车在北京中关村诞生，2014年，北大毕业生戴威与几名同学一道创立了OFO，致力于解决大学校园的出行问题，从此，我国共享经济首先在共享出行领域生根发芽，共享单车、共享汽车等共享出行方式给我们的生活带了极大的便利，随着共享经济企业在各行各业崭露头角，不可避免地会涉及如出租车业、旅馆业等受政府管制的许可行业范畴。然而，共享经济企业的营运方式并非完全吻合法规所要求之条件，故可能得以规避相关规定，在不受政府严格管制下进行许可行业方可实施之实质内容的营运。如滴滴出行驾驶可执行出租车业务收取车费，但却无需遵守出租车业的各项行业规定，在“爱彼迎”上短期出租自家房间却不用遵守旅馆业的治安、消防等法规拘束等。由此，共享经济不仅打破了人们的旧观念，也闯入了法律的空白地带，尤其是共享经济中消费者的权益保护的欠缺更是制约共享经济发展、困扰政府部门的焦点问题。本文主要介绍了共享经济中消费者权益保护面临的困难，并提出了一些针对性意见，以供参考。

【关键词】共享经济　消费者　问题　建议

在这个互联网蓬勃发展的时代，共享经济的崛起让许多产品、服

* 刘祎，湖北大学政法与公共管理学院副教授，法学博士；范凌坡，湖北大学政法与公共管理学院刑法学研究生。

务，甚至是无形的知识、知识产权皆可被众人使用、分享，资源以较为效率的方式进行重新分配。自2010年起，各类型的共享经济平台如雨后春笋般出现，形成了一波大潮，代表企业如Uber、Airbnb等。此类平台不但增进了消费者生活上的便利、提高资源使用率，亦带来大量的就业机会，相较于传统产业，共享经济商业模式的资源分配、人力调度更有优势，并塑造出新的消费模式，使共享经济成为今日热门。虽然如此，创新总是对既有规范、既得利益者产生挑战，共享经济带来了一个全新的经济型态，使交易模式由企业对个人转为个人对个人，此种新型商业模式面临了无可回避的法规问题。Uber与Airbnb于世界各国引发了法规与实务上的冲突，例如Airbnb违反纽约州禁止短租的法律，Uber违反德国载客运输法，皆于当地造成了极大争议，尤其是对于共享经济的受众广大消费者而言，在享受共享经济带来的实惠和便利的同时，共享经济领域也发生了许多消费者权利被侵犯而得不到保障和补救的诸多案例，各国政府面临究竟该如何管理共享经济的难题。

一、共享经济的内涵和发展

（一）共享经济的内涵

共享经济，亦常被称作协同消费、协同经济，最开始系指多人共同消费经济物品或参与集体活动的行为。后续学者各依研究方向的不同，对共享经济的定义有不同的诠释方式及条件，以下将分别叙述。

共享经济的推动者Botsman Rachel在其著作*What's mine is yours—The Rise of Collaborative Consumption*中表示，传统时代中的各种社交、合作、集体、交往等分享行为，正在经历一场变革，以一种全新、更有价值的社会合作群体形式呈现，而这股新的浪潮即称为共享经济。共享经济的核心是“共享”，除地方性的面对面共享形式外，最终可透过网络形成一个点对点平台来满足双方需求。这代表共享经济必须是一种集体合作，透过共同使用来满足供需双方需求的分享行为。欧盟则以商业模式作为研究主轴，将共享经济定义成一种在点对点市场中，基于使多人的重复使用为目的之商业模式。其价值主张系在适合的时间与合理的交易成本下，媒合特定资源（资产或技能）的供给者与需求者双方，将共享经济限缩适用于点对点市场中，为达成让多数人使用资产或技能之目的所进行供需媒合，且该媒合行为需可降低交易成本，始得称作共享经济，而非单纯共同消费经济物品即可。学者 Cohenand Kietzmann 则以商业与永续性的角度切入，将共享经济解释成将未充分利用的资产或技能，以分享的方式创造金钱及非金钱利益的经济模式。此定义认为共享经济需系利用闲置资源来创造利益的商业模式，并非单纯分享资源给他人使用即属于共享经济的范围。

综合上述学者对于共享经济的诠释，参酌本研究欲探讨之研究范围，进一步将共享经济定义为：基于使多数人得以重复使用之目的，透过中介平台将闲置生产力以群体合作方式，进行有效率的点对点分享，并创造利益之商业模式。

（二）共享经济的发展

过去互联网尚未兴盛的时代，共享形态多半是透过张贴实体告示于商品橱窗、小区公告栏，或询问身旁亲朋好友是否可以提供或接收该闲置资源，但此种方式找到匹配对象的几率很低，所费时间、精力与效果不成比例，造成的交易成本甚大，人们多半倾向直接丢弃闲置资源。然而，拜科技日新月异所赐，人们现在已经可借由各种电子设备（如手机、计算机、GPS）作为载体，随时随地在虚拟网络社群中（如 Facebook、eBay、各公司的会员平台）搜寻所需资源并进行各种共享活动，将闲置物品或人力做有效率的再利用，接着通过第三方支付系统（如 PayPal、支付宝、平台虚拟货币、信用卡在线刷卡）支付所需费用。

共享经济流程的科技化减轻共享行为的不便及费用、降低交易成本；网络社群的兴起则带动社会对于共享的浪潮及习惯，加速共享经济的发展。科技进步使供需双方可透过网络交易平台快速媒合、实时沟通，网络交易平台账号甚至可以直接通过社群网络账号注册，对用户来说十分方便简单；除此之外，部分网络交易平台如 eBay、Uber、Airbnb 等，则会要求使用者绑定特定社群网络（如 Facebook）的个人账号，借此双重验证会员基本身份以增加交易安全性。以 Airbnb 为例，透过与 Facebook 账号联动，使用者可在观察彼此的 Facebook 动态后，判断是否出租/承租房屋给对方，借此过滤不适合的交易对象。评价或积分制度则是使用网络交易平台所不可或缺的机制，通过累积正面交易经验与数据，可进一步建立该用户信用，创造数字口碑效应来降低用户对于和陌生人进行交易的担忧；PayPal、支付宝、在线刷卡等第三方支付系统，则使共享经济这种非面对面的交易行为能更简易方便地付款，且有助于消除社会对于资金的安全疑虑。

科技进步使共享经济的交易成本降低且更为便利，因此得以被世人接受且普遍应用于各个领域，使 Uber、Airbnb 等采用共享经济模式的新创公司有机会壮大声势，发展成国际型企业组织。

二、共享经济中消费者权益保护存在的不足

回顾共享经济的产生和发展状况，可以看出共享经济作为一种新型的经济模式，由于产生和发展迅猛，政府在制度层面还不能深刻认知该共享的发展规律，也不能很好地通过制度来对共享经济进行规制，制度的空白导致消费者在享受共享经济便利的同时，承担着极大的权益受侵害风险。

（一）产生新的行业垄断，限制消费者选择权

在传统交通运输服务行业，巡游出租车是政府特许经营的行业，并且对于非法营运行为，国家予以坚决打击，通过这种方式，传统的巡游

出租车垄断了整个临时短途租车市场。网约车经营平台正是看到了传统巡游出租车存在的拒载、服务态度差以及交接班打车难等种种弊端，打着维护消费者合法权益的名号，在进入行业的前期通过大额补贴网约车司机的方式，吸引具备驾驶资格的普通群众加入到网约车司机的行业。由于网约车服务态度好、价格低，同时又有手机互联网等方式可以及时掌握车辆动态信息，立即席卷了整个短时租车市场，对传统出租车造成了极大的冲击。但是，在网约车平台慢慢垄断了短时租车市场后，立即降低补贴，并提高收费，体现出了共享经济经营者的逐利本质。这个时候，网约车在打破传统巡游出租车市场的同时，自己又建立了垄断地位，并通过限制竞争的方式获取垄断利润。交通部《网络预约出租汽车经营服务管理暂行办法》出台后，许多城市的地方法规对网约车进行了更为严格的市场准入规制，如笔者所在的湖北省鄂州市于 2018 年 2 月 10 日公布，2018 年 3 月 15 日开始实施的《鄂州市网络预约出租车经营服务管理实施办法（暂行）》，不仅对从事网络租车行业的平台公司设置了严格准入要求，对从事网络预约出租车辆和驾驶员也都设定了较高的进入门槛，其中，第 12 条规定了车辆条件："拟从事网约车经营的车辆，应当符合以下条件：（一）车辆在本市登记注册的 7 座及以下乘用车；（二）车辆购置税计税价格在 10 万元（含）以上；（三）车辆初次注册日期距申请时未满 3 年……（九）法律、法规、规章规定的其他条件。"第 18 条规定了人员条件："拟从事网约车服务的驾驶员，由驾驶员或与驾驶员签约的网约车平台公司向市交通运输主管部门提出申请，并应当符合以下条件：（一）取得相应准驾车型机动车驾驶证并具有 3 年以上驾驶经历；（二）无交通肇事犯罪、危险驾驶犯罪记录，无吸毒记录，无饮酒后驾驶记录，最近连续 3 个记分周期内没有记满 12 分记录；（三）无暴力犯罪记录；（四）具有本市户籍或取得本市居住证；（五）不超过法定退休年龄，身体健康；（六）自申请之日起前五年内无被吊销道路运输或出租汽车从业资格证记录；（七）法律、法规、规章规定的其他条件。”① 并且规定网约车驾驶员要参加从业培训并通过考试取得网络预约出租汽车驾驶员证。地方政府的此种行为给网约车行业设置的较高的进入门槛，引发了争议，有违反《国务院关于建立公平竞争审查制度的有关意见》文件精神之嫌。这种行为模式有台湾学者称之为“寻租行为”——由于滴滴出行等共享经济企业可规避法律要求，无须支付行政规费、税费等费用，营运成本较低，故可提供较优惠的价格给消费者，增加企业竞争力及吸引力。然而，此情况对原产业内的既得利益者无疑是一大挑战，在价格无法与共享经济企业竞争之下，将造成业绩下降、客源流失等危机。因此，在无法适应产业环境转换，业绩受到威胁的情况下，产业内的既得利益者便要求政府或相关单位禁止共享经济企业的营运，或主张立法将共享经济企业纳入管制范围，建立更高进入门槛以排除新进竞争者。

竞争法的价值追求之一就是通过鼓励市场竞争，给予消费者更大的自由选择权，并通过竞争实现优胜劣汰，让消费者以最低的成本获取最优质的产品和服务，任何经营者以及政府的行为，如果限制了竞争，损害了消费者合法权益，就应当认真考量。

（二）消费者合法权益没有充分保障

在传统经济模式下，由于传统经营和消费模式存在和发展的时间很长，政府已经建立了完善的制度体系来对其进行规范，尤其是通过事前制定合理的准入制度以及事后归责的制度，实现了消费者的人身权、生命权、财产权、知情权、赔偿权等各项权益的充分保障。然而，在共享经济模式下，由于法律的相对滞后性，有关方面的法律法规还尚属空白。社会反响最为激烈的还是在网约车行业，滴滴出行等大部分公司仅仅提供一个平台，司机不是该公司的员工，而是与消费者一样是软件的

---

① 鄂州市人民政府：《鄂州市网络预约出租汽车经营服务管理实施办法（暂行）》，载《鄂州市交通运输局门户网站》，http：//jtj. ezhou. gov. cn/info/2018/C0309123600. htm，2018 年 11 月 14 日访问。

使用人，司机的行为也就谈不上是职务行为，一旦发生车祸等侵害乘客利益的行为，公司作为平台提供方一般不用承担法律责任。此时，消费者只能选择对网约车司机提起民事诉讼追责，如果车主购买了商业保险还好，一旦车主没有赔付能力又没有购买商业保险，那么乘客的权益将难以得到维护。就目前来看，共享经济领域，涉及消费者权益保护的事件主要有三种：一是交易费用上的纠纷，如费用欺诈、不及时退费、不按时履行等违约行为，损害消费者的财产权益；二是暴力侵犯消费者人身权、生命健康权的，如故意伤害、强奸杀人、抢劫、敲诈勒索等犯罪行为在网约车领域均有案件被报道；三是发生交通事故的劳务侵权行为，以及造成的第三人受害的情形。

此外，共享经济由于是依托于互联网技术的发展而迅猛发展起来的，而互联网技术尤其是信息安全方面本身就存在漏洞，进而导致了共享经济中的交易行为同样存在相应的问题，消费者个人隐私的保护问题显得尤为突出。例如，在使用顺风车时，司机可能掌握乘客的个人信息而用作非法用途。同时，移动支付的安全性存疑，用户信息的大数据极易被经营者滥用。

（三）政府监管缺位且法律制度缺失

作为新兴经济形态的共享经济，在监管方面，政府主要是存在缺位，有的时候，由于对新生事物的恐惧，又一味封堵，出现了越位。其中，最突出的就是市场准入，例如传统的短程租车行业，不管是出租车公司还是出租车司机，本身都要有一定的资质才可以开展经营活动。而网约车司机则不同，一方面，有的地方对于网约车司机没有规定准入门槛，同时也存在人车不一致的问题，借用车辆问题等，乘客的权益得不到保障。此外，由于共享经济在不断变化发展，政府的监管机制还无法完全跟上形势的发展变化，制度的缺失导致共享经济的从业者极易钻制度漏洞，投机盈利，严重扰乱市场秩序。因此，政府应当及时反应，深入调研，迅速出台措施应对，规范共享经济秩序。另一方面，法律法规也有缺失。现有的法律法规体系是基于我们的传统经济模式、经济领域、经营方式创设并不断完善形成的制度体系，然而共享经济是一种前所未有的，借助互联网技术迅猛发展起来的新型经济模式，传统的法律规则、法律制度不能够很好地规制共享经济模式下的参与者和经济行为，对于消费者权益的保护方面也无法照搬旧法体系。共享经济是不同于以往的、复杂的经济形态，制定法律法规来规范共享经济的发展是必由之路，但是，规则的创设绝不是凭空想象，拍脑袋决定的，必须经过充分的调研，充分听取共享经济各方参与者的意见和建议，综合考量，绝不应当搞“一刀切”、“一棍子打死”这种简单粗暴的方式。还是拿网约车来说，目前我国主要是由交通部出台了《网络预约出租汽车经营服务管理暂行办法》（属于部门规章性质），以及各地方政府制定的地方政府规章，还没有就共享经济制定狭义的法律范畴的制度规则，其他共享经济领域情况大抵如此，这种现状对于我国目前庞大的共享经济体量，复杂的共享经济形态，众多的共享经济行业领域来说，显然还远远不够。例如，网约车的指导意见关于要求押金设立银行专用账户的意见，许多银行并没有真正执行，押金仍然放在普通银行账户，对其在使用上的监管措施没有实施到位。此外，其他共享经济领域法律仍有大片空白。①

三、共享经济下保护消费者权益的几点建议

共享经济作为在互联网快速发展的当下爆发的创新性经济类型，对于传统的消费机制、消费理念、消费者权益保护等方面无不产生了巨大的冲击，这也对政府提出了提升治理能力的新要求。对于共享经济中的消费者权益保护，完善法制仍然是首要的任务，要在充分认识共享经济

---

① 孙颖：《共享经济下的消费者权益保护》，载《中国市场监管研究》2018年第3期。

中的消费模式、消费内容、各方权利义务关系等的基础上，不断探索完善规范经营者行为、保护消费者权益的有关法律法规，发挥消费对于经济发展的马车作用。

（一）完善立法堵塞漏洞

随着共享经济的不断发展，消费者的消费模式也在不断地更新，传统的侵权方式已经发生了变化。比如刚刚出现在市场上的共享电动单车，是在共享单车的基础上发展起来的，借助互联网、手机技术的不断革新，消费者可以随时随地租用单车。虽然这种新的经济行为模式给消费者带来了极大的便利，但问题是单车的所有者、经营者对于产品的监控能力十分有限，产品质量、安全状况堪忧。例如，人为的破坏、自然作用的风险以及单车本身使用过程中产生了质量问题，都有可能成为消费者使用过程中的安全隐患。虽然产品质量法和消保法对此有一些规定，但主要是普适性的规定，一方面不能很好地调整双方权利义务关系，另一方面，它并不能将消费者面临的风险都纳入调整。此外，共享单车的使用人缴纳的100—300元不等的单车押金到底是属于质押类型的物权担保还是属于债权担保目前并不明确，因为既没有质押物，同时占有权也没有发生转变，传统民法理论无法解释这一现象。同时，对于收取后的押金是否能做到及时退还还有很大的疑问，一般情况下，租车公司退还租金都有一定的期限，基本上无法做到即还即退，即租即押就更无从谈起，这一块法律上还是空白，对于消费者的租金能否返还无法给予强力法律保障，需尽快完善相关立法。在后续立法中，应根据当今共享经济形态中不同消费模式，对消费者应享有的合法权益进行充分诠释，保护好消费者在共享经济中的利益。同时，要进一步明确在各种共享经济模式中，经营者的法律地位，消费者的法律地位，以及经营者和消费者的权利义务关系，对造成损害的归责原则、责任大小都应当进行尽量明确的规定，设定合理的诉讼程序，在不伤害新型经济蓬勃发展的态势的情况下，也能够做好消费者权益的保护。①

（二）政府应加强监管共享经济的同时实现合作共赢

国家对于共享经济的市场运营状况有必要将其纳入监管中来，与传统经济不同，政府必须要不断更新自己的管理理念，适应共享经济快速发展的业态，通力合作。既要建立政府内部有关部门之间的联系机制，也要建立政府与共享经济经营者的联系机制。目前，我国学界对于监管共享经济都认可的一点是：共享经济最终应当走在阳光之下，主动加强与政府之间的合作关系，双方共同努力，探索规范共享经济企业运营的可能路径。共享经济发展之初，利用了科技的便利迅速填补了市场空白，调动了人们的消费热情，一时监管又没跟上，各位企业家赢得了巨大的经济利润。然而好景不长，市场失灵是经济学中经久不衰的现象，没有监管必然会暴露问题。在美国，"Airbnb 杀死了我的父亲"就是典型的例子，虽然最后 Airbnb 同意赔一大笔钱，但仍反映出监管无序的恶果。可以想象，如果没有健全和完善的法律，所有共享经济的经营者们都没有意愿去完善自己的服务和设施，降低消费者的风险，而是拆了东墙补西墙，每次出了事，哪个消费者造成的社会影响最大，就针对该个体赔钱息事宁人。政府刚开始介入，跟共享经济的关系会陷入一种纠结的模式：政府一方面受到传统行业的影响，想着先把这个新模式禁止掉，等制定了监管措施再允许开放。共享经济则如临大敌，创业初期没有监管的"蜜月"过去之后，政府要求共享经济企业提供运营数据来进行研究。另一边传统行业虎视眈眈，共享经济企业自然对监管极力抗拒。然而长期来看，监管是好事。对共享经济而言，政府部门肯定要掌握有关信息的，如果政府对这种经济模式的数据一无所知，又如何进行有效监管？政府被传统行业影响太多，对共享经济抱着过度谨慎的态度也是不可取的。但是在最初的磨合期之后，长期的发展方向还是政府与

① 刘权：《分享经济的合作监管》，载《财经法学》2016 年第 5 期。

共享经济企业之间的合作共赢，共同探索适合不同共享经济形式的监管方式。只有这样，才能结束无序发展状态，使消费者权益保护与共享经济发展得以同步推动。①

（三）堵不如疏，制造经济动机

现有的传统产业受到共享经济冲击之大，毋庸多言，爱彼迎租房模式使得传统酒店的营业收入大大降低，尤其是以旅游产业作为支柱产业的地区更是如此，滴滴出行的顺风车共享出行模式对于传统的巡游出租车行业造成的冲击我们也许体会更深，在滴滴出行最为火爆的时候，许多城市的出租车行业曾通过集体停运的方式向政府施压，要求限制顺风车，受共享经济冲击的各个传统行业，其从业者固然想尽一切办法阻止这种抢占市场的经济模式，可是，共享经济为什么能在短短数年间发展到如此体量？根本原因是共享经济的发展基础已经筑牢，同时，人们对于传统行业模式的弊端难以再容忍，伴随着手机、移动网络的快速发展，共享经济一旦有了载体，立即席卷神州大地。共享经济不仅迎合了市场的需要，它对于节约资源、提升效率、方便生活都起到了重要作用，可以说，共享经济是未来的发展趋势。一方面，共享经济有这巨大的市场；另一方面，是传统经济的既得利益者竭力抵制共享经济，要求政府全盘禁止，维持现状。我们应当辩证地看待共享经济，要坚持“两点论”和“重点论”相结合的方式客观分析共享经济，共享经济作为新兴经济形态，较之于传统经济模式，发展时间尚且较短，固然存在很多不足，但长远来看，共享经济是未来的发展趋势，是体现科技、创新和效率等重要价值的新型经济，既方便了人民群众，也集约了资源，使消费者和共享经济创业者实现了双赢。问题的关键还是需要政府不断提高治理能力，用好“看不见的手”，及时出台法律法规，弥补制度漏

① 陈颖婷：《市人大历史上第一次下社区召开监督听证会 共享经济时代 破除消费者权益保护短板》，载《上海法治报》2017 年 6 月 14 日。

洞，明确运营机制，确定各方权利义务关系和责任，通过调控弥补市场不足，使共享经济健康有序发展。在法律法规的创设过程中，不能一味依靠行政命令、指令，而要注意通过利用经济动机来促使共享经济各方自觉遵守规则，采取行动，提升服务。例如：要想提高在爱彼迎租房的安全性，如果规定一切问题由爱彼迎平台负责，那么，提供房屋的人就会想，反正出了问题也是平台负责，房东作为房子的控制人就失去了检查房屋安全性的经济动机，而爱彼迎作为一个平台，想要负担平台上所有房屋的安全性检查的义务恐怕也是心有余而力不足。所以，我们在制定有关法律法规的时候，要充分考虑到法律引导效果的因素，通过制度构思，使房屋的控制人房东和租房信息的提供人爱彼迎紧紧绑在一起，都有动力去做好安全检查，比如，要求平台在房东无法承担责任的情况下进行担保，让爱彼迎有经济动机去严格审查房东的财产状况、在与房东的交互中通过各种手段来促使房东进行安全检查。①

（四）要充分发挥民间组织作用，同时革新消费观念

一方面，消协作为维护消费者合法权益的行业性机构，在共享经济发展过程中，要充分发挥自身作用，例如，对于同一主体的集中投诉，可以作为原告依法提起公益诉讼，通过诉讼的方式保护消费者合法权益，同时通过诉讼的方式确定经营者责任，维护大多数消费者的合法权益。另一方面，消费者权益保护组织要充分发挥专业优势，在共享经济发展过程中，为政府制定法律和消费者权益保护提供智力支持。同时，要加大消费者观念教育。消费者对于新生事物往往充满好奇心，愿意尝试，但消费者往往只看到了共享经济给生活带来的各种便利，对于共享经济中存在的种种风险往往不了解或者不在意，因此，我们一定要重视消费者自我保护观念的教育，尤其政府应当承担起该项社会责任，通过

① 《分享经济的兴起给消费者权益维护带来了哪些新的问题》，载知乎网 https：//www.zhihu.com/question/57077638/answer/151896883，2018 年 11 月 15 日访问。

公权力设置规则，与共享经济企业一同向消费者普及共享经济下有关的各方权利义务关系、可能存在的风险以及权利受到侵害后维权的途径等方面的知识，通过广泛深入的消费者观念教育提升消费者的防范意识和自我保护能力，尽可能降低消费者的安全风险。在这一过程中，要注意发挥好互联网技术和自媒体平台的重要作用。①

有人欢喜有人愁，但不可否认的是共享经济的大幕已经被彻底拉开，共享经济作为一种新经济模式，已经被写入了中央全会公报和"十三五"规划，它的前途必然是光明的，新事物的产生，必然导致新的法律问题，对于共享经济的各方参与者来说，政府监管都是必然路径，堵不如疏，只有设计出一套平衡各方利益、科学合理的监管体系，才能真正保护好共享经济消费者的合法权益，促使共享经济实现健康可持续的发展。

---

① 孙颖：《共享经济下的消费者权益保护》，载《中国市场监管研究》2018年第3期。

打通法律服务最后一公里

——城乡一体化视角下农村法律顾问制研究

周腾立*

【摘要】 为进一步整合公共法律服务资源，大力拓展公共法律服务领域，不断提高公共法律服务能力和水平，加快建立健全政府主导、覆盖城乡、惠及全民的公共法律服务体系，党的十八届四中全会明确提出“推进覆盖城乡居民的公共法律服务体系”。十八届五中全会进一步指出“坚持共享发展，增加公共服务供给，提高公共服务共建能力和共享水平”。公共法律服务是坚持全面依法治国的重要保障，是执法为民的生动体现，更是联系群众、发挥基层战斗堡垒的关键一环，而农村法律顾问又是公共法律服务的最终落脚点，因此如何真正打通公共法律服务的毛细血管，贯通法律服务的最后一公里，真正发挥出农村法律顾问的价值，显得尤为重要和迫切。

【关键词】 公共法律服务体系　农村　法律顾问

国家治理体系的基础和重点在基层的治理，而基层治理的重点又在于农村的治理。健全农村治理体系是国家治理体系中的基础环节，同时又是国家治理体系的“末端神经梢”。十八大后，党中央明确提出平安乡村、法治乡村、美丽乡村和文明乡村建设，要加快城乡一体化发展，推进社会治理能力现代化，提升公共法律服务水平，使基层老百姓真正

---

* 周腾立，湖北大学政法与公共管理学院法学专业硕士研究生。

享受到经济发展带来的利益，切实增强人民群众的获得感、幸福感、安全感。在我国，有近6亿的人居住在农村，约占总人口的42%。随着人们法律意识的增强，涉及农村农民的法律案件呈直线式增长，而现有框架下农村法律服务体系的层次和内容不足以满足农村日益增长的法律需求，打通公共法律服务的最后一公里，农村法律顾问制度应运而生。

一、农村法律顾问制的概念及意义

农村法律顾问，是从企业法律顾问引申过来的，简而言之，农村法律顾问就是农村法律服务工作者。而农村法律服务是指特定的司法组织专门针对农村地区和有关涉农法律事务当事人，为维护其合法权益或满足其一定法律事务需求所进行的活动。①

在全面推进依法治国的大背景下，法律能否全面普及和落实是法治国家的主要表现，是法律服务能否真正惠及群众的关键所在，农村法律顾问制就是法治国家建设中的最后一公里，是实现国家治理体系和治理能力现代化的有力保证。法律的权威在于实施，农村法律顾问制建设直接关系着国家的法治水平，是衡量一个国家法治建设的重要标准。

一个国家的发展水平并不只是单纯地通过 GDP、城市建设、经济发展指标来衡量，更重要的是通过社会的安定和谐、人民幸福生活来表现，而社会的稳定、人民的幸福是建立在最基层群众诉求是否得到解决的基础之上，在基层群众的诉求中最难解决的又是法律诉求。因此，农村法律顾问制度的建立是新时代国家发展的需要，只有将其建设好、发展好、完善好才能确保农村人民安居乐业，才能为实现中华民族伟大复兴提供智力支持和坚强保障。

同时，农村法律顾问制度又是维护社会公平正义的现实需要。人类

---

① 参见祝燕：《偏远山区村法律顾问制度提升路径研究》，载《法制与社会》2017 年第 11 期。

社会之所以有法律的存在，其设立目的在于捍卫社会的公平和正义。然而，当一些困难群体或弱势群体在遇到困境需要法律支援时，常常因为高额的律师费望而却步，这便导致社会公众遇到法律问题无法得到及时的处理。在这种情况下，社会公众便会选择以上访为代表的诸多不理性的手段捍卫自己的权益，进而为社会增添了许多不安定的因素。当前，我国法援机制完善度不够，且法援经费有限，这便导致法援效果无法保障。倘若能够将农村法律顾问纳入法援体系中，并为法援工作的开展提供强有力的专职法律顾问队伍，这便会扎扎实实地推动我国法援工作更上一个台阶，从而确保社会公平正义得以维系。

二、当前我国农村法律服务体系现状及问题

农村法律顾问制度在部分地区已经铺开，并取得了一定效果，但是随着社会的发展和精准扶贫的不断深入，农村法律顾问制度也伴随着一些问题。

首先，东中西部差异明显，经济发展情况区别很大，老少边穷地区与东部发达地区，在推行法律顾问方面的差别很大。具体表现为各地政府在推行农村法律顾问制度上发展不平衡，直接原因便是各地财政状况不同，对农村法律顾问的专款拨付比例不同。此外各地上层决策者的思想认识不同，政策推行力度不同也极大影响了农村法律顾问的发展，有的地方政府在多年前已经出台相关政策并已经落实到位，农村法律顾问已走向正规。对比之下，个别地区仍处在研究论证、观望等待的阶段。

其次，农村法律顾问人员配置的不合理。按照农村法律顾问的类型，可分为法学专家、律师、公证员、政府法律服务工作者、司法鉴定人员等，采取的工作模式往往是兼职。但在实际情况中，一是人员数量达不到要求，发达地区包括靠近城市的农村法律顾问数量充足，多数人员愿意兼职到该地区担任法律顾问，但交通不便、偏远破旧的农村往往很少有人兼职。二是在实际配置中，以基层司法所的法律服务工作者为

主，法学专家、律师由于工作等原因很难有时间实际到岗为农民提供法律服务，并且有些法律顾问人员服务意识较差，法律素养达不到要求，对村民的法律问题应付了事，缺乏耐心解答和专业知识。间接地导致了农村法律顾问制度形同虚设，政府公信力减弱等问题，农民在遇到法律问题时只能另寻他径。

再次，受传统习俗、封建礼法、信仰观念等的影响，当农民遇到问题或解决纠纷时，往往诉诸传统习俗、宗法族规，找中间人或在当地有威望的人来调解，或通过人情世故、找熟人托关系，帮忙解决问题，而不是依靠法律的武器来解决问题。① 这种解决方式，一是处理问题留尾巴，不彻底，随时有可能再次爆发；二是农民法制观念薄弱，也不利于农村法律顾问制度的有效推广，更不利于法治国家的实现。

最后，相关法律制度不健全，权责不明晰。目前，尚未出台关于农村法律顾问制度的法律法规，仅有政府政策性意见涉及，对于法律顾问的地位，法律顾问的保障，法律顾问的职责权限都没有清晰的规定，各地在实施过程中也是各有千秋。各地政府对于农村法律顾问的管理也不够精细，仅仅依靠乡镇司法所作为主管部门，无论是人力还是物力财力都不能满足现实需要。

三、以公共法律服务体系为依托，建设农村法律顾问制度

农村法律顾问的职责在于：为农村经济社会发展服务、为构建和谐农村服务、为农村民主法制建设服务、为维护困难村民合法权益服务。当前最迫切的任务是为农民提供法律咨询、对涉及法律问题的纠纷进行调解、对基层涉法涉诉及信访案件提供法律服务、对困难群众的法律援

---

① 赵佳敏，张有亮，赵天祥：《农村法律顾问制度前瞻性研究》，成都理工大学学报，2017 年 11 月第 6 期。

助以及法律知识的宣教。建设好农村法律顾问制度，便要紧紧围绕其工作职责和任务进行，真正使农村法律顾问制度现实可行，打通国家法治建设的毛细血管。

（一）从立法层面完善农村法律顾问制度

从国家层面对农村法律实施现状进行调研，根据调研结果对基层法律顾问制度进行立法，从基层法律顾问的人员配置、财政拨款、职责权利、奖惩考核等方面进行顶层设计，建立起一整套符合农村现实发展的农村法律顾问制度。例如，可以通过修改《律师法》来加以实现，如通过在农村设置公职律师的方式解决农村法律问题，增加法律顾问条款即可。①

各地有权机关根据自身实施情况可以制定相应的地方法规、规章制度，在法律制定中要因地制宜、实事求是，注重与现有公共法律体系制度的结合，并体现时代特点，重点解决群众最关心、反映最强烈的法律问题，有倾向性地对矛盾集中地区、少数民族聚集地区和人口数量大的地区进行立法。

（二）整合现有资源，健全农村法律顾问管理机制

大力发挥人才优势，多渠道解决农村法律顾问源头问题，采取灵活方式，全职与兼职并行的运作模式，通过外聘律师、法学专家、政府或司法系统工作人员等作为法律顾问，配齐、配足农村法律顾问，确保村村有顾问，解决量的问题，同时结合司法所或群众服务中心提供的现有资源，有效管理、科学运行，解决质的问题。

如规范法律顾问的聘任聘用，明确法律顾问的聘任资格，有效确保农村法律顾问队伍的专业素质。制作农村法律顾问签约合同格式范本，

---

① 王保安，关晨霞：《中国公职律师制度研究》，载《中国司法》2008 年第 8 期。

明确合同必备条款。规范法律顾问的工作制度，明确村法律顾问实行定期服务制度、工作日志制度和信息公开制度等一系列工作制度。规范对法律顾问的监督管理，采用分层管理、量化考评的模式对村级法律顾问工作实行“三级管理”，地市级司法局负责监督、指导；县级司法局负责统筹、考核；镇（街道）司法所协助做好村级法律顾问工作的日常管理。

建立各部门联动机制，以个别经济发达地区为试点，整合基层法庭、检察室、派出所、司法所和综治办的力量，形成合力，对农村法律顾问统筹协调，积极推进。

（三）加大普法力度，营造法治氛围

培育农民的法律意识是农村法制建设的重要内容，农村普法方式要贴近农村、贴近农民，要以农民的需求为方向，宣传农民想要的法律，而不是想要宣传给他们的法律，加大宣传力度，增强农民对法律法规的认知度。

在农村普法教育的过程里，要让农民转变原有的传统思想及观念，将自身的思路打开，能够深层次地了解法律的真实内涵，在农村的法制建设历程里，加强与农民的法律交流与指导，使他们对法律的认知更准确明晰，让农民深入地了解法律，以正确的姿势来引导农民通过法律的方式处理纠纷，深入浅出地正视法律诉讼的作用与意义，更好地促进农村法律服务工作的开展和落实。

（四）不断创新方法，提供便捷服务

结合各地农村社会经济发展状况、法律服务需求等实际情况，借助软硬件平台，灵活开展农村法律顾问工作。在村便民服务中心等场所设置村法律顾问公示栏，向村民公开受聘法律顾问的个人信息、联系电话和监督电话，通过微信群、QQ 群等村民可以及时接收的方式

进行便民服务，顾问律师根据需求进行不定期走访。将社会矛盾调解平台从法庭前移到家门口，使农村百姓在家门口就能享受到优质的法律服务。

农村法律顾问制度的建设是一项长期工程，是伴随着法治国家的建设而成熟，是国家长治久安的重要基石，更是完善国家公共服务体系，实现国家治理能力现代化的坚强保证，健全公共法律服务体系，完善农村法律顾问制度，我们任重而道远！

【城市法治效果评估】

武汉法治建设测评指标体系研究①

郑全新　田　炯*

【摘要】构建客观、科学、符合武汉市情的法治建设测评指标体系是落实十八届三中全会关于“建立科学的法治建设指标体系和考核标准”要求，以及十八届四中全会《决定》精神的重要举措。编制武汉法治建设测评指标体系应以《中共中央关于全面推进依法治国若干重大问题的决定》《法治政府建设实施纲要（2015—2020）》和《法治武汉建设规划（2016—2020年）》为基本依据，应当遵循统一性与区域性有机结合、全局性与阶段性共同推进、客观评估与主观评价相结合、定性分析与定量分析相统一的基本原则。武汉法治建设测评指标体系包括“科学民主立法、法治政府建设、公正廉洁司法、法治社会建设、法治工作队伍建设、依法执政与法治建设组织领导”等6个一级指标、27个二级指标、81项指标内容，以及若干相应测评要素。根据各指标要素在法治建设全局中的地位和作用分别赋予其一定权重与分值，并辅之以不同测评方法。期望本研究成果能为全面深入推进法治武汉建设提供有益借鉴和参考。

【关键词】武汉　法治建设　指标体系　测评标准

---

①　该研究报告系中共武汉市委法治城市建设领导小组办公室招标课题“武汉市法治建设测评指标体系研究”（2016年12月至2017年9月）的结题成果。课题主持人：郑全新；课题参与人：曾丽洁、谭剑、王婷、赵红梅、刘祎、江岚、张颖、徐梦醒、蔡大顺、邱康瑞、田炯。

*　郑全新，湖北大学政法与公共管理学院教授；田炯，湖北大学政法与公共管理学院宪法与行政法硕士研究生。

一、前言

党的十八届三中全会提出“建立科学的法治建设指标体系和考核标准”，十八届四中全会强调“把法治建设成效作为衡量各级领导班子和领导干部工作实绩重要内容，纳入政绩考核指标体系”。这对于创新法律统一正确实施机制、维护宪法法律权威，全面推进依法治国，加快建设“法治中国”，实现科学立法、严格执法、公正司法、全民守法，推进国家治理体系和治理能力现代化，有着重大意义。

2016 年年底，为贯彻落实党的十八届四中全会精神和湖北省、武汉市委法治建设战略部署，全面深入推进武汉法治城市建设，中共武汉市委法治城市建设领导小组办公室研究决定于 2017 年组织开展法治城市建设监测评估指标（分区）体系理论研究，启动法治城市建设年度监测评估工作，面向专业研究机构招募课题合作伙伴。

湖北大学政法与公共管理学院法治城市研究中心积极响应中共武汉市委法治城市建设领导小组的号召，精心组织，以《武汉市法治建设测评指标体系研究》为题的申请论证报告成功获得武汉市委法治城市建设领导小组立项批准。2016 年 12 月 14 日，中共武汉市委法治城市建设领导小组办公室与湖北大学签订委托研究合同，课题负责人为湖北大学政法与公共管理学院郑全新教授，课题总经费 9.5 万元（分两期拨付，首期 8.5 万元，结题通过后拨付 1 万元），课题研究起止时间为 2016 年 12 月至 2017 年 9 月，结题成果为“提交一份较为科学、符合武汉法治实际状况的《武汉市法治建设测评指标体系》”。

合同签订后，课题负责人召集课题组成员进行动员与分工，进一步收集、梳理研究成果，把握研究动态，深入了解国内相关实践。课题组成员先后赴北京、南京、苏州、上海、厦门等地收集相关资料，调研具体做法，拜访、咨询了相关领域的知名专家（中国政法大学王敬波教授、曹鎏副教授，东南大学周佑勇教授，时任上海市政府法制办主任吴偕林等），邀请省内外知名专家（中国政法大学马怀德教授，时任湖北省法制办主任张绍明等）来校讲学、咨询和座谈。课题组多次开会商讨研究过程中遇到的问题。经过努力，课题组在中共武汉市委法治城市建设领导小组办公室的指导下完成了研究任务。

二、编制武汉法治建设测评指标体系的必要性和现实意义

法治城市建设是建设社会主义法治国家的重要环节和组成部分，而法治城市建设监测评估则是推动法治城市建设的基本方法和重要手段。2013 年，党的十八届三中全会明确提出“建立科学的法治建设指标体系和考核标准”。为贯彻落实党的十八届四中全会精神和湖北省、武汉市委法治建设战略部署，全面深入推进武汉法治城市建设，必须全面启动武汉法治建设监测评估工作，建立一套客观、科学、符合武汉市情的法治建设评价指标体系。

2008 年以来，浙江、江苏、广东、北京、云南、四川等省的一些城市在法治城市建设评估方面做了许多积极有益的探索。通过分析不难看出，这些城市在法治城市建设评估的指标体系设计、观测要素确定、指标权重分配、测评主体、测评对象、数据信息收集与运用等方面不尽相同。之所以如此，主要原因是法治概念本身具有极大的不确定性，其内涵和外延难以把握和统一；不同城市的法治发展水平不尽相同，而法治建设测评指标体系又必须要适应本市区域法治发展的实际情况。为实现武汉市委提出的建设法治城市的工作目标，必须开展武汉法治建设评价研究，建立一套客观、科学、符合武汉市情的法治建设评价指标体系。为此，研究并编制“武汉市法治建设测评指标体系”对于法治武汉建设具有十分重要的意义。

1. 构建客观、科学、符合武汉市情的法治建设测评指标体系是武汉市进行法治城市建设的基本前提和重要依据

法治的内涵和外延极其丰富，如果没有明确的指引，法治城市建设则没有方向和目标，故必须尽快建立武汉法治建设测评指标体系。武汉

法治建设测评指标体系的构建，首要的是以十八届四中全会通过的《中共中央关于全面推进依法治国若干重大问题的决定》以及中共中央、国务院颁行的《法治政府建设实施纲要（2015—2020）》、中共湖北省委《关于贯彻落实党的十八届四中全会精神全面推进法治湖北建设的意见》为基本依据，同时要紧密结合《"法治武汉"建设规划（2016—2020）》的具体内容，通过广泛调研、深入论证，形成一套客观、科学、符合武汉市情的法治建设测评指标体系。

2. 构建客观、科学、符合武汉市情的法治建设测评指标体系有助于全面提升武汉法治化水平

从目前已有的法治评估报告来看，武汉市的法治水平与其地位还很不相称，研究制定武汉法治建设测评指标体系可以全面指导武汉法治城市建设，准确把握武汉法治建设工作状况及其成效，及时监测法治工作存在的实际问题，找到法治工作的盲点，明确法治工作重点难点，切实加强和完善武汉法治建设，全面提升武汉法治化水平。

3. 构建客观、科学、符合武汉市情的法治建设测评指标体系是把武汉建设成国家特大中心城市的重要战略举措

在经济全球化的过程中，法治的理念和价值被广泛认同。法治作为当前共同关注的目标，国际国内都将其看作是衡量一个国家、一座城市实力和水平的重要依据，如"全球治理指数"就将"法治"看作是治理的六项下位指标之一。正因如此，武汉市委明确提出要"建设法治武汉，探索建立适应特大中心城市治理的法治体系，使法治成为推动我市经济社会发展的核心竞争优势，成为城市治理体系和治理能力现代化的显著特征，成为城市现代文明的重要标志"。

三、编制武汉法治建设测评指标体系的基本原则

所谓法治建设测评指标体系的基本原则是指对法治建设测评指标体

系设计及实际操作起到根本性指导作用的准则和理念。课题组在设计武汉市法治建设测评指标体系时，立足于国家顶层设计的基本要求，并在考虑武汉市法治建设实际情况和发展需要的基础上，充分遵循以下基本原则：

1. 统一性与区域性有机结合

为了能够较为全面、准确评估武汉市法治建设的总体进程和整体水平，课题组在设计武汉市法治建设测评指标体系时，首先立足于党中央、国务院和湖北省委省政府有关法治建设的顶层设计和刚性要求，通过对法治建设内涵的深入剖析和科学概括，将法治建设的内在要求进行分解、细化和量化，转化为若干清晰可辨、可以测评的指标。同时，充分考虑武汉市法治建设的目标体系、主要需求、重大任务、发展阶段等实际情况，结合武汉市有关推进法治建设的相关文件，设计出一套兼具科学性、前瞻性、针对性强又具有实操性的“武汉市法治建设测评指标体系”，力图覆盖立法、执法、司法、守法各领域，涵括党委、人大、政府、司法、社会等各方面，并据此对全市进行监测评估。

2. 全局性与阶段性共同推进

在坚持同步推进法治国家、法治政府、法治社会一体化建设的同时，三者之间还是有一种内在层层递进落实的关系。从时间方面来看，法治政府基本建成的时间已明确为 2020 年，法治社会形成的大致时间在 2030 年前后，法治国家建成的时间则应该与我国到 2050 年达到中等发达国家水平总体目标的时间大体同步。因此，根据全面推进依法治国的总体部署安排，不同阶段的工作重心也有所不同。从现阶段来看，法治政府应当是率先完成的，它也是法治社会和法治国家建成的基本前提和重要基础。总体上来讲，完成任务的时间越紧，要求应当越高、标准应当越严。综上，课题组在设计武汉市法治建设测评指标体系时，充分考虑了法治建设的全局性与当前所处的阶段性。

3. 客观评估与主观评价相结合

法治建设的水平和能力不仅仅体现在各项制度建立和落实的客观反映上，还充分体现在社会公众的真实法治感受上。为了确保整体评估结果的科学性、客观性和完整性，课题组在设计武汉市法治建设测评指标体系时，坚持客观评估和主观评价相结合。客观评估包括六大一级指标，即科学民主立法（法律制度建设）、法治政府建设、公正廉洁司法建设、法治社会建设、法治工作队伍建设、依法执政与法治建设组织领导。主观评价则是通过问卷调查评估社会公众对法治的满意程度，了解公众对法治的内心感受，体现社会公众在法治建设方面的获得感。考察与了解公众对法治建设状况的评价与主观观感有利于对人的自身价值的深层次关注，促进人的自我价值的实现，增强公众的幸福感；也有利于知晓法治的各项制度是否真正为民所设、制度的效果是否为民所认可，由此了解民众的实际法治需求，并可作为今后法治改革的依据。

4. 定性分析与定量分析相统一

在法治建设进入规范化和精细化的发展阶段，对于法治建设的科学评估应当采取定性分析与定量分析相结合的方式。定性分析是定量分析的基本前提，定量分析在一定程度上也可以促使定性分析更近科学准确。课题组在设计武汉市法治建设测评指标体系时坚持了这一原则。具体来讲，武汉市法治建设测评指标体系不仅注重考察是否建立或有无某项制度以及制度建立的全面性、是否开展某项工作以及工作的进度与成效等客观事实。同时，还设计了一些定量化、数字化的指标对武汉市法治建设状况进行测量。这既可以对全市和各区法治建设状况作出恰当准确的评价和定位，又能对存在的问题和解决途径作出科学判断。

四、编制武汉法治建设测评指标体系的基本依据

1. 中共中央关于全面推进依法治国若干重大问题的决定

2. 中共中央、国务院《法治政府建设实施纲要（2015—2020）》

3. 中共湖北省委关于贯彻落实党的十八届四中全会精神全面推进法治湖北建设的意见

4. 《湖北省法治政府建设实施方案（2016—2020 年）》

5. 中共武汉市委关于贯彻落实党的十八届四中全会精神全面推进法治城市建设的意见

6. 法治武汉建设规划（2016—2020 年）

五、武汉市法治建设指标体系

武汉市法治建设指标体系如表 1 所示。

表 1　　**武汉法治建设指标体系**

一级指标	二级指标		指标内容	权重
科学民主立法（10%）	1	立法体制完善	立法工作体制健全，党委对立法工作中重大问题决策程序完善，人大主导立法工作的体制机制有效运行；	3
			立法规划计划报批制度、涉及改革发展稳定重大问题或重大体制和重大政策调整报经决定制度、法规规章报批备案审查制度健全落实；	
			人大及其常委会监督法律法规实施机制健全，地方性法规实施情况报告制度完善，执法检查以及对审批和检察工作的监督进一步规范和加强，人大司法监督工作与检察院法律监督工作衔接机制完善。	

续表

一级指标	二级指标		指标内容	权重
科学民主立法（10%）	2	科学民主立法深入推进	立法项目征集、论证咨询和协调协商制度健全，地方性法规草案公开征求意见和公众意见采纳情况反馈机制完善，立法评估制度完善落实，法规清理、修改或者废止及时；	4
			人大及其常委会立法主导作用充分发挥，起草法规草案制度科学建立，有法治实践经验的专职常委比例合理，立法专家顾问制度建立健全。	
	3	重点领域立法不断	加快城市建设管理、生态环境保护、文化发展和文明创建领域立法，立法计划按期完成，立法适应改革和经济社会发展需要；	3
			坚持立改废释并举，重大改革于法有据。	
法治政府建设（20%）	4	政府职能依法全面履行	政府组织结构优化，机构、职能、权限、程序、责任法定化推进有力，事权明确、划分合理；	4
			行政审批事项进一步精简，行政审批中介服务全面清理，设立综合行政审批机构；	
			权力清单、程序清单、责任清单、负面清单、收费清单制度推行有力，动态管理制度落实；	
			公共服务体系健全，公共服务职责严格执行。	
	5	政府依法决策机制健全	依法决策机制健全，重大行政决策法定程序、重大决策终身责任追究制度及责任倒查机制建立健全；	4
			政府法律顾问制度全面实行；	
			规范性文件监督管理制度完善、备案审查全面落实；	
			政府规章、规范性文件定期清理并及时公布。	

续表

一级指标	二级指标		指标内容	权重
法治政府建设（20%）	6	行政执法严格规范公正文明	跨部门、跨行业综合执法全面推进，行政执法人员持证上岗和资格管理制度严格落实，罚缴分离和收支两条线制度严格执行，行政执法与刑事司法衔接机制健全、平台建设和信息互联互通落实到位；	5
			行政裁量权基准制度健全落实，裁量执法规范、高效；	
			各类违法行为依法得到惩处，关系群众切身利益的重点领域执法力度不断加大；	
			完善执法程序，明确操作流程，规范执法过程，全过程监督执法活动；	
			综合执法监督检查有力，重大执法决定法制审核制度严格执行，执法责任制、责任追究机制完善，行政执法责任制全面落实。	
	7	行政权力制约监督有效	监督制度完善，行政权力运行制约和监督体系科学有效；	2
			政府内部权力制约有力，审计、监察监督到位有效，行政复议的监督与化解争议作用发挥充分。	
	8	政务公开全面推行	政务公开制度健全、全面推进；	3
			规范性文件依法依规公布，行政执法公示制度严格执行；	
			互联网政务信息数据服务平台、公共资源交易平台和便民服务平台全面建立，电子政务网全面覆盖，政务社交网络和即时通信工具作用发挥充分。	
	9	行政争议依法解决	行政复议委员会工作机制建立健全，行政机关负责人依规出席参与行政复议案件；	2
			行政机关参与支持行政诉讼机制健全，行政机关负责人依规出庭参与行政诉讼；	
			以行政机关为被执行人的民事、行政案件生效裁判依法及时全面履行。	

续表

一级指标	二级指标		指标内容	权重
公正廉洁司法建设(18%)	10	司法权力依法独立公正行使	党委、政府和领导干部带头支持法院、检察院依法独立公正行使审判权、检察权；	3
			领导干部干预司法活动，插手具体案件处理的记录、通报和责任追究制度严格执行；	
			行政机关负责人依法出庭应诉、支持法院受理行政案件、尊重并执行法院生效裁判制度全面落实，行政主体出庭应诉、履行生效裁决等定期向社会公布，妨碍司法机关依法行使职权、拒不履行生效裁判和决定、藐视法庭权威等违法犯罪行为依法严格惩处；	
			司法人员履行法定职责保护机制健全落实。	
	11	司法职权优化配置	司法权力运行机制健全，司法体制改革试点工作如期完成；	2
			立案登记制度、刑事诉讼中认罪认罚从宽制度、审级制度、公益诉讼制度、内部监督制约机制、职务犯罪案件查办协作配合机制健全落实，司法监督力度进一步加强；	
			主审法官和合议庭、主任检察官、主办侦查员办案责任制有效落实。	
	12	严格司法客观公正	办理案件事实认定客观、过程结果公正，量刑建议制度完善，量刑规范化全面推行，减刑、假释、暂予监外执行规范、严格；	3
			以审判为中心的诉讼制度改革积极推进；	
			办案质量终身负责制和错案责任倒查问责制建立。	
	13	人民群众参与司法得到保障	人民群众参与司法调解、司法听证、涉诉信访等司法活动依法得到保障；	3
			人民陪审员制度完善；	
			阳光司法体制建立，司法公开全面快速推进。	

续表

一级指标	二级指标		指标内容	权重
公正廉洁司法建设（18%）	14	人权司法保障制度有效落实	罪刑法定、疑罪从无、非法证据排除原则严格执行，诉讼过程中各项权利的制度保障得到强化；	4
			对限制人身自由司法措施和侦查手段的司法监督大力加强，刑讯逼供和非法取证防治坚强有力，冤假错案防范严格、纠正及时，查封、扣押、冻结、处理涉案财物的司法程序规范；	
			执行信息平台建设快速推进，征信体系全面建立，失信被执行人信用监督、威慑和惩戒制度有效落实，胜诉当事人权益得到保障；	
			诉访分离机制健全，涉诉信访事项依法办理和终结；	
			申诉律师代理制度建立实行，经济困难的申诉人被纳入法律援助范围。	
	15	司法活动监督到位	检察机关法律监督制度落实，诉讼监督制度化、规范化、程序化、体系化建设大力推进，人民监督员制度健全落实；	3
			规范司法人员与诉讼参与人接触、交往行为制度健全落实；司法工作人员廉政档案制度建立，查处司法领域腐败的力度不断加大。	
法治社会建设（16%）	16	法治宣传教育持续推进	普法领导体制和工作机制完善，普法责任制严格落实，普法队伍建设不断加强，以案释法制度、媒体公益普法制度健全落实；	3
			法律培训宣传普及力度不断加大，“法律六进”继续深化，“七五”普法规划制定落实，学法、考法、述法制度健全落实，法治教育纳入国民教育体系；	
			法治文化培育不断加强，法治文化阵地建设纳入城镇化和新农村建设规划，群众性法治文化活动广泛开展，新媒体新技术传播法治文化的积极作用充分发挥；	
			法治教育纳入精神文明创建内容，公民道德建设工程全面实施，信用信息系统全面建立应用，守法诚信褒奖机制、违法失信联合惩戒机制健全；	
			法学研究深入开展。	

续表

一级指标	二级指标		指标内容	权重
法治社会建设（16%）	17	依法治理不断深化	法治创建体系健全，“民主法治示范村（社区）”、“法治工作先进街道（乡镇）”、“法治工作先进区”创建工作广泛开展，法治创建活动制度化、规范化有力推进； 人民团体和社会组织社会治理功能不断强化，社会组织参与社会治理机制制度健全、监管体系完善； 社会规范的社会治理作用积极发挥，基层干部法治观念、法治能力和基层群众法治意识不断增强； 民族宗教事务问题依法妥善处置。	4
	18	依法维权和化解纠纷机制健全	群众利益协调、权益保障法律渠道畅通，矛盾纠纷多元化解决机制健全、作用有效发挥； 行业性、专业性人民调解组织建设明显加强，第三方参与的矛盾调处机制建立健全，司法调解、行政调解和人民调解衔接配合机制健全，仲裁制度完善、公信力高，行政机关解决同行政管理活动密切相关的民事纠纷功能不断强化； 信访综合运行平台建立，阳光信访信息系统健全，诉访分离、涉法涉诉信访问题依法处理，办理信访事项纳入群众满意度评价，信访工作责任追究严格落实，律师参与信访机制完善。	3
	19	法律服务便捷有效	公共法律服务中心（站、点）全面建立，公共法律服务网络平台、12348 公共法律服务热线、公共法律服务社会组织和公益性法律服务机构建设完善； 法律援助范围不断扩大，公证和司法鉴定法律援助制度、法律援助案件办理质量评估体系、法律援助与司法救助衔接制度健全，法律援助经费财政保障有力。	2

续表

一级指标	二级指标		指标内容	权重
法治社会建设（16%）	20	社会治安综合治理深入推进	平安建设责任制度完善，立体化、现代化社会治安防控体系健全； 网格化服务管理持续推进，专项整治不断加强； 刑释人员，社区服刑人员，吸毒人员教育、帮扶、矫治、管理成效明显； 防范打击危害国家安全、社会稳定渗透破坏活动以及危害人民群众生命财产安全的黑恶势力犯罪、暴力恐怖犯罪、邪教和黄赌毒等违法犯罪活动严厉有效； 食品药品监管制度严格执行，安全生产隐患排查治理体系和安全预防控制体系完善，重特大安全生产事故有效遏制，损害生态环境、破坏网络安全问题治理不断加强。	4
法治工作队伍建设（10%）	21	法治专门队伍素质过硬	思想政治建设始终摆在队伍建设首位，立法、执法、司法机关领导干部政治过硬、法律素养高，重心下移、力量下沉的法治资源配置机制建立实行，人才双向交流渠道通畅； 法律职业准入制度、资格考试制度、职前培训制度严格执行，法治专门队伍正规化、专业化、职业化建设全面加强，执法队伍中具有法律职业资格的人员比重逐步增加，法治工作人员招录制度健全，法治工作人员管理制度建立、职业保障体系完善，基层法治专门队伍力量薄弱、待遇偏低问题逐步解决； 司法人员分类管理不断推进，司法关键岗位人才选拔机制逐步完善。	4

续表

一级指标	二级指标		指标内容	权重
法治工作队伍建设（10%）	22	法律服务队伍规范敬业	律师队伍政治思想建设不断加强，律师诚信职业档案普遍建立，律师执业行为规范，违法违规执业惩戒制度严格执行，律师职业保障机制制度完善有力；	4
			公证员、司法鉴定人、基层法律服务工作者、人民调解员队伍和法律服务志愿者健康发展，法律服务人才跨区域流动激励机制建立，法律顾问制度和公职律师、公司律师制度健全落实。	
	23	人才培养机制创新	法治人才培养机制、人才双向交流机制健全，法治理论研究水平进一步提高。	2
依法执政与法治建设组织领导（16%）	24	组织领导	法治建设纳入经济社会发展总体目标和重要考核指标，党委总揽全局、协调各方的领导核心作用充分发挥，党委统一领导、各方分工负责、齐抓共管的法治建设责任落实机制健全，党政主要负责人推进法治建设第一责任人的职责切实履行，年度法治建设重点任务（工作项目）按期完成，法治建设工作经费纳入财政预算。	2
	25	工作机制健全	党委依法决策程序制度完善，重大决策合法性审查制度、征求意见制度、信息公开制度和党委定期听取工作汇报制度建立健全，党委及其工作部门全面设立法律顾问，人大、政府、政协、司法机关党组织领导和监督本单位模范遵守宪法法律作用有效发挥，执法犯法、违法用权行为依法坚决查处；	6
			政法委员会工作机制不断创新，统筹协调职能进一步强化，政法机关重大事项向党委报告制度完善；	
			党内规范性文件制定工作机制完善，备案审查制度认真落实，执行监督不断加强，依法依规管党治党严格，全面从严治党深入推进；	
			法治建设工作推进落实机制进一步完善，会商制度、联席会议制度、专项工作协调会制度、报告制度、督办制度、宣传机制完善落实。	

续表

一级指标	二级指标		指 标 内 容	权重
依法执政与法治建设组织领导（16%）	26	依法执政能力不断提高	党委（党组）中心组学习宪法法律和党内法规制度健全，领导干部法治能力和法治思维提升培训班每年举行，党员干部法治思维养成不断加强、法治素养进一步提高，运用法治思维和法治方式的工作能力切实提升，党员领导干部作遵法学法守法用法的表率。	3
	27	法治建设目标任务有效落实	党委、人大、政府和司法机关督促检查不断加强，政协民主监督作用进一步加强，纪委执纪监督问责不断强化；	5
			法治建设成效纳入政绩、绩效考核指标体系，作为衡量各级领导班子和领导干部工作实绩的重要内容。	
人民群众对法治建设满意率达 90% 以上。				10

六、武汉法治建设测评指标体系

武汉市法治建设测评指标体系如表 2 所示。

表 2

武汉法治建设测评指标体系

一级指标	二级指标		指标内容	测评要素	评分标准	权重
科学民主立法（10%）	1	立法体制完善	立法工作体制健全，党委对立法工作中重大问题决策程序完善，人大主导立法工作的体制机制有效运行；	1. 立法工作体制程序。 2. 党委决定立法工作中重大问题。 3. 人大主导立法工作。	1. 立法起草、调研、评估、审议、表决等关键环节，都建立有立法工作机制和程序。（0.3分） 2. 重大或有分歧立法工作，立法机关应向同级和上级党组织请示、汇报、请求支持。（0.3分） 3. 人大代表在立法工作中发挥主导作用，立法工作机构和立法关键环节参与的人大代表比例应达到1/3。（0.4分）	3

续表

一级指标	二级指标		指标内容	测评要素	评分标准	权重
科学民主立法(10%)	1	立法体制完善	立法规划计划报批制度、涉及改革发展稳定重大问题或重大体制和重大政策调整报经决定制度、法规规章报批备案审查制度健全落实；	1. 立法规范计划报批制度。 2. 涉及改革发展稳定重大问题或重大体制和重大政策调整报经决定制度。 3. 法规规章报批备案审查制度。	1. 完善法规起草协调小组工作制度，建立起草协调小组工作制度。(0.3分) 2. 建立健全重大利益调整论证咨询制度、重要立法事项引入第三方评估制度和向下级人大征求立法意见制度。(0.3分) 3. 法规规章报批备案审查制度健全，有专门工作机构和熟悉备案审查的专门人员。(0.4分)	3
			人大及其常委会监督法律法规实施机制健全，地方性法规实施情况报告制度完善，执法检查以及对审批和检察工作的监督进一步规范和加强，人大司法监督工作与检察院法律监督工作衔接机制完善。	1. 人大及其常委会监督法律法规实施机制。 2. 地方性法规实施情况报告制度完善。 3. 人大司法监督工作与检察院法律监督工作衔接机制。	1. 监督实施方式多样，执法检查常态化、程序化。(0.3分) 2. 建立有地方性法规实施情况报告以及地方性法规和其他规范性文件备案审查工作机制和程序。(0.4分) 3. 建立有人大代表就司法监督工作约谈同级检察长的机制和程序，并获得被约谈检察院的书面反馈。(0.3分)	

续表

一级指标	二级指标		指标内容	测评要素	评分标准	权重
科学民主立法（10%）	2	科学民主立法深入推进	立法项目征集、论证咨询和协调协商制度健全，地方性法规草案公开征求意见和公众意见采纳情况反馈机制完善，立法评估制度完善落实，法规清理、修改或者废止及时；	1. 立法项目征集、论证咨询和协调协商制度健全，地方性法规草案公开征求意见。 2. 公众意见采纳情况反馈机制完善，立法评估制度完善落实。	1. 建立有立法公开听取意见、专家咨询论证、成本效益分析论证、社会风险评估、合法性审查、集体决定、立法后评估、定期清理的工作机制和程序；有专门工作机构和专业人员。（1分） 2. 人大代表在立法关键环节提出的意见，人大代表获得立法机关的书面反馈。（0.5分）	4
			人大及其常委会立法主导作用充分发挥，起草法规草案制度科学建立，有法治实践经验的专职常委比例合理，立法专家顾问制度建立健全。	1. 人大及其常委会立法主导作用充分发挥，起草法规草案制度科学。 2. 有法治实践经验的专职常委比例合理。 3. 立法专家顾问制度建立健全。	1. 建立有政府和人大的立法协商机制和程序，政府应尊重服从同级和上级人大及其常委会的立法计划。（1分） 2. 有法治实践经验的专职常委在立法工作机构的比例达到10%以上。（1分） 3. 向社会公布立法专家库名单，定期向社会公布立法专家顾问参与立法工作情况。（0.5分）	

续表

一级指标	二级指标		指标内容	测评要素	评分标准	权重
科学民主立法(10%)	3	重点领域立法不断加强	加快城市建设管理、生态环境保护、文化发展和文明创建领域立法,立法计划按期完成,立法适应改革和经济社会发展需要;	1. 加快城市建设管理、生态环境保护、文化发展和文明创建领域立法。 2. 立法计划按期完成。 3. 立法适应改革和经济社会发展需要。	1. 立法计划中社会领域立法与经济立法比例协调,不畸轻畸重,应当合理说明立法计划不协调的缘由。(0.6分) 2. 定期向社会公布立法计划完成情况,未如期完成的,应向社会和同级人大、上级人大及其常委会汇报说明情况。(0.6分) 3. 建立有立法后评估机制,向同级及上级人大及其常委会汇报评估情况。(0.6分)	3
			坚持立改废释并举,重大改革于法有据。	1. 坚持立改废释并举。 2. 重大改革于法有据。	1. 政府和人大常委会向人大作工作报告,应说明"立改废释"情况。(0.6分) 2. 重大或有分歧的改革应向同级和上级人大常委会党组织请示汇报,请求支持,必要时,提请人大常委会授权制定临时性措施或制定地方性法规。(0.6分)	

续表

一级指标	二级指标		指标内容	测评要素	评分标准	权重
法治政府建设（20%）	4	政府职能依法全面履行	政府组织结构优化，机构、职能、权限、程序、责任法定化推进有力，事权明确、划分合理；	1. 行政组织结构。 2. 推进机构、职能、权限、程序、责任法定化。 3. 事权划分。	1. 对行政机构设置、职能划分、权限范围、程序规定和责任确定有明确的规定。(0.5分) 2. 事权划分明晰合理。(0.5分)	4
			行政审批事项进一步精简，行政审批中介服务全面清理，设立综合行政审批机构；	1. 精简审批事项。 2. 规范中介服务。	1. 公布行政许可事项目录清单，无"非行政许可审批"事项。(0.5分) 2. 全面清理有偿中介。(0.5分)	
			权力清单、程序清单、责任清单、负面清单、收费清单制度推行有力，动态管理制度落实；	1. 行政审批权力清单。 2. 行政审批程序清单。 3. 行政事业性收费目录清单。 4. 行政审批项目动态管理。	1. 行政审批权力清单、程序清单、责任清单、负面清单、收费清单公示(0.5分) 2. 行政审批项目定期评估调整(0.5分)	
			公共服务体系健全，公共服务职责严格执行。	1. 政务服务体系。 2. 政务服务监督平台。	1. 政务服务体系实现全覆盖，建有网上办事大厅、公共资源交易平台等(0.5分) 2. 建立统一的消费投诉、经济违法行为举报和行政效能投诉平台(0.5分)	

续表

一级指标	二级指标		指标内容	测评要素	评分标准	权重
法治政府建设（20%）	5	政府依法决策机制健全	依法决策机制健全，重大行政决策法定程序、重大决策终身责任追究制度及责任倒查机制建立健全；	1. 行政决策机制。 2. 行政决策程序。 3. 行政决策后评估。 4. 行政决策责任。	1. 重大行政决策权限、范围等有明确的制度。（0.5分） 2. 重大行政决策广泛听取意见、组织专家论证和听证，进行合法性审查，风险评估应评尽评，集体讨论决定，决策全过程记录和立案归档。（0.5分） 3. 重大决策开展决策后评估。（0.5分） 4. 重大决策终身追究和倒查。（0.5分）	4
			政府法律顾问制度全面实行；	1. 政府法律顾问队伍。 2. 政府法律顾问功能。	1. 成立法律顾问委员会，建立政府法制机构人员为主体、吸收专家和律师参加的法律顾问队伍。（0.5分） 2. 法律顾问参与相关工作制度健全，法律顾问的作用得到充分发挥。（0.5分）	
			规范性文件监督管理制度完善、备案审查全面落实；	规范性文件备案监督。	规范性文件制定全过程留痕、归档立案，按照规定报送备案。（0.5分）	
			政府规章、规范性文件定期清理并及时公布。	规章和规范性文件定期清理。	根据上位法和经济社会发展的需要，规范性文件施行后定期组织评估和清理，清理结果向社会发布。（0.5分）	

续表

一级指标	二级指标		指标内容	测评要素	评分标准	权重
法治政府建设（20%）	6	行政执法严格规范公正文明	跨部门、跨行业综合执法全面推进，行政执法人员持证上岗和资格管理制度严格落实，罚缴分离和收支两条线制度严格执行，行政执法与刑事司法衔接机制健全、平台建设和信息互联互通落实到位；	1. 综合执法队伍。 2. 行政执法资格。 3. 罚缴分离和收支两条线。 4. 行政执法与刑事司法衔接。	1. 减少行政执法队伍种类，推进综合行政执法，成立综合执法机队伍。（0.5分） 2. 行政执法人员均均为具有执法资格的正式工作人员，没有雇用合同工、临时工等非公务人员从事行政执法工作的情况。（0.5分） 3. 行政事业性收费、罚没收入全部上缴财政，无截留、挪用现象，行政机关及其执法人员无收费、罚没指标。（0.5分） 4. 行政执法与刑事司法信息共享、案件移送、联席会议、业务培训和考评等衔接机制有效落实。（0.5分）	5
			行政裁量权基准制度健全落实，裁量执法规范、高效；	行政裁量基准。	行政裁量的范围、种类、幅度等内容有明确规定，告知书和决定书等法律文书中引用裁量基准的，说明适用理由。（1分）	

续表

一级指标	二级指标		指标内容	测评要素	评分标准	权重
法治政府建设（20%）	6	行政执法严格规范公正文明	各类违法行为依法得到惩处，关系群众切身利益的重点领域执法力度不断加大；	违法行为及时查处。	行政违法案件及时结案。（0.5分）	5
			完善执法程序，明确操作流程，规范执法过程，全过程监督执法活动；	行政执法程序。	行政执法严格遵循法定程序，步骤清楚、要求具体、期限明确，执行亮证执法、告知相对人权利、回避、重大行政决定听证、集体讨论决定等程序制度规定，执法案卷完整，能全面反映执法全过程。（1分）	
			综合执法监督检查有力，重大执法决定法制审核制度严格执行，执法责任制、责任追究机制完善，行政执法责任制全面落实。	行政执法责任制。	不存在未经法制机构审核或者审核未通过的行政执法决定。（0.5分）	

续表

一级指标	二级指标		指标内容	测评要素	评分标准	权重
法治政府建设（20%）	7	行政权力制约监督有效	监督制度完善，行政权力运行制约和监督体系科学有效；	行政执法监督体系。	行政执法机关自觉接受人大、政协、司法和群众监督，开通运行行政执法监督网络平台。（1分）	2
			政府内部权力制约有力，审计、监察监督到位有效，行政复议的监督与化解争议作用发挥充分。	1. 行政机关内部权力制约机制。 2. 审计、监察等专门监督。	1. 权力集中的部门和岗位实行分事行权、分岗设权、分级授权，定期轮岗。（0.5分） 2. 积极配合专门监督机关的工作，自觉履行监督决定。（0.5分）	
	8	政务公开全面推进	政务公开制度健全、全面推进；	1. 政府信息公开。 2. 办事公开。	1. 政府信息按照法定要求公开。（0.5分） 2. 依法公开办事依据、条件、要求、过程和结果。（1分）	3
			规范性文件依法依规公布，行政执法公示制度严格执行；	行政执法公示。	推行行政执法公示制度。（0.5分）	

续表

一级指标	二级指标		指标内容	测评要素	评分标准	权重
法治政府建设(20%)	8	政务公开全面推进	互联网政务信息数据服务平台、公共资源交易平台和便民服务平台全面建立,电子政务网全面覆盖,政务社交网络和即时通信工具作用发挥充分。	电子政务服务平台建设管理。	各类电子政务服务平台建设到位,功能充分发挥(1分)	3
	9	行政争议依法解决	行政复议委员会工作机制建立健全,行政机关负责人依规出席参与行政复议案件;	1. 行政复议委员会工作机制。 2. 行政机关负责人出席行政复议案件。	1. 成立行政复议委员会并按照规定开展工作。(0.5分) 2. 行政机关负责人严格依法出席参与行政复议。(0.5分)	2
			行政机关参与支持行政诉讼机制健全,行政机关负责人依规出庭参与行政诉讼;	行政机关负责人出庭应诉。	行政机关负责人严格依法出庭应诉。(0.5分)	
			以行政机关为被执行人的民事、行政案件生效裁判依法及时全面履行。	对司法裁判的执行。	行政机关自觉、及时、全面履行生效司法裁判。(0.5分)	

续表

一级指标	二级指标		指标内容	测评要素	评分标准	权重
公正廉洁司法建设（18%）	10	司法权力依法独立公正行使	党委、政府和领导干部带头支持法院、检察院依法独立公正行使审判权、检察权； 领导干部干预司法活动，插手具体案件处理的记录、通报和责任追究制度严格执行； 行政机关负责人依法出庭应诉、支持法院受理行政案件、尊重并执行法院生效裁判制度全面落实，行政主体出庭应诉、履行生效裁决等定期向社会公布，妨碍司法机关依法行使职权、拒不履行生效裁判和决定、藐视法庭权威等违法犯罪行为依法严格惩处； 司法人员履行法定职责保护机制健全落实。	1. 审判权、检察权行使。 2. 行政主体（行政首长）出庭应诉，行政机关败诉案件执行。 3. 司法工作人员保护。	1. 法院、检察院独立行使审判权、检察权，领导过问具体案件记录真实准确。（1分） 2. 行政主体（行政首长）出庭应诉制度得到实施，行政机关败诉案件得到执行。（1分） 3. 司法工作人员保护机制建立并运行良好。（1分）	3

续表

一级指标		二级指标	指标内容	测评要素	评分标准	权重
公正廉洁司法建设(18%)	11	司法职权优化配置	司法权力运行机制健全,司法体制改革试点工作如期完成; 立案登记制度、刑事诉讼中认罪认罚从宽制度、审级制度、公益诉讼制度、内部监督制约机制、职务犯罪案件查办协作配合机制健全落实,司法监督力度进一步加强; 主审法官和合议庭、主任检察官、主办侦查员办案责任制有效落实。	1. 司法改革完成情况。 2. 立案登记制。 3. 公益诉讼制度。 4. 办案责任制。	1. 司法改革基本完成。(0.5分) 2. 立案登记制全面实施。(0.5分,存在无正当理由不立案的,该项不得分) 3. 公益诉讼试点取得明显成效。(0.5) 4. 办案责任制逐步落实。(0.5)	2

续表

一级指标	二级指标		指标内容	测评要素	评分标准	权重
公正廉洁司法建设（18%）	12	严格司法客观公正	办理案件事实认定客观、过程结果公正，量刑建议制度完善，量刑规范化全面推行，减刑、假释、暂予监外执行规范、严格； 以审判为中心的诉讼制度改革积极推进； 办案质量终身负责制和错案责任倒查问责制建立。	1. 量刑规范化。 2. 诉讼制度改革。	1.《量刑指导意见》得以实施，量刑过程公开透明。（1分） 2. 严格落实程序规范，依证据裁判，排除非法证据。（1分） 3. 快审速裁落到实处。（1分）	3
	13	人民群众参与司法得到保障	人民群众参与司法调解、司法听证、涉诉信访等司法活动依法得到保障； 人民陪审员制度完善； 阳光司法体制建立，司法公开全面快速推进。	1. 人民群众参与渠道。 2. 人民陪审员制度。 3. 司法公开。	1. 司法调解率及调解结案率达到一定比例。（1分） 2. 人民陪审员选任条件科学、合理，选任程序公开透明，参审范围逐步增加。（1分） 3. 审务公开、检务公开，裁判文书上网率不低于90%。（1分，文书上网率低于70%不得分）	3

续表

一级指标	二级指标		指标内容	测评要素	评分标准	权重
公正廉洁司法建设（18%）	14	人权司法保障制度有效落实	罪刑法定、疑罪从无、非法证据排除原则严格执行，诉讼过程中各项权利的制度保障得到强化； 对限制人身自由司法措施和侦查手段的司法监督大力加强，刑讯逼供和非法取证防治坚强有力，冤假错案防范严格、纠正及时，查封、扣押、冻结、处理涉案财物的司法程序规范； 执行信息平台建设快速推进，征信体系全面建立，失信被执行人信用监督、威慑和惩戒制度有效落实，胜诉当事人权益得到保障； 诉访分离机制健全，涉诉信访事项依法办理和终结； 申诉律师代理制度建立实行，经济困难的申诉人被纳入法律援助范围。	1. 诉讼程序规范。 2. 辩护权保障。 3. 执行。 4. 涉诉信访。	1. 严格遵守诉讼程序规范、尊重人身及财产权利。（1分） 2. 建立辩护权保障制度。（1分） 3. 审执分离，建立执行信息平台，对接人民银行征信体系，通过多种途径化解执行难，执行率稳步提高。（1分） 4. 实现诉访分离，畅通申诉渠道，落实司法救助制度。（1分）	4

续表

一级指标	二级指标		指标内容	测评要素	评分标准	权重
公正廉洁司法建设(18%)	15	司法活动监督到位	检察机关法律监督制度落实,诉讼监督制度化、规范化、程序化、体系化建设大力推进,人民监督员制度健全落实; 规范司法人员与诉讼参与人接触、交往行为制度健全落实;司法工作人员廉政档案制度建立,查处司法领域腐败的力度不断加大。	1. 监督渠道。 2. 人民监督员制度。 3. 司法腐败。	1. 建立司法监督、人大监督、党外监督、舆论监督制度,并逐步落实。(1分,缺一项扣0.25分) 2. 试行人民监督员制度。(1分) 3. 定期开展司法人员廉政教育、廉政考核常态化、严厉查处司法腐败。(1分,发生司法腐败该项不得分)	3
法制社会建设(16%)	16	法治宣传教育持续推进	普法领导体制和工作机制完善,普法责任制严格落实,普法队伍建设不断加强,以案释法制度、媒体公益普法制度健全落实;	1. 根据武汉市“七五”普法规划,制定本单位规划安排,落实“谁主管、谁普法,谁执法、谁普法”的普法责任制。 2. 依法公开司法、执法环节,每年整理各领域典型案例的汇编一部。 3. 与公众媒体深度合作,落实普法宣传。	1. 有落实工作部署的文件、档案、影料等。(0.3分) 2. 完成典型案例汇编。(0.2分) 3. 与公众媒体合作开展普法活动。(0.1分)	3

续表

一级指标	二级指标		指标内容	测评要素	评分标准	权重
法制社会建设（16%）	16	法治宣传教育持续推进	法律培训宣传普及力度不断加大，“法律六进”继续深化，“七五”普法规划制定落实，学法、考法、述法制度健全落实，法治教育纳入国民教育体系；	1. 群众法治宣传产品需求和供给渠道通畅，互动型服务型创新型法治宣传教育模式有效运行。 2. 有接受教育能力的公民每年接受不同形式的法治宣传教育。 3. 推动法治教育纳入国民教育体系。	1. 每年度副处级以上领导干部接受不少于一个月的法治教育培训。（0.2分） 2. 每年度各街道办事处开展公民普法活动4次以上。（0.2分） 3. 按照党的十八届四中全会要求和教育部、司法部、全国普法办印发的《青少年法治教育大纲》，将法治教育纳入中小学课程计划。（0.2分）	3
			法治文化培育不断加强，法治文化阵地建设纳入城镇化和新农村建设规划，群众性法治文化活动广泛开展，新媒体新技术传播法治文化的积极作用充分发挥；	1. 积极开展群众性法治文化活动，使多种形式的法治文化活动进基层。 2. 进一步深化法治文化传播，健全武汉法治建设年度报告（白皮书）制度。 3. 利用新媒体新技术，采取新的宣传模式，使法治宣传活动生动难忘。	1. 推进法治文化阵地建设，广泛开展群众性法治文化活动，到2018年，各区在现有基础上，新建2个以上法治文化广场、街区法治长廊等法治文化传播阵地。（0.2分） 2. 组织编写《武汉法治发展史》，开展法治城市理论研究研讨。（0.2分） 3. 开辟媒体“法治武汉”专版，组织开展两年一度的“武汉法治人物”评选，组织开展法治文化公益宣传。（0.2分）	

续表

一级指标	二级指标		指标内容	测评要素	评分标准	权重
法制社会建设（16%）	16	法治宣传教育持续推进	法治教育纳入精神文明创建内容，公民道德建设工程全面实施，信用信息系统全面建立应用，守法诚信褒奖机制、违法失信联合惩戒机制健全；	1. 加快信用信息建立、归集、披露和应用。 2. 建立健全和落实社会信用规章制度。	1. 推进市信用信息公共服务平台通过“云端武汉·政务”与各区、各部门、各单位实现信用信息归集、共享；在行政审批、政府采购、工程招标、财政性资金使用等领域推行使用信用记录和信用产品。（0.3分） 2. 规范全市信用信息建立、归集、披露、查询、交换共享及应用和管理。落实统一的社会信用代码制度、行政许可和行政处罚七日双公示制度、守信激励和失信惩戒制度、信用红黑名单制度。（0.3分）	3
			法学研究深入开展。	1. 高校、法学科研机构深入开展法学研究工作。 2. 立法、司法与行政机关进一步深化与高校、法学科研机构的合作模式。	1. 积极组织各高校、科研机构参与法学研究学术会议，每年开展高水平学术会议2次以上。（0.3分） 2. 每年各高校、科研机构与所在地区立法机关、司法机关、行政机关完成法治建设项目2项以上。（0.3分）	

续表

一级指标	二级指标		指标内容	测评要素	评分标准	权重
法制社会建设（16%）	17	依法治理不断深化	法治创建体系健全，“民主法治示范村（社区）”、“法治工作先进街道（乡镇）”、“法治工作先进区”创建工作广泛开展，法治创建活动制度化、规范化有力推进；	1. 坚持系统综合治理，推进完善立体化和现代化治理体系。 2. 组织推进基层法治创建活动，深化基层依法治理。深入开展“民主法治示范村（社区）”“法治工作先进街道（乡镇）”创建，在此基础上，开展“法治工作先进区”创建。 3. 法治创建活动制度化全面推进。	1. 有相关部署分解和指导推动。（0.2 分） 2. 达到比例要求。（0.5 分） 3. 制度建构相对完善。（0.3 分）	4
			人民团体和社会组织社会治理功能不断强化，社会组织参与社会治理机制制度健全、监管体系完善；	1. 人民团体和社会组织建设纳入总体经济发展规划，社会组织党组织应建已建率达到 100%；社会组织发展基本能够在人员、职能、场所和经费等方面独立起来。 2. 全面推行与政府的合作，在社会事务管理和公共利益维护等方面纳入相关服务项目。 3. 推进行业自律以及功能发挥，切实履行相关责任。	1. 达到党组织建设比例并且具备相关独立性。（0.3 分） 2. 将“政社互动”纳入执行规划并建构相关执行保障。（0.4 分） 3. 切实履行对其成员行为引导、规则约束、权益维护等的相关责任。（0.3 分）	

续表

一级指标	二级指标		指标内容	测评要素	评分标准	权重
法制社会建设(16%)	17	依法治理不断深化	社会规范的社会治理作用积极发挥,基层干部法治观念、法治能力和基层群众法治意识不断增强;	1. 社会规范治理作用有效发挥,无适用矛盾和冲突情形。 2. 基层干部带头模范遵纪守法、坚守法治理念,依法用权,依法治理,推进基层社区或者村镇的法治建设。 3. 基层群众认可、崇尚、遵守和服从法律,道德素养不断提升,善于通过法律调整自身行为,并维护自己的权益。	1. 落实社会规范治理效果。(0.3分) 2. 基层干部开展法治治理,依据发挥作用情况。(0.3分) 3. 依据普法宣传成效和调查问卷。(0.4分)	4
			民族宗教事务问题依法妥善处置。	1. 民族事务依法管理,各项民族政策落实,民族关系和睦融洽。 2. 各项宗教政策落实,管理服务到位,总价信仰的正面积极作用得到发挥,非法宗教活动彻底取缔。	1. 落实民族管理制度(0.2分),民族关系融洽未出现摩擦。(0.2分) 2. 宗教政策具体落实清晰明确,宗教服务有效管理,责任划分明确。(0.3分) 3. 宗教信仰的正能量受到群众肯定并且无非法宗教活动。(0.3分)	

续表

一级指标	二级指标		指标内容	测评要素	评分标准	权重
法制社会建设(16%)	18	依法维权和化解纠纷机制健全	群众利益协调、权益保障法律渠道畅通，矛盾纠纷多元化解决机制健全、作用有效发挥；	1. 社会矛盾化解纠纷组织网络体系健全。其中，基层(乡镇街道社区等)人民调解委员会覆盖率达到100%，规范化达标占85%；专业性或者行业性调解委员会规范化达标占80%。 2. 社会矛盾纠纷预防化解机制健全。其中，网格化矛盾纠纷排查预警机制覆盖达100%，各级组织重视典型个案分析；制度化利益表达、协商解决和救助机制健全完善；强化法律在维护群众利益、化解社会矛盾中的权威地位，畅通群众利益协调、权益保障的法律渠道，引导和支持人民群众理性表达诉求、依法维护权益。	1. 有落实并且达到相关比例要求。(0.5分) 2. 效果显著达到相关比例要求。(0.5分)	3

续表

一级指标	二级指标		指标内容	测评要素	评分标准	权重
法制社会建设（16%）	18	依法维权和化解纠纷机制健全	行业性、专业性人民调解组织建设明显加强，第三方参与的矛盾调处机制建立健全，司法调解、行政调解和人民调解衔接配合机制健全，仲裁制度完善、公信力高，行政机关解决同行政管理活动密切相关的民事纠纷功能不断强化；	1. 吸纳专业资源，整合社会力量。推动各中心城区按照本人自愿和培训上岗原则，吸纳律师、评估师、鉴定师、医师等专业人员，组建专业化调解队伍。 2. 多元化调节机制联动配合，建构完善工作体系：其中，强化派出所、交警派驻人员到人民调解工作室；深化规范诉调对接；规范劳动争议和医患关系等类型纠纷的调节。 3. 充分发挥群团组织的作用；推进仲裁制度多元化和公信力的提升。 4. 贯彻落实人民调解法和省级人民调解条例；相关工作经费、补助补贴经费纳入当地财政预算，并建构个案补贴制度。 5. 科学细分专业，满足服务需求。针对不同领域矛盾纠纷的调解需要，组建、优化专业调解团队。	1. 深化落实并效果显著。（0.3分） 2. 每项满足并有实质进展。（0.4分） 3、4和5深化落实并且有实质进展。（共0.3分，各0.1分）	3

续表

一级指标	二级指标		指标内容	测评要素	评分标准	权重
法制社会建设(16%)	18	依法维权和化解纠纷机制健全	信访综合运行平台建立,阳光信访信息系统健全,诉访分离、涉法涉诉信访问题依法处理,办理信访事项纳入群众满意度评价,信访工作责任追究严格落实,律师参与信访机制完善。	1. 信访受理和运行平台全面建设,涉法涉诉信访制度深化改革和落实;建构有效监督机制,为群众营造公正、透明的信访环境。 2. 细化群众满意度评价机制建设,建构系统的追究责任落实机制。 3. 健全阳光信访信息系统,构建信访综合运行平台。实现诉访分离,依法将涉法涉诉信访事项导入法律程序。进一步完善律师参与信访接待处理机制。	1. 制定程序规定,推进涉诉涉访规范文件审查和改进工作进程,强化进程备案。(0.3分) 2. 通过调查问卷等方式了解群众需求并积极反馈,深化责任到人、责任到事的追究机制。(0.4分) 3. 律师在信访当中推进信访法治化且没有非正常访。(0.3分)	3

续表

一级指标	二级指标		指标内容	测评要素	评分标准	权重
法制社会建设（16%）	19	法律服务便捷有效	公共法律服务中心（站、点）全面建立，公共法律服务网络平台、12348 公共法律服务热线、公共法律服务社会组织和公益性法律服务机构建设完善；	1. 建立覆盖全面的多级别公共法律服务中心；利用互联网+、微信或者大数据等现代信息技术建构统一协调的法律服务网络平台；加快建设覆盖信用主体、突出武汉特色、具有示范作用的社会信用体系；加强公共法律服务社会组织和公益性法律服务机构建设；扩大法律援助覆盖面，建立健全公证和司法鉴定法律援助制度和事项，建立健全法律援助案件办理质量评估体系，完善法律援助与司法救助衔接制度。 2. 12348 公共法律服务热线全面覆盖。 3. 逐步建构信息互联互通机制；加大法律援助经费财政保障力度，落实法律援助经费动态增长和法律援助案件补贴动态调整机制。	1. 借助科学技术建构先进和“一站式”法律服务平台的比例达到 50%。（0.5 分） 2. 全面落实。（0.2 分） 3. 健全完善工作机制。（0.3 分）	2

续表

一级指标	二级指标		指标内容	测评要素	评分标准	权重
法制社会建设（16%）	19	法律服务便捷有效	法律援助范围不断扩大，公证和司法鉴定法律援助制度、法律援助案件办理质量评估体系、法律援助与司法救助衔接制度健全，法律援助经费财政保障有力。	1. 进一步扩大法律援助范围，尤其是将覆盖人群逐步扩展至低收入群体，惠及更多困难群众，使其难时有可依。 2. 完善公证和司法鉴定援助制度，明确鉴定援助机构性质，完善相关援助程序，明确援助责任承担和援助范围，等等。 3. 法律援助案件办理质量评估体系的建构，尤其是同类型案件通过法律援助办理结案率和满意度等。 4. 法律援助与司法救助衔接制度完善。 5. 建立完善的财政投入保障地方性机制，逐步解决法律援助经费紧缺问题。	1. 群众对法律援助范围满意。（0.2分） 2. 公正和司法鉴定援助机制建立。（0.2分） 3. 有相关制度文件。（0.2分） 4. 未出现因为援助程序断裂的情形。（0.2分） 5. 有相关制度文件。（0.2分）	2

续表

一级指标	二级指标		指标内容	测评要素	评分标准	权重
法制社会建设（16%）	20	社会治安综合治理深入推进	平安建设责任制度完善，立体化、现代化社会治安防控体系健全；	1. 平安建设责任制度不断完善，深化层级制和岗位责任制，严格遵循“谁主管、谁负责”的原则。 2. 严格遵循《关于加强社会治安防控体系建设的意见》，明确指导思想和目标任务、加强社会治安防控网建设科技水平、完善运行机制、运用法治思维和法治方式推进防控体系建设。	1. 责任落实效果显著。（0.3分） 2. 依法建构社会治安防控体系。（0.5分）	4
			网格化服务管理持续推进，专项整治不断加强；	1. 深化网格化服务管理，实现管理手段数字化、主动发现问题和科学封闭的管理机制。 2. 深化专项整治，提升突出社会问题锁定的准确性，从重从快进行有针对性的行政检查和执法处罚行动。	1. 建构了统一规范的管理标准和流程。（0.5分） 2. 专项整治在降低相关领域违法犯罪局面，实现治安稳定方面有所成效甚或突破。（0.3分）	

续表

一级指标	二级指标		指标内容	测评要素	评分标准	权重
法制社会建设（16%）	20	社会治安综合治理深入推进	刑释人员、社区服刑人员、吸毒人员教育、帮扶、矫治、管理成效明显；	1. 在相关人员教育、帮扶、矫治和管理方面，做到衔接和管控强化，安置帮教工作细致全面，减少重新犯罪和复吸率。 2. 排查走访、人员衔接安置及日常管理规范化、帮教并做好引导工作，切实拓宽安置帮教工作面。	1. 社区和司法机关有效合作，多措并举，从内而外地进行帮扶改教，在多个层面实现有效管控，从而维护社会稳定。（0.3分） 2. 全面落实并成效显著。（0.5分）	4
			防范打击危害国家安全、社会稳定渗透破坏活动以及危害人民群众生命财产安全的黑恶势力犯罪、暴力恐怖犯罪、邪教和黄赌毒等违法犯罪活动严厉有效；	1. 防范打击危害家安全等黑恶势力犯罪、暴力恐怖犯罪、邪教和黄赌毒等违法犯罪活动整治，做到全面摸排，积极创新技战法，提供技术保障；主动攻坚并强化宣传。 2. 加强打击重点，深化成效阶段性评估，据此进一步推进“打黑”钢铁队伍的建设。	1. 成效阶段性评估有实质进展。（0.3分） 2. 全面摸排和打击手段用技术保障，实现成效提升。（0.3分）	

续表

一级指标	二级指标		指标内容	测评要素	评分标准	权重
法制社会建设(16%)	20	社会治安综合治理深入推进	食品药品监管制度严格执行,安全生产隐患排查治理体系和安全预防控制体系完善,重特大安全生产事故有效遏制,损害生态环境、破坏网络安全问题治理不断加强。	1. 食品药品监管制度全面落实并严格执行。 2. 安全生产排查治理体系和安全预防控制体系,重特大安全生产事故发生得到遏制。 3. 遏制生态环境污染状况尤其是大气污染物减排,水功能区以及垃圾处理的严格监督管理;在网络违法犯罪治理方面,有效净化网络生态环境,维护社会网络安全和有序,有效治理一批网上“治安乱点难点”。	1. 有落实以及实质进展。(0.3 分) 2. 有工作方案活动记录等资料,推进具体举措建构。(0.3 分) 3. 有相关制度文件,已经开展过卓有成效的专项检查。(0.4 分)	4

续表

一级指标	二级指标		指标内容	测评要素	评分标准	权重
法制工作队伍建设（10%）	21	法治专门队伍素质过硬	思想政治建设始终摆在队伍建设首位，立法、执法、司法机关领导干部政治过硬、法律素养高，重心下移、力量下沉的法治资源配置机制建立实行，人才双向交流渠道通畅； 法律职业准入制度、资格考试支付、职前培训制度严格执行，法治专门队伍正规化、专业化、职业化建设全面加强，执法队伍中具有法律职业资格的人员比重逐步增加，法治工作人员招录制度健全，法治工作人员管理制度建立、职业保障体系完善，基层法治专门队伍力量薄弱、待遇偏低问题逐步解决； 司法人员分类管理不断推进，司法关键岗位人才选拔机制逐步完善。	1. 法治工作队伍的思想政治建设。 2. 法治工作队伍的专业化建设与法律职业准入制度。 3. 法治工作队伍的分类管理制度建设。 4. 司法人员的分类管理制度建设。	1. 落实上级精神，有正式的规范文件或会议记录。（0.5分）党政负责人政治学习全年专题学习2次以上。（0.5分） 2. 具有法律职业资格证的人员的占比超30%。（0.5分）制定相应的法律职前培训的规范性文件。（0.5分） 3. 司法人员与司法辅助人员占比科学，符合司法改革文件要求，制定详细、科学的分类管理的规范性文件。（1分） 4. 制定有详细、科学的分类管理的规范性文件选拔、招录机制透明，无违规操作行为发生。（1分）	4

续表

一级指标	二级指标		指标内容	测评要素	评分标准	权重
法制工作队伍建设（10%）	22	法律服务队伍规范敬业	律师队伍政治思想建设不断加强，律师诚信职业档案普遍建立，律师执业行为规范，违法违规执业惩戒制度严格执行，律师职业保障机制制度完善有力； 公证员、司法鉴定人、基层法律服务工作者、人民调解员队伍和法律服务志愿者健康发展，法律服务人才跨区域流动激励机制建立，法律顾问制度和公职律师、公司律师制度健全落实。	1. 律师队伍的思想政治建设。 2. 律师队伍的职业管理制度建设。 3. 司法辅助人员的队伍专业化与规范化建设。 4. 法律顾问、公职律师制度建设与落实。	1. 制定详细、科学的律师管理规章制度。(0.5 分)每年组织召开律师座谈会，听取对保障律师执业权利方面的意见建议，律师执业保障措施切实有效。(0.5 分) 2. 法律服务人员跨区域流动性强，资源分配均衡。(0.5 分)制定详细的权利行使措施，大力培育具有社会显著影响力的服务机构，并实施有效的监管。(0.5 分) 3. 援助服务范围扩大，覆盖乡镇，惠及城乡居民，服务均等。(0.5 分)积极探索创新实施的方式方法，形成 10 分钟便民服务圈。(0.5 分) 4. 制定明确的权利行使规范文件，做到于法有据。(0.5 分)法律顾问人员组成科学合理，机构人员为主体，法学专家(占比 20%以上)和律师(占比 20%以上)积极参与。(0.5 分)	4

续表

一级指标	二级指标		指标内容	测评要素	评分标准	权重
法制工作队伍建设（10%）	23	人才培养机制创新	法治人才培养机制、人才双向交流机制健全，法治理论研究水平进一步提高。	1. 法治人才培养机制。 2. 法治人才的双向流通机制。 3. 法治研究水平的提升。	1. 社会实务积极参与法学教育与研究机构培养机制的完善，建言献策。（0.5分）打通人才流通机制，法学研究机构与实务部门的人才双向挂职交流常态化与制度化。（0.5分） 2. 有显著影响的研究成果，在核心期刊上发文。（0.5分）有将理论成果运用于社会实践的实例。（0.5分）	2

续表

一级指标	二级指标		指标内容	测评要素	评分标准	权重
依法执政与法治建设组织领导(16%)	24	组织领导有力	法治建设纳入经济社会发展总体目标和重要考核指标,党委总揽全局、协调各方的领导核心作用充分发挥,党委统一领导、各方分工负责、齐抓共管的法治建设责任落实机制健全,党政主要负责人推进法治建设第一责任人的职责切实履行,年度法治建设重点任务(工作项目)按期完成,法治建设工作经费纳入财政预算。	1. 落实法治建设主体领导责任,贯彻落实中央、省委和市委法治建设精神,专题研究解决本单位、本系统法治建设重大问题。	落实上级精神,有文件或者会议记录。(0.5分)专题解决法治建设问题每年不少于2次。(0.5分)	2
				2. 成立党组(党委)书记为组长的法治建设领导小组,履行法治建设第一责任人职责到位,并明确责任处室,推进落实法治建设任务。	建立领导小组,明确责任处室,工作渠道畅通。(0.5分)	
				3. 本单位年度法治建设工作组织推进有力,充分发挥党组织在法治建设中总揽全局、全面筹划、兼顾各方、协调发展的作用。法治建设经费纳入本地财政预算。	有年度计划、工作安排,有部署分解、指导推动,信息畅通、及时处理问题,有法治建设经费纳入本地财政预算的文件。(0.5分)	

续表

一级指标	二级指标		指标内容	测评要素	评分标准	权重
依法执政与法治建设组织领导（16%）	25	工作机制健全	党委依法决策程序制度完善，重大决策合法性审查制度、征求意见制度、信息公开制度和党委定期听取工作汇报制度建立健全，党委及其工作部门全面设立法律顾问，人大、政府、政协、司法机关党组织领导和监督本单位模范遵守宪法法律作用有效发挥，执法犯法、违法用权行为依法坚决查处。	1. 党委（组）法治重大决策的合法性审查和社会稳定风险评估制度完善。 普遍建立法律顾问制度；实行重大决策目录管理制度；严格执行重大决策报告制度；完善决策公开制度；完善重大决策组织实施机制。	1. 有党委依法决策程序的正式文件或制度安排。（0.5分） 2. 建立法律顾问制度。（0.5分）。 3. 有落实工作部署的会议记录、工作档案等。（0.5分）	6
			政法委员会工作机制不断创新，统筹协调职能进一步强化，政法机关重大事项向党委报告制度完善。	2. 强化统筹协调机制，落实报告制度，每年向同级党委、人大常委会和上一级人民政府专题报告法治情况的制度落实到位。	1. 有重大事项报告制度。（0.5分） 2. 每年向同级党委、人大常委会和上一级人民政府专题报告法治情况不少于2次。（1分）	
			党内规范性文件制定工作机制完善，备案审查制度认真落实，执行监督不断加强，依法依规管党治党严格，全面从严治党深入推进。	3. 党内有关法治内容的规章体系建立健全，党内有关法治内容的规章与法律法规衔接审查、批准、备案工作规范。	1. 有落实工作部署的正式文件、工作档案等。（1分）	

续表

一级指标	二级指标		指标内容	测评要素	评分标准	权重
依法执政与法治建设组织领导（16%）	25	工作机制健全	法治建设工作推进落实机制进一步完善，会商制度、联席会议制度、专项工作协调会制度、报告制度、督办制度、宣传机制完善落实。	4. 建立完善“党委统一领导、牵头单位分工负责、各单位履职共建、全社会广泛参与”的工作推进落实机制，理顺法治建设工作机制，充分发挥“1+5+N”工作运行机制作用。 党委（组）关于法治内容的议事规则、重大决策、实施与监督程序制度健全，运行规范。 开展界别协商、对口协商、专题协商和提案办理协商社会治理事务渠道畅通，机制完善。 定期开展法治领域重大事项、重大问题、重大突发事件视察、执法检查、特别调查及咨询监督制度健全，成效明显。	1. 有党委法治办编制、机构、专职人员到位汇总情况。（0.5分） 2. 有建立法治建设领导体制和工作机制正式文件汇编。（0.5分） 3. 有理顺法治建设工作机制的正式文件。（0.5分） 4. 有落实会商制度、联席会议制度、专项工作协调会制度、报告制度、督办制度等内容的正式文件、工作档案和会议记录等。（0.5分）	6

续表

一级指标	二级指标		指标内容	测评要素	评分标准	权重
依法执政与法治建设组织领导（16%）	26	依法执政能力不断提高	党委（党组）中心组学习宪法法律和党内法规制度健全，领导干部法治能力和法治思维提升培训班每年举行，党员干部法治思维养成不断加强、法治素养进一步提高，运用法治思维和法治方式的工作能力切实提升，党员领导干部做尊法学法守法用法的表率。	1. 落实党委（党组）中心组法治专题学习制度。	全年不少于2次。（1分）	3
				2. 领导干部带头学法，领导干部法治培训制度化。	领导干部社会治理法律知识培训纳入党校和行政学院培训规划，领导干部每年集中法律知识学习（上岗、易岗、任职前培训）中有社会治理法治内容。（0.2分）	
				3. 落实领导班子和领导干部总结述法制度。	领导干部在换届选举、年度述职等报告中有述法的内容。（0.3分）	
				4. 健全国家工作人员学法用法制度。	有学法用法制度安排（0.2分），开展学习培训。（0.3分）	
				5. 领导干部、公务员运用法治思维、法治方式能力不断增强。	加强执法人员培训，不发生侵害群众合法正当权益的有重大影响的事件。（1分）	

续表

一级指标	二级指标		指标内容	测评要素	评分标准	权重
依法执政与法治建设组织领导（16%）	27	法治建设目标任务有效落实	党委、人大、政府和司法机关督促检查不断加强，政协民主监督作用进一步加强，纪委执纪监督问责不断强化；	1. 党委（组）关于法治内容的议事规则、重大决策、实施与监督程序制度健全，运行规范。	有落实工作部署的正式文件、工作档案等。（1分）	5
				2. 落实报告制度；自觉接受人大监督、政协民主监督；自觉接受司法监督；拓宽群众监督渠道；加强网上监督。	有落实工作部署的正式文件、工作档案、影像资料等。（1分）	

续表

一级指标	二级指标		指标内容	测评要素	评分标准	权重
依法执政与法治建设组织领导（16%）	27	法治建设目标任务有效落实	法治建设成效纳入政绩、绩效考核内容，作为衡量领导班子和领导干部工作实绩的重要内容。	3. 健全常态化监督制度，依法实施和接受专门监督，完善纠错、问责机制。法治事务公开专项巡视工作制度健全，规范开展。	有落实工作部署的正式文件、工作档案等。（1分）	5
				4. 党政领导干部社会治理法治建设主体责任制建立健全，考评考核落实到位，平时考核与年度考核相结合，实现分级分类考核全覆盖，强化考核结果运用，建立考核档案制度。	1. 对照省委要求，有落实法治建设绩效考核制度的正式文件，有规范的法治建设绩效考核档案管理。（1分） 2. 建立健全相同条件下优先选拔使用法治素养好、依法办事能力强干部的制度和程序。（0.5分） 3. 对担负法治职责领导干部的考核、评价、选拔、任用制度和程序健全。（0.5）	
人民群众对法治建设满意率达90%以上。						10

注：表中文字楷体部分与《法治武汉建设规划（2016—2020年）》“十大重点工作项目”内容密切关联。

七、武汉市法治建设公众满意度调查问卷

注：文本数量　　份

调查对象：武汉市（××区）普通公众

您的性别：1. 男　　2. 女

您的年龄：　　岁

您的职业：1. 国家工作人员　2. 事业单位人员　3. 企业人员　4. 农民　5. 自由职业者　6. 无业　7. 离退休人员

您的文化程度：1. 小学及以下　2. 初中　3. 高中、职业技校或中专　4. 大专　5. 本科　6. 硕士及以上

请选择您认为合适的满意度，并填入相应题目后的“(　　)”(共10题，每题10分，满分100分)

*满意度等级评分的对应分值：A. 很好=10分；B. 较好=8分；C. 一般=6分；D. 不太好=4分；E. 很差=0分

1. 您认为武汉市（××区）的法治环境怎么样？(　　)

　A. 很好　B. 较好　C. 一般　D. 不太好　E. 很差

2. 武汉市（××区）党员干部的法治素养怎样？(　　)

　A. 很好　B. 较好　C. 一般　D. 不太好　E. 很差

3. 您认为武汉市（××区）人大代表联系群众的渠道是否畅通？(　　)

　A. 很通畅　B. 较通畅　C. 一般　D. 不太通畅　E. 很不通畅

4. 您认为武汉市（××区）人民政府办事方便程度怎样？(　　)

　A. 很方便　B. 较方便　C. 一般　D. 不太方便　E. 很不方便

5. 您认为武汉市（××区）人民政府规范公正文明执法方面的情

况怎么样？(　　)

A. 很好　B. 较好　C. 一般　D. 不太好　E. 很差

6. 您认为武汉市（××区）人民政府政务公开的情况怎么样？(　　)

A. 很好　B. 较好　C. 一般　D. 不太好　E. 很差

7. 您对武汉市（××区）法院的整体形象感觉怎样？(　　)

A. 很好　B. 较好　C. 一般　D. 不太好　E. 很差

8. 您对武汉市（××区）检察院的整体形象感觉怎样？(　　)

A. 很好　B. 较好　C. 一般　D. 不太好　E. 很差

9. 您认为武汉市（××区）在法治宣传和教育方面的工作怎么样？(　　)

A. 很好　B. 较好　C. 一般　D. 不太好　E. 很差

10. 您对武汉市（××区）法律援助、司法救助工作满意吗？(　　)

A. 很满意 B. 较满意　C. 一般　D. 不太满意　E. 很不满意

非常感谢您的大力支持！

备注：关于调查问卷体现法治建设核心价值的说明

第一题：调查公众对社会整体法治环境的满意度

第二题：调查公众对法治工作队伍建设和法治建设组织领导的满意度

第三题：调查公众对科学民主立法的满意度

第四、五、六题：调查公众对法治政府建设的满意度

第七、八题：调查公众对公正廉洁司法建设的满意度

第九题：调查公众对法治宣传工作的满意度

第十题：调查公众对法律援助工作的满意度

八、武汉市法治建设测评指标体系的主要特点

1. 从战略全局认识和把握法治建设

自浙江余杭2008年发布内地第一个法治指数以来，国内多个省市或地区均在尝试编制或试行本地区的法治指标体系。但这些指标体系还存在着一些明显不足或局限，例如，部分指标体系属于内部评估，得分往往偏高，评估结果的真实性、客观性常常受到社会公众的质疑；部分指标体系内容不完整，仅就法治建设的某一方面进行单独评价，导致科学性不足。基于以上实践问题的考虑，课题组站在“法治国家、法治政府、法治社会一体建设”这一总体布局的高度，以全面推进依法治国不同阶段具有不同中心任务的发展的眼光来设计武汉市法治建设测评指标体系，对党委、人大、政府、司法、社会等多元主体推进法治建设的水平进行整体评估，对立法、执法、司法、守法等法治内容进行全面评估。当然，随着时间的推移，指标体系也会结合每个阶段的重点和难点与时俱进地进行相应的调整。

2. 形式法治与实质法治有机结合

课题组在设计武汉市法治建设测评指标体系时，高度重视形式法治与实质法治的有机结合，并将“从形式法治到实质法治”的评估理念贯彻始终，一方面注重考察各项基础性制度建设的“硬实力”，建章立制工作是否完成；另一方面，在制度建立的基础上，特别突出对各项制度落实情况等“软实力”方面的考核。

3. 全面推进与重点突破相结合

党中央、国务院和湖北省委省政府有关法治建设的一系列重要文件基本可以全民涵盖法治建设的内涵，是全面推进法治建设的纲领性文

件，应当成为武汉市法治建设的指南和依据。正如前所述，法治建设具有一定的阶段性，上述文件中的所有要求并非都应列入评估内容。因此，课题组在评估内容的选择上力求科学，注重全面性发展与重点性突破的有机结合。具体来讲，全面推进主要体现在指标体系基本涵括了依法治国、依法执政和依法行政共同推进的各个环节，以及法治国家、法治政府和法治社会一体建设的各个方面。重点突破主要体现在加大对法治建设的重点领域、重点制度和关键环节等方面的考察评估。例如：部分测评要素对接列入了《法治武汉建设规划（2016—2020 年）》十大重点工作项目中的内容。

4. 指标设置多样化

为了全方位评估武汉市法治建设的状况，课题组在指标设置上，根据评估目标及内容的不同，采取了多样化的综合评估指标体系。既有过程性指标，又有结果性指标，对于能够用结果性指标进行观测的优先使用结果性指标；既有静态性指标，又有动态性指标；既有显性指标，又有隐性指标。

九、武汉市法治建设测评指标体系的权重设置与测评方法

1. 权重设置

评估指标体系的权重反映的是法治建设的不同方面在法治建设全局中的地位和作用。权重的设计是评估体系的重要内容，也是难点。权重的设计一方面要考虑对法治建设不同方面重视程度的可区分度，另一方面也应当能够反映出武汉市在切实推进法治建设中的现实需求。课题组对“科学民主立法、法治政府建设、公正廉洁司法建设、法治社会建设、法治工作队伍建设、依法执政与法治建设组织领导”等六个一级

指标分别设置的分值为 10%、20%、18%、16%、10%、16%；对“人民群众对法治建设的满意率”设置的分值为 10%。

“法治政府建设”分值最高（20 分），主要是考虑法治政府建设与民众关系最为紧密，同时在“三位一体建设”中，法治政府目标要求 2020 年前实现；“公正廉洁司法建设”的分值位居次席（18 分），主要考虑其直接关乎民众对法治核心价值的信仰和感受；“法治社会建设”以及“依法执政与法治建设组织领导”各占 16 分，主要考虑前者建设相对薄弱、任务繁重，后者在当下对于推动整个法治建设进程的作用至关重要。

2. 测评方法

测评指标的多样性决定了测评方法的多样性。具体说来，根据测评指标的不同，可以分别采取“数据统计分析、网上调查、材料审核、实地察看、模拟调查、问卷调查”等方法。

十、补充说明的几个问题

1. 关于成果的阶段性

《武汉法治建设测评指标体系》是一项十分复杂宏大的系统工程，既涉及理论问题，又涉及实践问题；既涉及党委、人大、行政、司法等部门，又涉及社会各个方面；既要设置一、二、三级指标，还要列出测评要素及具体评分标准；此外，还要拟定测评主体、测评对象、测评方法、权重分值等内容。所以，本研究成果只能说是课题组研究的一个阶段性成果。据了解，浙江余杭、昆明、北京等地开展的法治水平评估都成立了由专家和实务部门约 20 人组成的专班进行长达两年的工作才付诸实施。本课题实际研究只有不到八个月的时间，目前还没来得及到各有关法治部门充分听取意见、进行深入论证，更没有时间进行实际模拟测评、检验。尽管如此，课题组还是有信心做好这些后续研究工作，以助力武汉市法治建设，提升武汉市法治水平。

2. 关于成果的创新性

本课题研究前期做了大量的调查工作，全国虽然有很多地方都开展了法治水平评估或发布法治指数，但并没有一个可以完全借鉴的先例。最早开展法治城市评估的地方有浙江余杭、昆明、深圳、无锡、成都等地，这些地市有不少经验值得学习借鉴，但因其指标体系出台在十八届四中全会之前，内容与十八届四中全会关于法治的内涵外延大相径庭，不少指标涉及经济政治民主等实际上不属于法治的内容。十八届三中全会党中央提出要“建立科学的法治建设指标体系和考核标准”，四中全会强调“把法治建设成效作为衡量各级领导班子和领导干部工作实绩重要内容，纳入政绩考核指标体系，”多地都开展了对党政领导班子和领导干部法治建设绩效考核，湖北省武汉市也不例外。对党政领导班子和领导干部进行考核的指标体系与法治建设的指标体系有重大区别。个别省出台了法治建设指标体系，如江苏，但目前并未建立全面的测评指标体系（仅法治社会建设出台了比较详细的自评标准）。中国政法大学法治政府研究院2013年就开始了全国法治政府评估，建立了一个《中国法治政府评估指标体系》，连续5年发布《法治政府蓝皮书》。在2016年的《中国法治政府评估报告》中，黄冈市、武汉市、襄阳市、荆州市分列100个城市的第38、44、58、72位。目前，中国政法大学法治研究院接受北京市西城区的委托，正在进行“西城区法治建设评估指标体系”研究，其指标体系设计以法治主体为主线展开，分五大部分，即“依法执政、人大依法履职、法治政府、司法机关依法独立公正、法治社会建设”。本课题研究以十八届四中全会《中共中央关于全面推进依法治国若干重大问题的决定》和《法治武汉建设规划（2016—2020年）》内容为基础，将法治建设分为“科学民主立法、法治政府建设、公正廉洁司法建设、法治社会建设、法治工作队伍建设、依法执政与法治建设组织领导”6大板块构成一级指标，下设27个二级指标，81项指标内容，并据此列出若干测评要素，标明评分标准，全部为最新研究成果。

3. 关于《武汉法治建设指标体系》与《武汉法治建设测评指标体系》关系

如前所述，《武汉法治建设指标体系》以十八届四中全会《中共中央关于全面推进依法治国若干重大问题的决定》和《法治武汉建设规划（2016—2020年）》等为依据而编制，是武汉市法治建设的主要内容和目标；《武汉法治建设测评指标体系》则是在《武汉法治建设指标体系》的基础上，增列若干反映武汉市法治建设指标内容的测评要素和评分标准，以期观测、评估、把握武汉市法治建设的程度、状态与水平。简而言之，即前者是基础、依据，是武汉市法治建设的内容与目标；后者是武汉市法治建设内容与目标实现程度（进程）的监测和把控。